Wladimir Bukowski
Dieser stechende Schmerz der Freiheit

Wladimir Bukowski

Dieser stechende Schmerz der Freiheit

Russischer Traum
und
westliche Realität

Vorwort von
Cornelia Gerstenmaier

Seewald Verlag

Aus dem Russischen übersetzt von Anton Manzella

Titel der französischen Erstausgabe:
»Cette lancinante douleur de la liberté«
© Edition Robert Laffont, Paris, 1981

Alle Rechte der deutschen Ausgabe beim
Seewald Verlag Dr. Heinrich Seewald GmbH & Co.,
Stuttgart-Degerloch 1983

Lektorat: Bernhard Gurk
Schutzumschlag: Claudia Böhmer
Umschlagfoto: Paccoux/Agentur Sipa, Paris
Satz und Druck: F. L. Wagener, Lemgo
Gebunden bei Großbuchbinderei Wilhelm Röck, Weinsberg
Printed in Germany
ISBN 3 512 00669 8

Inhalt

»Man muß in dieser Einsamkeit ohne Ruhe, in diesem Gefängnis ohne Muße, das sich Rußland nennt, gelebt haben, um sich der ganzen Freiheit bewußt zu werden, die jeder in den Ländern Europas genießt, unabhängig von der jeweils gültigen Regierungsform.

Wenn Ihr Sohn in Frankreich unzufrieden ist, folgen Sie meinem Rat und sagen Sie ihm: ›Fahre nach Rußland!‹ Eine solche Reise ist für jeden Ausländer nützlich: Wer Rußland wirklich gesehen hat, wird glücklich sein, wenn er irgendwo anders lebt. Es ist immer wertvoll zu wissen, daß eine Gesellschaft existiert, in der kein Glück möglich ist, weil der Mensch seiner Natur nach nicht glücklich sein kann, wenn er nicht frei ist.«

Marquis de Custine,
Lettres de Russie,
Paris 1843

»Ich kann meine Gedanken ... von hier aus nicht offen vorbringen, denn man könnte mich entweder für einen Schmeichler oder für einen zu harschen Kritiker halten; aber ich muß der Gerechtigkeit halber einräumen, daß es der Vernunft und der Wahrheit hohnspräche, wenn ich leugnete, daß es hier viel außerordentlich Gutes und Nachahmenswertes gibt. All das blendet mich jedoch nicht so sehr, als daß ich hier nicht ebensoviel – oder noch mehr – Dinge von ganz anderer Art und auch solche sähe, vor denen uns Gott behüten möge. Kurz, der Vergleich ermutigt mich, Eurer Erlaucht mit aller Aufrichtigkeit zu gestehen, daß, wenn einer meiner jungen Mitbürger, der gesunden Sinnes ist, sich beim Anblick von Mißbrauch und Unordnung in Rußland empört und sich im Herzen von ihm zu entfremden beginnt, keine Methode wirksamer ist, ihm die Liebe zum Vaterland zurückzugeben, als ihn sofort nach Frankreich zu

schicken. *Hier merkt er aus eigener Erfah-*
rung sehr bald, daß alle Erzählungen von
der hiesigen Vollkommenheit die reinste Lü-
ge, daß Menschen überall Menschen sind,
daß ein Mensch von Geist und Verdienst
überall selten ist und daß man in unserem
Vaterland, wie schlecht es in ihm zuweilen
auch sein mag, trotzdem genauso glücklich
sein kann wie in jedem anderen Land, wenn
das Gewissen ruhig ist und die Vernunft die
Phantasie regiert, nicht umgekehrt ...«

Briefe von D. I. Fonwisin
an den Grafen N. I. Panin,
Paris 1778

Vorwort
von Cornelia Gerstenmaier

Seit langem gehört es zur Tragik politischer Flüchtlinge – nicht selten vielleicht zum Verhängnis ihrer Umwelt –, daß ihr Zeugnis, ihre Warnungen nahezu ungehört verhallen, ihre Empfehlungen kaum befolgt werden. Dies gilt nicht nur für die aus der Sowjetunion und Ostmitteleuropa Emigrierten, es traf in ähnlicher Weise auf die aus Hitlerdeutschland Geflüchteten zu. *Szmul Zygielbojm*, einer der prominentesten Führer der Jüdisch-Sozialdemokratischen Partei in Polen, beging im Mai 1943 (nach dem Zusammenbruch des Warschauer Ghettoaufstandes) in London Selbstmord. Aus Protest gegen die Passivität der Welt angesichts der Vernichtung seines Volkes.

Wenige politische Emigranten haben ihre Stimmen hörbar machen können – gegen die Gleichgültigkeit, ja oft die Ablehnung der »freien Welt«. Unter den während der letzten Jahre aus ihrer Heimat Vertriebenen ist es als einem der wenigen *Wladimir Bukowski* gelungen, als Sprecher der Verfolgten – nicht allein seines Landes – gehört zu werden. Zumindest in einigen westlichen Ländern war seinen im Ausland geschriebenen Büchern beträchtlicher Erfolg beschieden.

Dabei war *Bukowski* höchst unfreiwillig zum Schreiben gekommen. Er, der immer vom Studium der Biologie geträumt hatte (und jetzt im kalifornischen Stanford in eben diesem Fach auf seinen akademischen Abschluß hinarbeitet), hatte zwar in früher Jugend, nur gelegentlich, einige Prosastücke verfaßt; nicht anders als viele seiner russischen Altersgenossen und mit weit weniger schriftstellerischen Ambitionen als die meisten von ihnen. Das Schreiben war für ihn kein Lebensziel, das Schreiben ergab sich aus seinem Lebensweg, der freilich ungewöhnlich ist wie wenige.

Bukowskis erstes Buch – eine Dokumentation über die Zwangspsychiatrisierung von Regimekritikern in der UdSSR – brachte ihm seine letzte und längste Haftstrafe ein. Sein zweites Buch (deutsch: Wind vor dem Eisgang, Berlin 1978), zu großen Teilen die Schilderung seines zwölf Jahre währenden Lebens in Gefängnissen, Psychiatrien und Konzentrationslagern, zugleich aber auch eine scharfsinnige Analyse der sowjetischen Gesellschaft, eine Darstellung der Mechanismen der Staatsbürokratie, des Straf- und Unterdrückungsapparates, war die Einlösung einer sich selbst auferlegten Pflicht – gegenüber jenen Tausenden, die noch heute Opfer des GULag-Systems sind, die es gestern waren und morgen sein können.

Das dritte, vor uns liegende Buch (ein viertes – zur Problematik der Friedensbewegung – erschien in Frankreich und der Schweiz) löste heftiges Für und Wider aus, noch bevor es überhaupt geschrieben war. Auch dieses Buch entstand eher unfreiwillig, mitten in Examensvorbereitungen des Autors für den Abschluß in Cambridge.

Es ist kein bequemes Buch, diese erste Bilanz nach knapp fünf Jahren Aufenthalt im Westen, es ist kein Loblied auf die »freie Welt«, die hier – im Gegenteil – an Versäumnisse, Illusionen, Trugschlüsse gemahnt wird.

Wiewohl *Bukowskis* Schicksal aus anderen, ähnlich verlaufenden herausragt, decken sich seine Erfahrungen und Eindrücke mit denen seiner im letzten Jahrzehnt exilierten Landsleute und anderer politischer Flüchtlinge aus Osteuropa. Der »stechende Schmerz der Freiheit« – dies drückt die Erfahrungen Hunderttausender aus, die heute in den Westen kommen. *Bukowski* schrieb dieses Buch in eigener Verantwortung und im eigenen Namen, aber ein Großteil der politisch reflektierenden Exulanten aus Osteuropa wird seinen Schlüssen zustimmen.

So wirbt dieses Buch auch um Verständnis für die geistigen und existentiellen Probleme der »neuen« Ostemigranten, die es – meist gänzlich unvorbereitet – auf einen anderen Planeten verschlagen hat, in eine Welt voller Überraschungen, oft bitterer Enttäuschungen. Nicht jeder erlebt diese Empfindungen gleich tief, für viele aber sind sie von sehr grundsätzlicher Art.

Die existentielle Erfahrung mit mehr als 60 Jahren totalitärer Herrschaft – dies ist es, was die Bürger der Sowjetunion dem Westen voraushaben. Diese Erfahrungen anzuhören und anzunehmen, erscheint im Westen überaus schwierig; es fehlt an Vorstellungskraft, fremde Herrschaftsmechanismen und Schrecknisse nachzuvollziehen, es fehlt aber – zunehmend – auch an der Bereitschaft, diese Art von Zeugenberichten aufzunehmen und gar zu verarbeiten, nicht zuletzt deshalb, weil sich die politischen Denkkategorien und Wertmaßstäbe verändert haben, und zwar im Sinne eines Wunschdenkens zugunsten der UdSSR und zuungunsten des amerikanischen Bündnispartners.

Aus dieser Sicht werden hier mitunter jene, die

gegen den Totalitarismus in ihren Ländern und damit letztendlich für die Fundamente unserer Zivilisation Freiheit und Leben eingesetzt haben, als »kalte Krieger«, ja schlicht als »Faschisten« diffamiert.

So hat man oft versucht, ziemlich bald nach seiner Ankunft im Westen (auch davon berichtet dieses Buch), *Bukowski* in ein politisches Schema zu pressen, ihn als »Rechten« einzustufen, um seine Aussagen nach Möglichkeit zu entwerten. »In welchem Lager stehen Sie und Ihre Freunde?« wurde er auf Versammlungen und Pressekonferenzen oft gefragt. Und seine Antwort kam prompt und sicher: »Wir gehören nicht zum rechten Lager, wir gehören nicht zum linken Lager – wir gehören zum Konzentrationslager.«

Die Unterschiede zwischen Ost und West – die fundamentalen ebenso wie die alltäglichen – sind von *Bukowski* scharf beobachtet worden; sein Urteil ist oft treffsicher, auch wenn manches strittig sein mag. Seine Passagen über die Entspannungspolitik sind eindringlich und lehrreich, indem sie plastisch zeigen, wie es die Sowjetunion versteht, alle Verbindungen mit dem Westen zum eigenen Vorteil zu nutzen.

Dies ist ein Buch ohne Resignation, ungeachtet der bisweilen an ohnmächtige Verzweiflung grenzenden Enttäuschung, die viele der heutigen osteuropäischen Exulanten im Westen erleben und die auch *Bukowski* nicht erspart geblieben ist. In seiner Heimat hätte er ein bequemes Leben führen können; Herkunft und Begabung hätten eine Karriere bis in die Reihen der »Nomenklatura« möglich, ja naheliegend erscheinen lassen. Aber da waren sein intaktes Gewissen, seine moralische und intellektuelle Unbestechlichkeit und ein ausgeprägtes Rechtsgefühl.

Der Lebensweg dieses im Osten wie im Westen unbequemen Zeugen zeigt keinen Rebellen, schon gar nicht einen jener »Aussteiger«, wie sie heute für die jüngere Generation mancher westlicher Länder typisch sind. Er zeigt einen Menschen, der frühzeitig *Verantwortung* – mit allen Konsequenzen – auf sich zu nehmen bereit und entschlossen war. Wie in so vielen späteren, weit ernsteren Situationen stand er gerade für jene Jugendzeitung im Untergrund, die dem damals siebzehnjährigen begabten Schüler den Verweis von der Schule und das Verbot des Hochschulstudiums einbrachte. (Daß er sich gleichwohl an der Biologisch-Bodenkundlichen Fakultät der Moskauer Staatsuniversität immatrikulieren und ein Jahr lang studieren konnte, bevor dies entdeckt wurde, ist allein der mangelnden Aufmerksamkeit der zuständigen Behörden zu verdanken.)

Bukowski war nach den Worten eines seiner damaligen Moskauer Freunde »der Dirigent des ganzen Menschenrechtsorchesters«. Sein persönliches Beispiel, sein ausgeprägter Mut bewogen auch andere zu couragiertem Handeln.

1963 wegen des Besitzes angeblich staatsgefährdender Schriften (einer Kopie von *Milovan Djilas'* »Neuer Klasse«) erstmals verhaftet, durchlebte *Bukowski* während der kommenden fünfzehn Monate das Inferno der Leningrader Gefängnispsychiatrie. Wenig später isolierte ihn das KGB erneut acht Monate lang in psychiatrischen Anstalten, diesmal als Initiator einer Demonstration zugunsten der verhafteten Schriftsteller *Daniel* und *Sinjawskij*. Danach währte seine Freiheit gerade lang genug, um im Januar 1967 eine neue Demonstration für kurz zuvor verhaftete Systemkritiker organisieren zu können. Die Folge waren drei Jahre Straflager.

Nach seiner Entlassung übermittelte er im Frühjahr 1971 die bereits erwähnte Dokumentation über politisch motivierten Psychiatriemißbrauch in den Westen. Wissend, daß die Spanne seiner Freiheit kurz bemessen sein würde, war er in fieberhafter Eile bemüht, jenes schrecklichste aller Unterdrückungsinstrumente auf vielfältige Weise vor die Weltöffentlichkeit zu bringen.

In den wenigen Monaten seiner Freiheit wurde der Bürgerrechtskämpfer vom Staatssicherheitsdienst überwacht, verhört, mit Repressionen, ja mit Ermordung bedroht. Im März 1971 wurde *Bukowski* zum viertenmal verhaftet und unter der Anklage der »antisowjetischen Propaganda« am 5. Januar 1972 zu insgesamt zwölf Jahren Freiheitsentzug verurteilt. Dem Urteil folgte eine vier Jahre lang anhaltende weltweite Kampagne, die im Dezember 1976 zu seiner spektakulären Freilassung – im Austausch gegen den chilenischen KP-Führer *Luis Corvalan* – führte.

Weder zwölf Jahre Haft noch die Jahre des Exils – für viele ein beträchtlicher Prüfstein – haben *Bukowski* etwas von seiner Willenskraft, seiner zähen, energischen Ausdauer, seinem Schwung zu nehmen vermocht. Wie wenigen anderen ist es ihm gelungen, längerfristige Prozesse in Bewegung zu bringen und konkrete Resultate zu erzielen.

Nicht allzu häufig trifft man auf Menschen, die Freiheit so leidenschaftlich ersehnen, ähnlich konsequent – und unter allen Umständen – für sie kämpfen, wie *Bukowski* dies tat und noch heute tut, indem er unbeirrt und ohne Schonung seiner selbst für die Freiheit anderer eintritt, sei es in seiner

Heimat, in Polen, Afghanistan oder an anderen Orten.

In einem übergeordneten Sinn war er selbst von jeher frei, auch in den Jahren lebensbedrohender Haft und Verfolgung. Er besaß die Freiheit eines Menschen, der nie der Sklave eines anderen wurde, frei von lähmender Furcht und innerlich unabhängig. Auch dies ist eine Quintessenz des vorliegenden Buches: der Stellenwert der *inneren* Freiheit derer, die äußerlich in Fesseln sein mögen, gegenüber jenen in Abhängigkeit Verstrickten, die den Wert der Freiheit niemals voll erkannt haben und die im Begriff stehen, ihm freiwillig zu entsagen.

Die Macht
der öffentlichen Meinung

»Schon ergötze ich mich an der Schweiz, meine lieben Freunde. Jeder Windhauch dringt mir bis ins Herz und erfüllt es mit Freude. Welche Umgebung!
... Glückliche Schweizer! Dankt ihr dem Himmel jede Stunde für das Glück, im Schutze dieser herrlichen Natur, unter den wohltätigen Gesetzen des brüderlichen Bundes, in der Einfachheit der Sitten zu leben und Gott allein zu dienen? Euer ganzes Leben mutet mich an wie ein schöner Traum ...«

N. M. Karamsin,
Briefe eines russischen
Reisenden,
Juli 1789

Welch ein Vergnügen es gewesen sein muß, in der guten alten Zeit zu reisen, ohne Eile in einer Kutsche. Wenn man Lust hatte, ließ man den Kutscher irgendwo an einer Alpenwiese anhalten, blickte um sich, genoß das würzige Aroma der Felder, setzte sich am Wegesrand auf einen Stein und schrieb seine Reiseeindrücke nieder ...

Heute reist der Russe immer häufiger Hals über Kopf ins Ausland, ausgerüstet mit einer einfachen Fahrkarte und einem Papierfetzen, der alle anderen Dokumente ersetzt: »Gewöhnliches Ausreisevisum« zum Aufenthalt im Staate Israel. Dort schließt er sich der großen Menschenfamilie wieder an. Und er beeilt sich so sehr, daß er keine Zeit hat, sich dem Zauber der Natur zu widmen. Wenn er jedoch in Wien eintrifft, merkt er, daß auch er etwas aufzuzeichnen hätte: die ständigen Gänge zum Paßamt, die Gespräche über die Probleme des Nahen Ostens beim KGB, die Durchsuchung durch den Zoll, die Begegnung mit den Grenzbeamten und schließlich die Ankunft in Wien selbst. Es ist immerhin eine Kette logisch verknüpfter Ereignisse, und er braucht nur etwas Zeit, um sie sich begreiflich zu machen.

Ich selbst hatte diese Zeit nicht. Noch ein paar Stunden zuvor hatte ich mich mit dem Bürger Natschalnik gestritten, weil man mir meine Stiefel nicht zurückgeben wollte. *Ich hatte alle verbotenen Gegen-*

stände in meiner Weste versteckt, da ich vollkommen überzeugt war, daß man mich in den Karzer oder zur Durchsuchung bringen werde. Im besten Fall würde ein neues Verfahren gegen mich beginnen. Erst vierzig Minuten vorher nahm man mir die Handschellen ab, und auch dann nur widerwillig. Ich war im Westen. Zürich? Zü-ü-ürich? Von einem solchen Gefangenentransport hatte ich noch nie gehört.

Erste Mißverständnisse

Ich kann mich praktisch an nichts mehr erinnern, was sich während meiner ersten zwei Wochen in der Schweiz ereignete. Es bleiben nur vereinzelte Tatsachen und vage Empfindungen. In jenem Winter fiel für dortige Verhältnisse außerordentlich viel Schnee – es war ein »weißer Winter«, wie man in Zürich sagte. Offenbar blinzelte ich ständig, als sei ich aus dem Keller ans grelle Licht gekommen. Und dauernd gab es Mißverständnisse mit Autofahrern: Ich wartete darauf, daß sie vorüberfuhren, und sie warteten darauf, daß ich die Straße überquerte. Das hielt lange an, bis ich mich endlich daran gewöhnte, daß nur die Autos den Fußgängern weichen müssen und nicht umgekehrt. Auch schämte ich mich, die Straße zu verschmutzen, und behielt meine Zigarettenstummel in der Hand, bis ich auf einen Papierkorb stieß. Schließlich war ich ja im Westen.

Aber wo sollte ich den Kutscher anhalten lassen, um mich ein wenig umzuschauen? Jeden Tag mußte ich allein fünf oder sechs Fernsehinterviews geben, von Zeitungen und Zeitschriften ganz zu schweigen.

»Ärgere dich nicht«, beruhigten mich meine Freunde. »Zuerst ist's immer so, später lassen sie dich in Frieden. Wenn du dich weigerst, machen sie dir noch länger zu schaffen. Am besten stehst du jetzt alles durch.«

Und ich stand es durch. Wie ein Boxer, der in der zehnten Runde mit Wasser bespritzt, mit einem Handtuch trockengerieben und wieder in den Ring gestoßen wird.

Aber die letzte Runde war noch weit, und es wurde immer schlimmer. Ich mußte auf Reisen gehen: neun Tage in England, ein Tag in Paris, drei Tage in Holland, eine Woche in Deutschland, dann zurück nach Zürich, wieder nach England, Frankreich, Deutschland. Vom Flugplatz ins Hotel, vom Hotel zum Flughafen. So kommt mir diese Zeit heute vor: wie ein Flug ohne Ende. Jedesmal, wenn das Flugzeug abgehoben hatte, vergaß ich völlig, wo ich war und was ich getan hatte. Es war ein »zollfreier« Schwebezustand, in dem man langsam an seinem Drink nippen konnte, ohne an etwas zu denken. Man brauchte nur die sich auftürmenden Wolken zu betrachten. Wie viele sich zusammengeballt hatten! Glückliche Wolken! Jeden Tag, jede Stunde solltet ihr dem Himmel für euer Glück danken!

Entweder liegt es an meinem Charakter, oder ich habe Pech, jedenfalls muß ich ständig das tun, was mir am meisten mißfällt – widerwillig, gezwungenermaßen und mit zusammengebissenen Zähnen. Habe ich mir etwa gewünscht, mein ganzes Leben lang dahinzueilen und nichts zu Ende zu bringen? Mit Dummköpfen zu streiten, Schüchternen zuzureden und Tauben ins Ohr zu brüllen? Ich hatte mich immer auf etwas Vernünftiges konzentrieren wollen, was jede Eile ausschloß, zum Beispiel auf ein Handwerk oder eine Wissenschaft: Bretter hobeln, von denen goldene gekräuselte Späne sprühen, Steine schleifen, aus Ton bizarre Figürchen und Becher formen, Glas blasen oder in einem Bach, bis zu den Knien im Wasser, Fische fangen.

Natürlich wollte ich reisen, aber doch nicht auf diese Art. Bevor ich ein einziges Glas austrinken konnte, hatte ich drei Länder überflogen, ohne etwas gesehen zu haben. Ich wollte gemächlich wandern, mich nach allen Seiten umschauen, den Duft der Felder einatmen, in einem Heuschober oder in einer Scheune übernachten, einen Hahnenschrei im Morgengrauen und einen Kuckucksruf in der Abenddämmerung hören.

Anscheinend hatte in jener finsteren Nacht, in der ich geboren wurde, unser Oberster Aufseher an der Wache des himmlischen Lagers nach meiner Karte gegriffen, sich der Ordnung halber nach meinem Namen und Vatersnamen erkundigt und mit gerunzelter Stirn hervorgestoßen: »Du sollst dich dein ganzes Leben lang abrackern und nie das tun, was dir gefällt!«

Für ihn spielt schließlich keine Rolle, was man will, sondern ihn interessiert nur, daß die Arbeit verteilt wird. Man kann ja versuchen, sich bei einer höheren Instanz zu beschweren. Aber keine Instanz ist höher als das himmlische Tribunal.

Ich hasse es zu schreiben, es macht mich einfach krank. Nachts kann ich nicht schlafen, ich höre auf zu essen, und jede vollendete Seite kostet mich mehrere Monate meines Lebens. Aber es läßt sich nicht ändern – nun bringe ich schon mein drittes Buch heraus. Für das erste bekam ich zwölf Jahre, mit dem zweiten habe ich so viele Unannehmlichkeiten erlebt, daß ich darüber ein neues Buch schreiben könnte. Ich mag gar nicht daran denken, was aus diesem – dem hoffentlich letzten – wird.

Was gibt es Alberneres, als plötzlich die Rolle eines professionellen Helden spielen zu müssen, den man wie eine Wunder wirkende Ikone von einer Stadt in die andere schickt? Die Meute der Fotografen drängt sich vor dir – manche verlieren sogar die Schuhe –, knipst, knipst, knipst und blendet dich mit ihren Blitzlichtern. Kameraleute machen sich um dich zu schaffen, verheddern sich in den Kabeln, und man hält dir irgendeine schwarze Gummikeule unter die Nase. Was wollen sie eigentlich aus deinem Gesicht ablesen oder aus deinem Atem erhaschen? Warum stoßen sie einander so ungestüm beiseite, als gelänge ihre Aufnahme um so besser, je schlechter die des Nachbarn gerät? Und während diese Horde langsam zurückweicht, bleibt dir nichts anderes übrig, als einfältig zu lächeln und so leise wie möglich zu schnaufen.

Nirgends kannst du ohne großes Aufsehen erscheinen, weil man überall von dir etwas Ungewöhnliches erwartet: tiefsinnige Bemerkungen, Reden, Geistreiches, Erzählungen – und im schlimmsten Fall drängt man dich an die Wand, um dich mit Fragen zu bombardieren. Du gehörst nicht mehr dir selbst; jede Minute ist auf ein Jahr hinaus festgelegt, wie der Fahrplan eines Postzuges. Und was auch mit dir geschieht, was du auch anstellst, nichts entgeht der öffentlichen Aufmerksamkeit. Man verzeiht dir keinen einzigen Fehler.

Es ist ein seltsames Bedürfnis, sich Idole zu schaffen, nur um sie dann zu stürzen und in Stücke zu reißen. Irgendein läppischer Zufall, vielleicht sogar ein Unglück genügt, um jemanden ins Scheinwerferlicht zu stoßen und damit zum Eigentum der Allgemeinheit zu machen. Dieser Scheinwerfer irrt willkürlich über unsere Köpfe und greift bald den einen, bald den anderen aus der Menge heraus. Doch die Menschen werden, wie Insekten, offenbar unwiderstehlich von diesem Licht angezogen, das zum Maßstab für buchstäblich alles wird: Erfolg, Glück, Macht, Reichtum.

Das waren meine ersten ernsthaften Eindrücke im Westen oder, besser gesagt, *meine ersten Mißverständnisse.* In der Sowjetunion war die »Glasnost« (Öffentlichkeit) für uns eine Waffe gewesen, ein Mittel des Kampfes gegen Rechtlosigkeit und Willkür – und auch ein Schutz, wie die Sicherungsleine für den Bergsteiger. Wie sich herausstellte, gibt es dieses Wort in keiner einzigen europäischen Sprache, sondern man kennt nur das Wort »Publicity«, dessen Bedeutung durchaus nicht die gleiche ist.

Das russische Wort »Glasnost« enthält etwas Kühles und Präzises, wie ein chirurgisches Instrument, etwas sehr Ernstes und Feierliches, das sofort an einen gravitätischen Beamten der Duma denken läßt, bärtig und im bodenlangen Kaftan, der ein kaiserliches Edikt vom Spasskij-Turm des Kreml verkündet. »Glasnost« ist wie ein Gelübde, die Warheit zu sagen, die ganze Wahrheit und nichts als die Wahrheit.

Das flotte »Publicity« erinnert mich an einen Hexentanz, etwas Schändliches und Beschämendes, als werde man nackt über die Straße geführt, bedrängt vom Pöbel und gefolgt von Bengeln, die auf zwei Fingern pfeifen. Dieses Wörtchen stellt dich mit einem berühmten Clown, einem Fußballspieler oder einem gerade gefangenen Halsabschneider auf eine Stufe.

Nun ja, sagte ich mir, so muß es wahrscheinlich in

der Demokratie, in der Volksherrschaft, sein. Deshalb werden hier wohl auch einflußreiche Politiker aus beliebten Filmschauspielern oder Bühnensängerinnen – oder umgekehrt, um Politiker zu werden, muß man ein guter Schauspieler sein.

Ich will nicht behaupten, daß diese Einsicht mich sehr verstörte, aber sie verdüsterte das Bild, das ich von der Demokratie hatte. Immerhin war es noch besser als das Bild unserer Moskauer Vampire. Nichtsdestoweniger überraschte mich diese Entdeckung. So ähnlich hätte sich wohl ein Papua gefühlt, wenn er seinen Kampfspeer als Verzierung an der Wand eines Pariser Restaurants oder eines Londoner Pubs entdeckt hätte.

Dabei geht es nicht nur um Semantik. Es versteht sich von selbst, daß ich die Öffentlichkeit *dort* benötigte, während ich gegen die Gefängnisordnung und die Tschekisten* kämpfte. Jetzt, da ich außer Gefahr, nicht mehr auf dem Schlachtfeld bin, haben die sie nötig, die zurückgeblieben sind. Diese Kostbarkeit zu verschwenden heißt, jemanden seiner Freiheit oder sogar seines Lebens zu berauben. Man braucht sich nur daran zu erinnern, wieviel Mühe es erforderte, heimlich eine winzige Notiz über jene, die eben diese Öffentlichkeit benötigten, durch Dutzende von Händen, mit unglaublichen Tricks und Risiken aus dem Gefängnis zu schmuggeln. Danach, schon in Moskau, mußte noch irgendein Korrespondent überredet werden, sie zu verbreiten. Und auch das war noch nicht alles, denn irgendwo dort im Westen konnte ein uns unbekannter Mann mit dem Titel »Chefredakteur« sein Veto einlegen. Jetzt wurde mir also plötzlich klar, daß

* Geheimpolizisten.

unsere wirksame »Glasnost« sich unterwegs in eine ausschweifende »Publicity« verwandelt.

Während die Öffentlichkeit etwas Objektives, Unpersönliches ist und allgemeinen Nutzen bringt, bleibt die Publicity wie ein Brandmal auf deiner Stirn zurück, betrifft ausschließlich dich selbst, und nach ihr zu streben ist so peinlich, wie einen reichen Verwandten um Geld zu bitten. Keiner von uns hätte das gewollt, und keiner von uns hielt das, was wir taten, für Heldentum.

Kurz gesagt, der Aufseher hatte mich wieder zu einer neuen Arbeit abgeordnet. Aber da hilft kein Wehklagen, jedes Lager hat seine Ordnung, und man kann über sein Schicksal murren, soviel man will, es wird nicht leichter. Wenn ich mich bereit erklärt hatte, in einem Land aufzutreten, mußte ich mich mit allen untereinander konkurrierenden Medien auseinandersetzen. Wenn eine Zeitung ein Interview erhielt, forderten es auch alle anderen. Hätte ich mich geweigert, wäre man beleidigt gewesen oder hätte – noch schlimmer – geargwöhnt, daß meine Ablehnung politisch begründet sei.

Meine Freunde spornten mich immer wieder an: »Solange man dir noch zuhört, mußt du diesen erwähnen und darfst jenen nicht vergessen.«

Obwohl der Nutzen gewöhnlich gering war, mußte ich natürlich versuchen, meinen früheren Zellengenossen zu helfen, und das konnte ich nur, indem ich sie in meinen Interviews erwähnte.

Außerdem waren das Interesse und die Sympathie der Öffentlichkeit für unsere Probleme gerade damals gewaltig, der Wunsch, uns zu helfen, zu verstehen, zu unterstützen, war unglaublich stark. Unsere Bewegung strebte zügig auf die Weltbühne und wurde zu einem Faktor der internationalen Politik, was ihr mächtige Feinde schuf. Wann also sollte ich Atem schöpfen und mich umschauen?

Aber diese Rolle stand mir schlecht zu Gesicht, und ich lebte in den ersten Jahren ständig mit einem Gefühl der Unsicherheit, wie ein Scharlatan, der sich als Arzt ausgibt und an das Bett eines Schwerkranken gerufen wird. Ich habe nichts von einem Volkstribunen an mir, ich kann keine Reden halten. Was ich auch sage, klingt töricht, unausgegoren. Vor allem muß ich mich qualvoll zwingen, mir angesichts der Zuhörer nicht vorzustellen, was wäre, wenn ich plötzlich vergäße, worüber ich sprechen soll. Ich darf mir nicht ausmalen, daß ich den Faden verlieren und stocken könnte. Eine schreckliche Vorstellung: Ich sitze da und schweige, die Zuhörer sitzen da und schweigen. Je länger, desto schlimmer. Wenn man in diesen Sälen wenigstens rauchen dürfte!

Auch vor Fernsehkameras fürchte ich mich, aber gerade das darf man sich nicht anmerken lassen. Im Fernsehen kommt es im allgemeinen nicht darauf an, *was* man sagt, sondern *wie*. Ich tauge nicht zum Schauspieler.

Um mein Unglück vollzumachen, hatte ich die Dummheit besessen, bei meiner ersten Pressekonferenz in Zürich englisch zu sprechen. Danach gestattete mir niemand mehr, russisch zu sprechen; alle redeten mich auf englisch an. Ich beherrschte die Sprache damals nur passiv und konnte meine Gedanken nicht präzise ausdrücken. Eine Qual.

Und noch ein Ärgernis: Krawatten. Ich kann sie nicht ausstehen und trug nie eine. Nur einmal band man mir eine mit Gewalt um, im Lefortowo-Gefängnis, vor der Abreise nach Zürich, als ich mit Handschellen gefesselt war. Jetzt aber muß ich mir solch ein gräßliches Stück umbinden, wohin ich auch gehe.

Wer sind Sie eigentlich, Wladimir Bukowski?

Das einzige, was mir relativ leichtfiel, war, die Fragen zu beantworten. Daran hatte ich mich bei den Verhören gewöhnt. Ohnehin stimmten die Fragen in allen Teilen der Welt fast überein, und nach einiger Zeit konnte ich sie voraussagen.

Aber es gab zwei Fragen, vor denen ich panische Angst hatte, weil ich nicht die geringste Ahnung hatte, wie ich sie beantworten sollte.

»Wer sind Sie eigentlich, Wladimir Bukowski?« – Was sollte ich darauf sagen?

Man weiß nicht, ob man lachen oder weinen soll. Einmal erhielt ich einen Fragebogen vom »International Who's Who« und zerbrach mir lange den Kopf darüber, was ich in welche Spalte schreiben sollte. Wenn ich mich streng an die gestellten Fragen gehalten hätte, wäre ich gezwungen gewesen, nur meinen Namen und mein Geburtsdatum zu Papier zu bringen. Die übrigen Spalten hätte ich durchstreichen müssen. Ich wurde ja nicht gefragt, weshalb und wo ich gesessen hatte, wie oft und wann ich freigelassen worden war. Mehr ließ sich über mein Leben nicht sagen. Schließlich konnte ich diese Informationen nicht unter »Hobbys« anführen; dort war im übrigen auch wenig Platz. Wohin also damit? Unter »Bildung« oder »Mitgliedschaft in Klubs und Gesellschaften«? Ich zermarterte mir das Hirn und zählte alle Haftzeiten unter »Angaben über bekleidete Posten« und alle Freilassungen unter »Ehren, Würden und Auszeichnungen« auf. Welch ein Unsinn! Inzwischen ist es leichter geworden, und ich kann wenigstens sagen, daß ich Student in Cambridge bin*.

Warum habt Ihr mich freigelassen, Genossen?

Die zweite Frage:

> Weshalb fand der Austausch statt, und weshalb tauschte man gerade mich aus?

Sie blieb lange ohne Antwort und ist auch jetzt noch nicht ganz geklärt.

Ja, wirklich – weshalb? Wir kennen die Mentalität unserer »Genossen« im Kreml zu gut, um auch nur eine Sekunde an die Zufälligkeit ihrer Entscheidung oder etwa an eine humanitäre Anwandlung zu glauben. Denen fällt nicht ein, sich selbst ohne jede Not Schaden zuzufügen. Denn wie man die Sache auch dreht und wendet, dieser Austausch endete für sie mit einer ernsten politischen Niederlage.

Erstens erkannten sie mit dem Austausch indirekt an, daß es in der UdSSR politische Häftlinge gibt – eine Tatsache, die bis dahin von der sowjetischen Führung und Propaganda kategorisch bestritten worden war.

Zweitens stellt ein so seltsamer Handel sie auf eine Ebene mit dem Pinochet-Regime, das sie selbst überall als faschistisch beschimpfen. Und obwohl wir wissen, daß das Sowjetregime noch schrecklicher ist – schon allein durch seine Zähigkeit und Aggressivität sowie die Existenz organisierter An-

* Derzeit in Stanford (Kalifornien).

hänger in jedem Land der Erde –, ist eine solche Parallele doch ein erheblicher Schlag für das Prestige und die Position der prosowjetischen Kräfte. Es war offensichtlich, daß der Austausch allgemein als Konzession unter dem Druck der öffentlichen Meinung und einer Protestkampagne eingeschätzt werden und solche Kampagnen auch in Zukunft anspornen würde.

Es genügt, sich die Reaktion der kommunistischen Presse des Westens anzusehen, um zu begreifen, in welche Klemme dieser Austausch die Sowjetunion gebracht hat.

L'Unita (Italien):

»Es ist vollkommen verständlich, daß *Pinochet* sich an den Plan zum Austausch *Corvalans* und *Bukowskis* klammerte. Daß dies für ihn politische Vorteile bringt, ist jedem klar. Aber daß dieser Austausch auch für die sowjetische Seite vorteilhaft war, läßt sich nicht behaupten. Moskau hat dem chilenischen Regime nicht nur alle Trümpfe überlassen, sondern auch indirekt eingestanden, daß *Bukowski* ein politischer Gefangener war … Das Verhalten der sowjetischen Führer hat dem Sozialismus in der ganzen Welt einen Schlag versetzt.«

Morning Star (Großbritannien):

»Der Austausch gießt Wasser auf die Mühlen jener, die vorbringen, daß es in den sozialistischen Ländern, wie in den faschistischen, keine Demokratie gebe … Man muß bedauern, daß *Bukowskis* Freilassung von seiner Ausweisung aus der Sowjetunion begleitet war und als Austausch zwischen einem faschistischen und einem sozialistischen Land,

nicht als einfacher Akt der Gerechtigkeit abgewik-
kelt wurde.«

L'Humanité (Frankreich):
  »Zwei Männer, zwei politische Gefangene sind
zum Gegenstand eines betrüblichen Austausches
geworden ... Wir halten für unzulässig, daß Menschen vor eine so unmögliche Alternative gestellt
werden: entweder Gefängnis oder Ausweisung.
Wir halten einen solchen Handel für unzulässig ...« (Aus einer Erklärung des Generalsekretärs
der Französischen Kommunistischen Partei *G. Marchais*)
  »... Die Handlungsweise der sowjetischen Behörden berechtigt zu der Behauptung, daß das sowjetische Regime nicht um ein Quentchen besser oder
humaner ist als das faschistische Militärregime des
Generals *Pinochet* ... *Pinochet* ist es gelungen, das sowjetische System vor der ganzen Welt als ebensolches Regime der Freiheitsunterdrückung hinzustel-
len wie die Diktatur in Chile. Und wenn die Presse
der sozialistischen Länder die Freilassung *Corvalans*
als Sieg feiert, die Freilassung *Bukowskis* aber ver-
schweigt, so bedeutet dies, daß auch sie *Pinochet* auf
den Leim gegangen ist ...« (Aus dem Leitartikel des
Chefredakteurs *R. Andrien*).

Wirklich, Genossen, ihr seid auf den Leim gegangen, habt Wasser auf die Mühlen gegossen, alle
Trümpfe aus der Hand gegeben – und weshalb? Um
den Genossen *Corvalan* zu retten? Davon bin ich
nicht zu überzeugen. Unsere alten Herren im Kreml
sind durchaus nicht sentimental, und die chilenischen, uruguayischen, bolivianischen Genossen
sind ihnen im Gefängnis am nützlichsten, damit sie

heulen und mit der Sympathie leichtgläubiger Menschen spekulieren können. Was sollte man in Moskau mit ihnen anfangen? Schließlich hatte sogar *Corvalan* selbst den Austausch zunächst abgelehnt. Erst als er einen Befehl aus Moskau erhielt, willigte er ein. Er genoß ja keine schlechten Haftbedingungen: Fast jeden Tag konnte er der Presse ein Interview geben – er war nicht wie wir auf Zettelchen angewiesen, die mit hohem Risiko durch Dutzende von Händen gingen. Und wenn *Corvalan* ermordet worden wäre, hätte es *Breschnew* auch keine Kopfschmerzen bereitet. Im Gegenteil: wieder ein kommunistischer Märtyrer, den man der Jugend als Vorbild hinstellen kann.

Weshalb, weshalb?

Ich gab mich allen möglichen Mutmaßungen hin, und je mehr ich mir den Kopf zerbrach, desto weniger begriff ich. Aber irgendwo mußte sich doch ein Trick, eine Falle verbergen.

Waren sie etwa ihrer eigenen Demagogie zum Opfer gefallen? Drei Jahre lang hatten alle sowjetischen, sozialistischen und »progressiven« Zeitungen der Welt gejammert: »Freiheit für *Luis Corvalan*!« Und plötzlich das Angebot eines Austausches. Wie sollte man darauf reagieren?

Eine Ablehnung hätte der sowjetischen Propaganda kaum ein ernstes Problem aufgegeben. Es wäre sogar leicht gewesen, die Pose des Moralisten und Philanthropen einzunehmen. *Marchais* schreibt ja, daß solche Händel unzulässig seien. Und nicht nur *Marchais,* sondern die Mehrheit der Weltpresse beurteilte den Austausch negativ.

Daily Mirror (Großbritannien):

»Die Freilassung *Bukowskis* ist ein Triumph für die Protestbewegung, aber durchaus kein Triumph für die Freiheit.«

Figaro (Frankreich):

»Die internationalen Beziehungen sind offenbar durch ein System willkürlicher Verhaftungen und Entführungen infiziert. Es gibt kein internationales Recht mehr. Auf der Bühne stehen nur noch sich befehdende Banden, die gegenseitig Geiseln austauschen. Es scheint, daß eine neue Ära beginnt – eine Ära der Konzentrationslager im Weltmaßstab, zuweilen gemildert durch den Austausch von Gefangenen.«

Berlingske Tidende (Dänemark):

»Selbstverständlich ist es besser, wenn man politische Häftlinge ausweist, als daß man sie in Gefängnissen quält. Aber der Menschenhandel zwischen der Sowjetunion und Chile ist, für sich genommen, ekelhaft ...«

Kurz, es liegt auf der Hand, daß niemand die sowjetische Seite verurteilt hätte, wenn sie nicht auf den Austausch eingegangen wäre. Im Gegenteil, *Pinochet* hätte keine Trümpfe mehr gehabt, sondern nur den für ihn unnützen *Corvalan*. Wenn man aber unbedingt auf den Austausch versessen war, hätte man den Handel heimlich, still, spurenlos abwickeln können. Die Bundesrepublik Deutschland kauft jedes Jahr Häftlinge von der DDR frei, und niemand macht viel Aufhebens darum.

Indessen machten die sowjetischen Behörden einen Fehler nach dem anderen. Keine einzige Zeitung in der Sowjetunion oder in den sozialistischen Ländern erwähnte den Austausch auch nur mit einem Wort. Überall wurde die Freilassung *Corvalans* stürmisch begrüßt, während man separat über mich berichtete, daß ich aus der UdSSR ausgewiesen worden sei.

Dem Kern der Sache am nächsten kam unsere liebe *Literaturnaja gaseta**, die am 22. Dezember (das heißt vier Tage nach dem Austausch) in einem Beitrag mit dem Titel »Der Pulsschlag der Woche. Willkommen, teurer Freund!« schrieb: »*Luis Corvalan* ist in Freiheit! *Luis Corvalan* ist in der Sowjetunion. Wie viel diese Worte ausdrücken! Hinter ihnen verbirgt sich das stolze Schicksal eines Mannes, eines Kommunisten, der bereit war, für die Sache seines Volkes, für seine Überzeugungen alles, sogar sein Leben zu opfern. Hinter ihnen verbergen sich drei Jahre der Haft, der Folter. Hinter ihnen verbirgt sich die wütende Machtlosigkeit des modernen chilenischen Faschismus und jedes Neofaschismus überhaupt, der noch in der Lage ist, einen Kommunisten in Fesseln zu legen, sogar zu ermorden, ihn aber niemals auf die Knie zwingen kann! Und schließlich verbirgt sich hinter diesen Worten die Kraft, die Stärke des Weltsozialismus, der öffentlichen Meinung der gesamten progressiven Menschheit, die eine wichtige, eine entscheidende Rolle bei der Befreiung des Genossen *Corvalan* gespielt haben.

Haben die faschistischen Händler ihn ›freigelassen‹? O nein, er ist den blutigen Klauen der Feinde des chilenischen Volkes entrissen worden …

---

* Bekannteste sowjetische Wochenzeitung; Organ des Schriftstellerverbandes.

... Nun versuchen die offenen und heimlichen Anhänger *Pinochets* die Sache so darzustellen, als sei die Befreiung *Corvalans* nur das Ergebnis eines Handels gewesen. Er sei einfach gegen einen ›Dissidenten‹ oder, genauer gesagt, den Feind der Sowjetunion *Bukowski* ausgetauscht worden.

Ja, *Pinochet* hat tatsächlich durch Vertreter eines ›dritten Landes‹, wie wir erfahren haben, den leidenschaftlichen Wunsch ausgedrückt, dieses Subjekt zu sich zu nehmen. Die antisowjetische Einstellung *Bukowskis* ist noch deutlicher geworden, nachdem der chilenische Henker in Liebe zu ihm entbrannte.

Sie haben sich gegenseitig entlarvt, als wenn es dessen noch bedurft hätte.

Aber die Hauptsache ist, daß ein prächtiger Sohn des chilenischen Volkes, ein unbeugsamer Kommunist endlich die Freiheit gefunden hat ...«

Am selben Tag erklärte die Nachrichtenagentur TASS, daß man mir »gestattet habe, aus der UdSSR auszureisen«, und zwar »auf meine eigene Bitte hin«. Welch eine Komödie! Wie Diebe, die auf frischer Tat ertappt werden.

Le Monde schrieb boshaft:

»Die sowjetischen Zeitungen tun alles, um ihren Lesern die Wahrheit vorzuenthalten. Aber kann die sowjetische Presse diese Wahrheit lange verschweigen? Ihre Mitteilungen darüber, daß der Führer der chilenischen Kommunisten infolge der ›breiten internationalen Solidarität‹ freigelassen worden sei, rufen den Spott vieler in der UdSSR hervor, die die Übertragungen ausländischer Rundfunksender hören.«

Propagandakampagne aus Moskau

Natürlich deckte mich die sowjetische Propaganda, wie zu erwarten war, mit einer schon vorbereiteten Salve von Verleumdungen ein. TASS und die *Literaturnaja gaseta* begannen am 22. Dezember; am 24. war im Moskauer Rundfunk von einer »unwürdigen Sensationsmache« die Rede. Am 25. nannte das Gewerkschaftsblatt *Trud* mich einen »Verbrecher im Gewand des ›Helden‹«; am 26. druckte die *Iswestija* das »Gleichnis von einem ›großen Märtyrer‹ und seinen geistigen Vätern«.

Es versteht sich, daß ich immer nur als Krimineller bezeichnet wurde, politische Verbrecher gibt es ja bei uns nicht. Natürlich war ich, was ihnen besonders gut gefiel, »ein Student ohne Abschluß«, der »die Mittelschule nur mit Mühe beendete und wegen völliger Lernunfähigkeit im ersten Universitätsjahr ausgeschlossen wurde«; »ein halb analphabetisches Subjekt, krankhaft eitel, das versuchte, seine intellektuelle Unvollkommenheit auszugleichen und sich mit Hilfe von Extremismus, provokatorischen Ausfällen und offenen Rowdytum selbst zu bestätigen«. »Jeder vernünftige Mensch erkennt in *Bukowskis* Träumen von der Machtergreifung sofort den Wahn des Paranoikers, und das mit Recht. Tatsächlich machte er einmal eine Behandlung durch, doch sie konnte den, milde gesagt, seltsamen Charakter seiner Ideen nicht ändern.«

All das war zu erwarten gewesen, aber es gab auch etwas Neues. Angeblich war ich verurteilt worden, weil ich »einen ›Sturmtrupp‹ mit fünf Mitgliedern zur Ausübung terroristischer Akte gegründet« hatte; »zur Vorbereitung fuhren die Mitglieder in den Wald und übten sich dort im Schießen«. Nur was das Datum betraf, waren die Zeitungen sich nicht einig: Bei den einen war es 1965, bei den anderen 1970 und bei noch anderen irgendwann in den siebziger Jahren.

Außerdem hatte ich von »Faschismusanhängern und anderen subversiven Zentren harte Währung, ein Tonbandgerät und einen Fotoapparat« erhalten. Natürlich wurden *Pinochet* und sein besonderes Verhältnis zu mir immer geschickt ins Spiel gebracht. Bald hatte er mich gerade eingeladen, bald war ich schon zu ihm gefahren, und bald wollte ich gerade aufbrechen. Man endete stets mit der Prophezeiung, daß in Kürze alle sehen würden, wer ich sei, daß sie sich schämen und mich rasch vergessen würden.

All das war wenig überzeugend. Wer ich bin und zu wem ich reise, wird die Zukunft zeigen. Darüber, daß ich mein »Studium nicht abgeschlossen« habe, sollten sie besser schweigen. Diese Geschichte gereicht ihnen nicht zum Vorteil und ist von westlichen Zeitungen auch schon beschrieben worden. Die neue Erfindung – die Sache mit dem »Sturmtrupp« und dem Terrorismus – konnte nur Gelächter auslösen.

Drapeau rouge, die Zeitung der Belgischen Kommunistischen Partei, schrieb ironisch:

»In einem Bulletin von APN, das in Brüssel in französischer Sprache herausgegeben wurde, wird *Bukowski* die Absicht zugeschrieben, die Sowjetmacht ›mit den Methoden des Terrors und der physischen Vernichtung von Menschen‹ zu bekämpfen. Wenn das stimmt, ist unbegreiflich, weshalb die sowjetischen Behörden einem so gefährlichen Mann erlaubt haben, ins Ausland zu reisen, noch dazu mit einem für fünf Jahre gültigen Paß.«

Und war das alles? War das ihre ganze propagandistische Vorbereitung? Warum nur hatten sie diesen sensationellen Austausch vor den Augen der ganzen Welt durchgeführt? Warum nur hatten sie ihrem Feind solche Publicity verschafft? Ungeachtet der Worte von *Unità* war mir bewußt, daß ich, nicht *Pinochet* der einzige Nutznießer der Operation war.

Da gab es natürlich auch noch meinen Austauschpartner *Corvalan*. Der Vergleich des chilenischen Regimes mit dem sowjetischen und *Breschnews* mit *Pinochet* hatte uns in der öffentlichen Neugier zusammengeschmiedet. Alle wollten wissen, was wir voneinander hielten, wofür wir kämpften und wie wir die Zukunft einschätzten. Die Presse sehnte sich danach, daß wir uns an einen Tisch setzten und friedlich miteinander redeten. Für mich wäre die Erfüllung dieses Wunsches kein Problem gewesen, aber *Corvalan* konnte einer solchen bourgeoisen Idylle wegen seiner Parteizugehörigkeit und wegen seines vollkommen verständlichen Pflichtgefühls seinen Rettern gegenüber nicht zustimmen. Die Presse schlug uns viele Male ein solches Treffen vor, und ich willigte stets ein, während er ablehnte.

Außerdem hatte er durch sein Einverständnis, nach Moskau zu reisen, nur ein Gefängnis gegen das andere ausgetauscht – mit dem einzigen Unterschied, daß seine Parteigenossen die neuen Aufseher waren. Bei seinem ersten Auftritt im sowjetischen Fernsehen war er gezwungen, so viel Unsinniges daherzureden, daß spätere Begegnungen mit der westlichen Presse undenkbar wurden. Selbstverständlich mußte er die Sowjetunion über alle Maßen loben, die Besetzung der Tschechoslowakei gutheißen und erklären, daß es in der UdSSR keine

politischen Gefangenen gebe. Als er einige Tage
später bei einem feierlichen Empfang im Kreml von
*Leonid Iljitsch** geküßt wurde, tat es mir ehrlich leid
um den armen Kerl. Ich drückte Journalisten gegenüber sogar meine Befürchtung aus, daß man bald
eine neue Kampagne für seine Freilassung in Angriff nehmen und ihn gegen einen anderen austauschen müsse.

Nach zwei fieberhaften Wochen in Zürich erblick-
te ich aus dem Flugzeug wieder den Schweizer weißen Winter, die verschneiten Tannen und adretten
Häuschen. Ich hatte keine Zeit gehabt, irgend etwas
zu sehen – weder von der prächtigen Natur noch
von der Einfachheit der Sitten. Es war wie ein angenehmer Traum oder, genauer gesagt, wie das Erwa-
chen in der Kindheit, wenn man mit der freudigen
Gewißheit die Augen öffnet, daß nicht weit, irgendwo neben dem Bett, ein Geschenk vom Weih-
nachtsmann liegen muß. Aber in der Kindheit fragt
man nicht, ob man das Geschenk verdient hat.

Es gibt jetzt keine Möglichkeit mehr festzustellen,
wer als erster auf die Idee unseres Austausches gekommen ist. Mindestens ein Dutzend Personen erheben darauf Anspruch, mit mehr oder weniger
großer Berechtigung. Anscheinend lag die Idee in
der Luft, zirkulierte wie ein Witz, dann wie ein Ge-
rücht und schließlich wie ein ernsthafter Vorschlag.
Und warum auch nicht?

Sogar bei uns im Gefängnis erbosten sich die Häftlinge, wenn sie jeden Tag in den sowjetischen Zeitungen verzweifelte Aufrufe zum Schutze *Corvalans*
lasen: »Was machen die für ein Geschrei, als ob bei

* Breschnew.

ihnen selbst die Gefängnisse nicht voll wären? Sollen sie ihn doch austauschen, wenn sie sich wirklich solche Sorgen um ihn machen!«

Mit Sicherheit ist nur bekannt, daß sich schon im Jahre 1973, gleich nachdem die Chilenen die Verhaftung *Corvalans* bekanntgegeben hatten, eine Holländerin über den Botschafter Chiles in den Niederlanden an *Pinochet* wandte und diesen Austausch vorschlug. Später, im Jahre 1975, gab ein österreichischer Journalist im Gespräch mit einem einflußreichen sowjetischen Funktionär, völlig unabhängig von der Holländerin und ohne von ihr zu wissen, die gleiche Anregung. Seinen Worten zufolge lehnten die Sowjets die Idee zunächst als Hirngespinst ab, wurden bei der nächsten Begegnung jedoch schon aufmerksamer und hörten ihm mit Interesse zu.

Man erzählt auch von einem russischstämmigen Oberst – oder sogar General – im chilenischen Generalstab, der angeblich von Anfang an versuchte, *Pinochet* von diesem Plan zu überzeugen, was ihm letzten Endes auch gelang. Ich selbst bin diesem Mann nie begegnet und kann diese Version deshalb weder bekräftigen noch verwerfen.

Ganz überraschend erfuhr ich aus dem Brief eines katholischen Priesters, der mir zufällig in die Hände fiel und noch nicht einmal an mich adressiert war, daß dieser würdige Gottesdiener, der prosowjetisch eingestellt war (auch so etwas gibt es), an Geheimverhandlungen über den Austausch *Corvalans*, »der damals in entsetzlichen Verhältnissen lebte, gegen irgendeine sowjetische Figur« mitgewirkt hatte.

Wie dem auch sei, öffentlich wurde die Idee zuerst gleichzeitig vom Sacharow-Komitee in Dänemark und von *Sacharow* selbst bei einer Pressekonferenz in Moskau – mittlerweile war es schon 1976 – vorgebracht. Dann folgten Verhandlungen über ein »drittes Land«, das heißt über das Außenministerium der USA. Später erfuhr ich, daß *Kissingers* Mitarbeiter *Sonnenfeldt* die Verhandlungen führte. Er selbst ließ mich durch einen gemeinsamen Bekannten wissen, daß wir zwar ganz verschiedene Auffassungen hätten, ich ihm aber doch für eines dankbar sein müsse: für den Austausch. Um nicht weiterhin als undankbar zu gelten, möchte ich hiermit meine Ungezogenheit zurücknehmen und mich bei den drei Männern bedanken, denen gegenüber mein Benehmen bisher zu wünschen übrig ließ: bei *Pinochet*, *Sonnenfeldt* und *Breschnew*.

Aber ist es so wichtig festzustellen, von wem und wie die Figuren hin- und hergeschoben wurden, wenn der wirkliche Grund meines Austausches viel tiefer liegt?

Dieses unendliche Mitgefühl und Mitleid

Eine öffentliche Kampagne ist ein verblüffendes Phänomen. Bei dem Übermaß an Nachrichten über menschliches Leid, Entsetzen und Unglück, mit dem wir jeden Tag überschüttet werden, ist es erstaunlich, daß die Menschen nicht abgestumpft, nicht absolut gleichgültig geworden sind.

Ausgemergelte, halbtote Kinder aus Kambodscha oder Uganda mit hervorstehenden Rippen und geschwollenen Bäuchen, im Meer ertrinkende vietnamesische Flüchtlinge, von irgendwem entführte Geiseln oder einfach eine Mutter, die um die Rettung ihres kranken Kindes kämpft, ganze Völker und einzelne Menschen, ausgerottete Tiere und zerfallende Denkmäler der Antike – all das ist tagtäglich auf den Fernsehschirmen gegenwärtig, fleht aus den Zeitungen um Hilfe.

Man könnte glauben, daß der Mensch durch nichts mehr aufzurütteln, in Unruhe zu versetzen sei. Schließlich hat jeder auch seine eigenen Probleme und Krisen. Aber trotzdem löst praktisch jedes menschliche Unglück eine warme Welle der Sympathie aus. Durchaus nicht reiche Leute schenken Geld, das sie sich selbst vom Munde abgespart haben, und schämen sich noch, weil es so wenig ist. Überaus geschäftige Leute reißen sich von dringenden Angelegenheiten los, um bewegende Briefe zu schreiben. Sie setzen ihren Regierungen zu, sammeln Unterschriften und frieren mit selbstgemachten Plakaten vor Botschaften. Hunderte und Tausende kommen zu Demonstrationen zusammen, um ihnen unbekannte Menschen in Winkeln der Erde zu verteidigen, die manchmal so fern sind, daß gestern noch niemand von ihnen gehört hat.

Diese unerschöpfliche Großzügigkeit, dieses unendliche Mitgefühl und Mitleid ist wohl das Schönste, was ich je erlebt habe. Man kann mir entgegenhalten, daß sich viel mehr apathische und egoistische Menschen finden, daß bei weitem nicht alle so sind. Aber ich weiß: Es ist schon ein Wunder, daß es überhaupt welche gibt.

Der Mensch verspürt das rege Bedürfnis, einen Hilfeschrei zu beantworten, wenigstens etwas zu unternehmen, sogar wenn er nicht sicher sein kann, sein Ziel zu erreichen. Es gibt ein erstaunliches Verantwortungsgefühl für den Schmerz anderer. Und wenn es verschwinden sollte, würde es auch das nicht mehr geben, was wir Menschlichkeit nennen. Es wird gar keine Menschen mehr geben.

Merkwürdig ist jedoch, daß die Menschen bei alledem sich ihrer Kraft nicht bewußt sind, nicht wissen, daß sie selbst die Schöpfer der Ereignisse sind. Häufig lassen diese Kampagnen an ein Kinderspiel denken: Abzeichen, mit Parolen verzierte T-Shirts, ein, zwei Demonstrationen mit Plakaten – und plötzlich geschieht ein Wunder. »Ein Sieg der Weltmeinung«, verkünden die Zeitungen feierlich. Aber das klingt irgendwie zu abstrakt, zu ernst. »Nein«, denkt man, »hier muß es noch andere Gründe geben, irgendeine verborgene Entwicklung ... Geheimdiplomatie, einen Handel, vielleicht sogar einen Betrug.«

Erst nachdem ich durch mehrere Länder gereist war, konnte ich mich davon überzeugen, welch mächtige Kampagne hinter meinem Austausch gestanden hatte. Sie war überall zugegen. Bei jeder Versammlung, an der ich teilnahm, schenkte man mir Kopien von Petitionen und Zeitungsausschnitte. Parlamentarier zeigten mir Kopien ihrer Resolutionen, Politiker wiesen mich auf ihre Proteste an die sowjetische Regierung hin. Trotzdem war fast jeder erstaunt darüber, daß man mich freigelassen hatte.

Seltsamerweise sind totalitäre Regime äußerst sensibel gegenüber öffentlichem Druck, sie verbergen es nur sorgfältig. Diese Regime gründen sich auf Furcht und stillschweigende Mitwirkung der Bürger. Jeder Mensch soll vor dem Staat absolut hilflos, rechtlos und in jeder Hinsicht schuldig sein. In dieser Atmosphäre gewinnt das FREIE WORT (sogar wenn es im Ausland gesprochen wird) gewaltige Kraft. *Es ist kein Zufall, daß in der Sowjetunion Dichter erschossen wurden.* Andererseits durchschauen sowohl die Behörden wie das Volk die Ungesetzlichkeit des Regimes, seine ILLEGITIMITÄT. In diesem geheimen Bürgerkrieg wird das Ausland zum höchsten Schiedsrichter. Wie ein durch Raubüberfälle reich gewordener Gangster versucht, von den höchsten Gesellschaftskreisen akzeptiert zu werden, sich mit einem Smoking ausstaffiert, die Manieren eines respektablen Geschäftsmannes nachahmt, so sehnt sich auch das sowjetische Regime danach, von der Weltgemeinschaft als ebenbürtig anerkannt zu werden. Schon längst sind die lauten Beteuerungen verdrängt worden, daß es sich um den gerechtesten, den glücklichsten, den fortschrittlichsten, den allersozialistischsten Staat handele. »Bei uns ist es auch nicht schlechter« oder »Ist's bei denen etwa besser?« – so lautet die Botschaft der heutigen sowjetischen Propaganda.

Eine völlig identische Situation ergibt sich auf internationalem Gebiet. Die sowjetische Aggressivität beruht unmittelbar auf dem Mangel an innerer Stabilität, auf dem Bewußtsein der eigenen Ungesetzlichkeit. Sie wollen gleichberechtigte Mitglieder der Weltgemeinschaft werden und sind organisch nicht dazu imstande. Sie benötigen keine Verbündeten, keine Partner, sondern Satelliten und Komplizen. Furcht und Komplizenschaft, stillschweigend oder lauthals verkündet, sind grundlegende Faktoren der außenpolitischen sowjetischen Macht. Stillschweigende Komplizenschaft genügt nicht, dazu wird auch äußerst lautstarke ideologische Unterstützung benötigt. Normalerweise beruht diese Unterstützung auf dem Mythos vom glücklichsten, gerechtesten, fortschrittlichsten Leben in der UdSSR, da dieser Mythos aber schon in Verruf geraten ist, besteht die wichtigste ideologische Aufgabe darin, die öffentliche Energie in eine andere Bahn zu len-

44

ken: etwa gegen Südafrika, damit die UdSSR weiterhin als Leitstern glänzen kann.

Hinzuzufügen ist die direkte Abhängigkeit der sowjetischen Wirtschaft von westlicher Technologie, Krediten, Geräten und jetzt auch noch von Getreide-, Fleischlieferungen und so weiter. Man füge die unverändert instabile Lage in den osteuropäischen Satellitenstaaten hinzu, und es wird klar, wie gefährlich der Sowjetunion alle jene Abzeichen und Postkarten – das, was wir ernsthafter als »Weltmeinung« bezeichnen – werden.

Aber die Herrscher der Sowjetunion können diese Abhängigkeit nicht eingestehen. Welchen Sinn hat es, sein eigenes Volk um freie Wahlen und eine freie Presse zu bringen, wenn man sich dann doch der öffentlichen Meinung, noch dazu anderer Länder, unterordnen muß? Deshalb bemühen sich die sowjetischen Behörden mit allen Kräften, die öffentliche Meinung von ihrer Unwirksamkeit, sogar von der Schädlichkeit offener Kampagnen zu überzeugen. Sie beeilen sich natürlich nicht, aber wenn sie merken, daß eine Kampagne mit den Jahren nicht abflaut, sondern anwächst, beginnen sie, eine Methode zu suchen, um das Problem ohne Aufsehen beizulegen – als täten sie es freiwillig, nicht unter Druck.

Nicht ohne bewußte Nachhilfe des Sowjetregimes ist im Westen der Mythos entstanden, daß das Regime auf Druck von außen nicht reagiere. Die »Russen« seien eben so. Der Westen mißt alles mit seiner eigenen Elle und ist geneigt, jede politische Aktion als erfolglos anzusehen, die im Laufe von zwei, drei Jahren nicht die gewünschten Ergebnisse bringt. Man legt die Hände in den Schoß und gibt sich der Enttäuschung hin. Genau darauf zielen die Strategen des Kreml ab.

Was mich betrifft, so hatte ich Glück. Fast in jedem europäischen Land fanden sich entweder Menschen, die mich persönlich kannten, oder Enthusiasten, die sich meiner Sache mit besonderer Sympathie annahmen.

In der Bundesrepublik Deutschland setzte *Cornelia Gerstenmaier* als Vorsitzende einer Menschenrechtsgesellschaft sich so energisch für mich ein, daß Tass sich mehrere Male gezwungen sah, Erklärungen gegen sie herauszugeben. Die sowjetischen Behörden betrachten Deutschland seit langem als ihr Erbgut, und deshalb waren sie von dieser Tätigkeit *Cornelia Gerstenmaiers* besonders schmerzlich berührt.

In Großbritannien demonstrierte *David Markham* viele Wochen vor den Toren der sowjetischen Botschaft. Da mein Fall mit dem Mißbrauch der Psychiatrie zu politischen Zwecken zu tun hatte, erwiesen mir englische Psychiater und Organisationen (zum Beispiel CAPA: Campaign Against Psychiatric Abuse) ständig wertvolle Hilfe. Ähnliches läßt sich von anderen Ländern sagen. Im Gefolge von CAPA entstanden entsprechende Komitees in Frankreich, der Schweiz und Deutschland. Zwar scheute der Kongreß des Weltverbandes der Psychiater, der im Jahre 1972 in Mexiko zusammenkam, davor zurück, die von mir vorgelegte Dokumentation zu erörtern, aber viele nationale Verbände und Psychiater verschiedener Länder waren schockiert von dieser beschämenden Haltung, um so mehr, als die Furchtsamkeit des Kongresses den sowjetischen Behörden gestattete, mich »wegen Verleumdung der sowjetischen Psychiatrie« zu zwölf Jahren zu verurteilen.

Eine mächtige Hilfsbewegung war in den Niederlanden organisiert worden, wo *Henk Wolzak* eine spezielle Gesellschaft gegründet und die Universität

Leyden mich als »ihren« Gewissensgefangenen »adoptiert« hatte. Auch an Absonderlichkeiten fehlte es nicht. Eine Familie im Norden der Niederlande nannte ihr Springpferd »Bukowski«; es nahm erfolgreich an Wettbewerben teil. Auf diesem Pferd ritt seine Besitzerin Gertrude regelmäßig zur sowjetischen Botschaft, um bei Demonstrationen mitzuwirken. Man kann sich vorstellen, wie dies den sowjetischen Botschafter verärgerte.

Nicht zu vergessen die Gruppen von Amnesty International, die besonders energisch für mich eintraten. Unter ihnen tat sich die amerikanische Journalistin *Ludmilla Thorne* hervor. Zusammen mit *Patricia Barnes*, der Frau eines bekannten Theaterkritikers, führte sie eine ständige Kampagne für meine Freilassung: Sie organisierten Demonstrationen und veröffentlichten Zeitungsartikel.

Denken wir auch an das Komitee amerikanischer Schriftsteller und Journalisten, dem viele berühmte Autoren angehören, und Dutzende meiner Freunde, die damals aus der Sowjetunion in verschiedene Länder emigriert waren, an die westlichen Journalisten, mit denen ich in Moskau sprechen konnte, an die Mitglieder des Pen-Clubs, der mich in seine Reihen aufnahm, und natürlich an *George Meany*, der sich persönlich viele Male an *Nixon*, *Kissinger* und *Ford* wandte. Nicht zu vergessen auch unsere treuen norwegischen Freunde: der Maler *Victor Sparre* und der Journalist *Leif Hovelson*. Kurz gesagt, es ist unmöglich, alle aufzuzählen, denen ich meine plötzliche Freilassung zu verdanken habe.

»Konkrete« Menschen
in »konkreten« psychiatrischen Anstalten

Sechs Jahre dauerte diese vielleicht hartnäckigste, verzweifeltste Kampagne, und ihr Umfang nahm ständig zu. Schließlich, ein halbes Jahr vor einer neuen Konferenz des Weltverbandes der Psychiater, als durchaus möglich schien, daß diese professionelle Vereinigung die Sowjetunion verurteilen werde, mußten die sowjetischen Behörden sich hastig ihrer allzu skandalösen Praktiken entledigen. Sie suchten ein Mittel, um die in vielen Jahren angewachsene Empörung der Öffentlichkeit zu mildern.

Diese Wendung der Ereignisse kam für mich völlig überraschend. Im Jahre 1970, als ich eine Dokumentation zusammenstellte und mein erstes Interview über psychiatrische Zwangsmaßnahmen gab, schien das Problem hoffnungslos.

Alle bekannteren Psychiater schreckten vor der Teilnahme an unserer Arbeit zurück, weil sie sich vor Repressionen fürchteten. Mit den weniger bekannten Psychiatern – der erste war *Glusman* – wurde bald abgerechnet. Auf westliche Psychiater setzte ich wenig Hoffnung. Woher sollten sie alle Schwierigkeiten unseres Lebens kennen? Wie sollten sie zu der Überzeugung kommen, daß irgendein Unbekannter – der Meinung angesehener sowjetischer Kollegen zum Trotz, denen sie noch dazu regelmäßig auf internationalen Konferenzen begegneten – keine psychiatrische Zwangsbehandlung benötigte?

Aber die Ironie des Schicksals wollte es, daß gerade diese Initiative zu einer der erfolgreichsten in der zwanzigjährigen Geschichte unserer Bewegung wurde. Allein die Idee, daß ein gesunder Mensch aus politischen Gründen in eine Nervenheilanstalt gesteckt wurde, beschäftigte die Phantasie durch ihre Tragik und führte unvermeidlich zu philosophischen Erwägungen darüber, wie relativ der Begriff und die Definition psychischer Gesundheit sind, denn jeder konnte sich leicht an die Stelle des Opfers versetzen. In unserer Zeit des Wissenschafts- und Maschinenkults, der staatlichen Vorschriften und der unbewußten Furcht, irgendwo zwischen den Leitungen und Lämpchen der Elektronik seine menschliche Persönlichkeit zu verlieren, gewann das Problem der Psychiatrie unerwartete Schärfe, eine allgemein menschliche Dimension.

Die Verbindung zwischen den Zeiten war abgerissen, und unser Problem war aus dem kommunistischen Neolithikum in die Computerzivilisation des 20. Jahrhunderts vorgedrungen. *Glusman* und ich ahnten nur vage, was geschehen war, als wir, in unserem Permer Konzentrationslager von der Welt isoliert, unser »Psychiatriehandbuch für Andersdenkende« schrieben.

Das Thema war modisch geworden, rief wissenschaftliche Debatten und polemische Artikel in den Zeitungen hervor. Diejenigen, für die ich mich eingesetzt hatte, waren längst freigelassen worden, die Zahl der psychiatrischen Verfolgungen hatte sich ein wenig gesenkt, doch die Protestwelle wuchs weiter. Um die gefährliche Schlagseite zu überwinden und »Ballast« abzuwerfen, begingen die sowjetischen Machthaber noch größere Gemeinheiten: Sie jagten fast alle früheren »politischen Patienten« in den Westen, wo man sie natürlich untersuchte und für gesund befand. Man schickte auch einige sowjetische Psychiater ins Exil, die von den Mißbräuchen ihres Berufsstandes berichteten. Durch all das wurde nur Öl aufs Feuer gegossen. Man sah sich im Westen berechtigt, unser Problem zu zitieren und sogar zu »institutionalisieren«: Dissertationen und umfangreiche Bibliographien erschienen, Untersuchungskommissionen wurden gegründet. Es traten sogar Leute auf, die sich professionell für die immer wieder neuen Fälle psychiatrischer Unterdrückung interessierten.

All das gab meiner Meinung nach den sowjetischen Starrköpfen den Rest. Man hatte keine Hoffnung mehr auf ein Abflauen der Kampagne, es blieb nichts anderes übrig, als jene freizulassen, um die besonders viel Lärm gemacht wurde, und den Sturm durchzustehen. Da ich zufällig im Zentrum des Sturms stand, war meine Freilassung beschlossene Sache.

Erinnern wir uns, daß die Zeit für solche Kampagnen außerordentlich günstig war. Die Idee der Menschenrechte war plötzlich ungewöhnlich populär geworden – wie immer, wenn die Leidenschaft für kollektivistische Ideen verrauscht ist. Noch zehn, fünfzehn Jahre vorher, als die ersten Berichte über psychiatrische Verfolgungen in unserem Land (*V. Tarsis, M. Nariza* und, noch früher, *A. Jessenin-Volpin*) erschienen waren, wurde das Interesse der Massen nicht geweckt. Jetzt aber war das marxistische Mittelalter von der humanistischen Renaissance abgelöst worden. Und das Erscheinen von *Solschenizyns* »Archipel GULag« lenkte natürlich alle Blicke nach Osten. Die Idee der »Dissidenten« und des »Dissidententums« nahm plötzlich eine fast zentrale Position im öffentlichen Leben ein. Sie stellte für die Jugend, die von den marxistischen Dogmen enttäuscht war, einen neuen Glauben dar. Auch heute noch läßt dieses Thema in Frankreich und Italien vieltausendköpfige Auditorien von Jugendlichen zusammenkommen. Das, was in der sogenannten »Revolution von 1968« ein unbewußter Impuls gewesen war, wurde unvermittelt in Worte gekleidet, und unsere Erfahrung verschaffte uns die Rolle der Avantgarde.

Alle verwandelten sich mit einemmal in Dissidenten; »marxistische Dissidenten«, »katholische Dissidenten«, »Dissidenten der Kunst«, »Dissidenten der Literatur« traten auf. Niemand konnte genau sagen, was das Wort bedeutete. Aber das war auch unwichtig, es kam nur darauf an, daß man allein gegen eine Mehrheit stand und verfolgt wurde. Die Psychiatrie überhaupt galt als Symbol der verhaßten Vernunft, des bourgeoisen Anpaßlertums an die gesellschaftlichen Bedingungen, als Symbol des Establishments sozusagen; gegen sie wandte sich das Neue, Originelle, in keinen Rahmen Passende. So stellte sich unser Problem im Westen dar.

Erstaunlich, nicht wahr? Durch viele Jahrzehnte hindurch, die finstersten unserer Geschichte, in denen Millionen als »Volksfeinde« vernichtet wurden und alle, die man nur in psychiatrische Anstalten steckte, sich glücklich schätzten, diente unsere Gesellschaft der westlichen Jugend als Ideal. Und nun erschauerte diese Jugend vor der Beschreibung sowjetischer psychiatrischer Gefängnisse! Unsere Henker erschienen der westlichen Jugend als Kämpfer gegen das Establishment, und ihr Establishment erschien uns als Schutz gegen unsere Henker. Man fühlt sich an die beliebte sowjetische Geschichte von den zwei Schiffen erinnert: Das eine kommt aus der UdSSR, das andere steuert sie an. Die verblüfften Passagiere stürzen an Deck der beiden Schiffe, beugen sich über die Reling und tippen vielsagend mit dem Zeigefinger an die Schläfe: »Die sind doch verrückt da drüben!«

Was hatte sich geändert? In diesem halben Jahrhundert war die Sowjetmacht vielleicht weniger blutrünstig geworden, ähnelte eher einem normalen Staat und wurde dem Außenstehenden dadurch ein wenig begreiflicher. Während dieser Zeit haben sich die westlichen Länder sozialisiert und begonnen, in mancher Beziehung an die UdSSR zu erinnern. Der Kommunismus, der Marxismus überhaupt waren nicht mehr die Ideen von Rebellen, sondern in den Besitzstand des Establishments übergegangen. Beide Seiten erkannten ihr Ebenbild, ihren Schatten in der anderen. Paradox ist, daß diese politisch-optische Illusion durch die Psychiatrie, unseren Samisdat, unsere verzweifelten Proteste und die brutalen Maßnahmen gegen uns enthüllt wurde.

Hatten wir mit einem solchen Umschwung gerechnet? Natürlich nicht. Wir hatten mit einem konkreten Problem zu tun, keineswegs mit einem Symbol. Es ging um konkrete Menschen, die in konkreten psychiatrischen Anstalten saßen und für deren ganz konkrete Befreiung wir kämpfen mußten. An den Westen dachten wir dabei nur selten. Er war für uns nur eine vage Hoffnung. Aber alle Ideologien, Religionen und Glaubensbekenntnisse sind wohl so beschaffen, daß sie konkrete Ereignisse in den Rang eines Symbols erheben.

Jede Massenbewegung, ob für die Erhaltung der Natur oder den Tierschutz, wird unter den Bedingungen der Demokratie notwendig zu einer politischen Kraft, und alle sind darauf erpicht, sie ihren Bedürfnissen anzupassen. Die Allgemeine Erklärung der Menschenrechte hatte seit 1948 bestanden und niemanden besonders aufgeregt. Jetzt aber, nachdem wir auf der Bühne erschienen waren, gab es für alle – Sozialisten, Kommunisten, Katholiken, Geschäftsleute und Regierungen – nichts Wichtigeres als diese Erklärung.

Zunächst wurden die sowjetischen Behörden von dieser Entwicklung überrascht. Weder *Lenin* noch *Marx* hatten je etwas über die Menschenrechte geäußert. Diesmal war die Initiative nicht von der KPdSU, der »Avantgarde der ganzen fortschrittlichen Menschheit«, ausgegangen, und das allein war schon ein Nachteil. Die Sowjetunion hatte den Beginn dieser Bewegung verschlafen. Das Phänomen ließ sich nicht mit der Friedensbewegung der vierziger und fünfziger Jahre vergleichen, die den sowjetischen Herrschern als gehorsames Instrument gedient hatte. Infolge ihrer Unbeweglichkeit befanden sie sich jetzt unter ständigem, immer weiter anwachsendem gesellschaftlichen Druck und in erheblicher Isolation. Wie sehr man auch versuchte, Südafrika und Lateinamerika alle Sünden zuzuschieben, man konnte dem Beschuß nicht entgehen. Ich glaube, daß die sowjetischen Behörden hofften, die Situation noch ändern zu können, als sie unserem seltsamen Austausch zustimmten. Nicht zufällig waren sie so versessen darauf, daß ich zu *Pinochet* reise.

Nachdem sie sich ein wenig erholt hatte, heulte die sowjetische Propaganda natürlich über »Hunderttausende politischer Häftlinge in den USA« (*Andrew Young* persönlich habe diese Tatsache vor den Vereinten Nationen zugegeben), über die »zehn Gefangenen von Wilmington« in Großbritannien, die Berufsverbote in der Bundesrepublik und die Folterungen in Nordirland.

Man hielt sich wieder an das alte Prinzip: »Geht's denen etwa besser?« Als sie den ersten Schrecken überstanden hatten, kamen auch alle möglichen prosowjetischen »Kräfte des Weltsozialismus« wieder zu sich. Sie begannen, über die Relativität der Dinge zu philosophieren, darüber, daß es nur um Abstufungen und Nuancen gehe, daß es im Westen ja auch nicht besser sei ...

Die Staatsmänner kehrten beruhigt zu ihren Geschäften, ihren Handelsbilanzen und ihrem gesunden Pragmatismus zurück. Doch etwas sehr Wichtiges, kaum Merkliches hatte sich in der Welt verändert.

Von nun an werden immer mehr Menschen mit selbstgemachten Plakaten vor Botschaften frieren, solange das Leid auf der Erde sich nicht verringert.

Die Sowjetunion muß wohl oder übel ein Mittel finden, um sich unserer zu entledigen.

Die Presse als gedruckte Verkörperung des Regimes

»In der *Prawda** gibt's keine *iswestija*, in der *Iswestija*** gibt's keine *prawda*.« So lautet ein beliebtes Sprichwort sowjetischer Journalisten.

In Wirklichkeit kann man sich ein recht genaues Bild des politischen Lebens im Westen oder irgendwelcher konkreter Ereignisse machen, wenn man die sowjetischen Zeitungen mit Bedacht liest. Man muß allerdings die Kunst vollkommen beherrschen,

---

* *Prawda* = Wahrheit. *Anm. d. Übers.*
** *Iswestija* = Nachrichten. *Anm. d. Übers.*

die sowjetische Symbolik, die Tricks und journalistischen Stereotype zu übersetzen; man muß zwischen den Zeilen lesen können und darf nicht vergessen, daß jede Veröffentlichung in der UdSSR aus der Wechselwirkung von zwei Prozessen hervorgeht: aus der ideologischen Kontrolle und dem Bestreben der Journalisten selbst, diese Kontrolle zu überlisten, gewöhnlich indem sie die übereifrigen Trottel spielen. So ist der sowjetische Mensch nun einmal, daß er seinen Beherrschern hinter ihrem Rücken die Zunge herausstrecken muß. Das ist am leichtesten, wenn man sich als diensteifrigen Idioten ausgibt, der nur das Beste will, tatsächlich aber genau das Gegenteil tut.

Primitive Leser ohne besondere intellektuelle Ansprüche sind geneigt, die sowjetischen Zeitungen einfach mit umgekehrten Vorzeichen, spiegelbildlich sozusagen, zu betrachten. Wenn jemand beschimpft wird, halten sie ihn für einen guten Menschen, wenn er gelobt wird, für einen schlechten. Wenn viel vom Frieden geredet wird, wird es Krieg geben, und man muß also rasch Seife, Streichhölzer und Salz kaufen, bevor sie aus den Läden verschwinden. Wenn mit einer nie dagewesenen Ernte geprahlt wird, wird es Hunger geben.

All das stimmt teilweise, doch eine solche Vereinfachung bringt den Leser um die meisten Nachrichten, läßt ihm nur die nackte Wahrheit. Schließlich spielen auch die Nuancen, die Akzente, anders ausgedrückt: die Informationen, eine Rolle.

Zum Beispiel müssen sich Berichte aus dem Ausland auf fremde Quellen beziehen; dabei ist durchaus nicht gleichgültig, auf welche. Der erfahrene sowjetische Leser versteht mit Hilfe dieses Merkmals sofort, was vorgeht.

Sagen wir, es ist davon die Rede, daß »sogar die bourgeoise Zeitung *Le Monde* gezwungen war einzuräumen ...« oder daß »sogar eine uns so feindlich gesonnene Zeitung wie die *New York Times* mitteilt« oder daß – noch besser – »die Zeitung *Guardian*, die jeder Sympathie gegenüber dem Kommunismus unverdächtig ist, schreibt ...« – dann ist wieder einmal ein Erfolg der sowjetischen, fortschrittlichen oder ähnlichen Kräfte zu verzeichnen. Der Leser ist verstimmt. »Wer, zum Teufel, zwingt die, Beifall zu klatschen, bourgeois und unfreundlich, wie sie sind?«

Berichte, die sich auf *L'Humanité*, *L'Unità* u. a. beziehen, sind schon besser. Unser Leser flucht natürlich auch über sie, aber schon erleichtert, halb verächtlich: »*L'Unità* – eine Müllgrube. Was soll man da anderes erwarten?«

Wenn aber *Unsere Zeit* und *De Waarheid*, gewöhnlich ohne Hinweis auf ihre kommunistische Herkunft, als Quellen angegeben werden, so ist das ein sicheres Zeichen eines sowjetischen Mißerfolgs. »Aha!« triumphiert der Leser. »Da haben sie euch erwischt. Kommentar überflüssig.«

Es kann natürlich auch schlimmer kommen, wenn jeder Hinweis fehlt. Vielleicht muß man die Seinen zur Ordnung rufen, die allzusehr vom Eurokommunismus infiziert worden sind. In solchen (recht seltenen) Fällen kommt der Artikel nicht aus dem Ausland, sondern es handelt sich nur um eine kleine, mit Initialen (oder *A. Petrow**) gezeichnete Notiz. Dann kennt der Jubel des Lesers keine Grenzen.

Die letzte Kategorie: eine Katastrophe. Sie ist

---

* Diese Unterschrift wird in der *Prawda* häufig für Artikel benutzt, die die offizielle Meinung wiedergeben. *Anm. d. Übers.*

durch eine Erklärung der Nachrichtenagentur Tass gekennzeichnet, wie kurz nach meinem Austausch:

»Es ist bedauerlich, daß sich dem Chor der Sowjetfeinde in diesen Tagen im Westen auch gewisse andere Stimmen anschließen. Offenbar der Mode nachgebend, beginnen einzelne Personen die Behauptung von der ›Verletzung der Menschenrechte in der Sowjetunion‹ nachzuplappern. Diese Personen vergessen, daß eine solche Mode ihnen nicht steht und keine Ehre macht.«

Prächtig, nicht wahr? So etwas möchte man am liebsten jeden Tag lesen!

Sowjetische Zeitungen sind unvergleichlich schneller als westliche zu bewältigen. Der durchschnittliche Umfang einer sowjetischen Zeitung beläuft sich auf vier bis sechs Seiten. Der eingeweihte Leser beschränkt sich auf die Überschriften und sucht sich die gewohnten heraus: »Die Intrigen der Entspannungsgegner«, »Ein antisowjetischer Ausfall«, »Eine provokatorische Sensationsmache«, »Ihre Sitten« u. ä. Alles übrige – Reportagen über den »Arbeitsalltag«, die Spalten der Kommentatoren und die ausführlichen Korrespondentenberichte – liest er nur diagonal, um festzustellen, weshalb, mit welchem Ziel sie geschrieben wurden. Informationen enthalten sie kaum.

Zahlreiche Bürger der Sowjetunion hören sich die Sendungen westlicher Rundfunkstationen in russischer Sprache an und vergleichen das Gehörte ständig mit den Mitteilungen der sowjetischen Presse. Die offizielle Presse ist für die Mehrheit nicht länger ein Informationsmedium. Sogar wenn – nach dem Prinzip der stehengebliebenen Uhr, die zweimal am Tag die richtige Zeit anzeigt – in den Zeitungen eine wahrheitsgetreue Meldung erscheint, glaubt trotzdem niemand daran. Die Presse ist bei uns die gedruckte Verkörperung des Regimes, und man liest sie nur, um das Regime bei einer Lüge zu ertappen, sich über einen Mißerfolg zu freuen oder sich zu fragen: »Wie werden sie sich diesmal wohl herauswinden? Was für Dummheiten werden sie sich noch ausdenken?«

Da sie die Einstellung des Lesers kennt, sollte man glauben, daß die Presse es für ratsam hielte, bei einem Mißerfolg zu schweigen und ihn nicht als Sieg auszugeben. Aber das ist vollkommen unmöglich: Da die Bevölkerung die Wahrheit ohnehin kennt, wäre das Schweigen ein Zeichen der Verwirrung, der Beklemmung und des Verlustes der Initiative. Das Regime muß dem Gegner »eine gebührende Abfuhr erteilen«, Millionen von Instrukteuren, Kommissaren, Lektoren und anderen an der ideologischen Front Tätigen vorschreiben, wie sie zu antworten und der Bevölkerung die jeweilige Situation klarzumachen haben. Es kommt nicht darauf an, ob die Antwort eine abgrundtiefe Dummheit ist. Wichtig ist nur, daß man nicht schweigt, nicht den Eindruck erweckt, daß die Machthaber die Kontrolle über die Ereignisse verlieren.

Das gleiche gilt auch für die Haltung gegenüber dem Westen. Soll man dort doch über die Albernheiten lachen und das Knäuel der sowjetischen Lügen bis zum Überdruß entwirren. Das ist gleichgültig. Solange ein Versagen nicht offiziell zugegeben wúrde, ist es kein Versagen.

Der Sowjetmensch zuckt nur mit den Schultern, wenn er seine heimische Presse liest. »Wer wird denn solchen Unsinn glauben? Na ja, uns kann man vielleicht reinlegen, aber die im Westen wissen sofort Bescheid.«

Doch der Leser täuscht sich. Hier wird dem sowjetischen Unsinn mehr Glauben geschenkt als innerhalb des Landes. In der UdSSR enthält man uns absichtlich jede Information vor, und deshalb spüren wir ihr in jeder Kleinigkeit nach. Hier dagegen sind die Menschen mit Informationen überfüttert und nehmen deshalb nur das zur Kenntnis, was sie hören wollen. Dadurch wissen wir zum Beispiel mehr über den Westen als der Westen über uns.

Uns ist deutlich, daß man uns systematisch zu betrügen versucht, und daher wittern wir überall einen Betrug. Im Westen rechnet man nicht damit, spürt ihn nicht auf und verhält sich den Informationen gegenüber weit weniger kritisch. Hier ist ein amüsantes Beispiel für diese Sachlage. Vor ungefähr zehn Jahren bekundete die Wissenschaft den Menschen ihre neueste Entdeckung: Man hatte ermittelt, daß es schädlich sei, natürliche Speisen – Butter, Fleisch u. ä. – zu essen. Im Westen führte dies sofort zu einem deutlichen Rückgang beim Genuß der angegebenen Lebensmittel, zu Diätmoden und fettfreien Surrogaten. Diese Erklärung rief jedoch nur ein ironisches Lächeln hervor, als sie in der sowjetischen Presse erschien. »Da haben sich die Behörden etwas Schönes ausgedacht, weil es nicht genug Butter und Fleisch gibt.«

Das Kriterium der Wahrheit

Was Propaganda wirklich ist, weiß man im Westen nur theoretisch. Niemand, nicht einmal die Regierungen und die Spionagedienste, durchschauen den ganzen Ernst des ideologischen Krieges, der gegen sie geführt wird. Den klassischen Spion im

Stil von *James Bond* kann man vielleicht noch entlarven (obwohl auch das als »Hexenjagd« verpönt ist), aber was ein ideologischer Agent ist, kann sich hier einfach niemand vorstellen. Da kann zum Beispiel ein angesehener Professor in Washington sitzen und von Zeit zu Zeit eindeutig sowjetische Artikel in umfangreichen Ausgaben veröffentlichen. Was wird darauf gesagt? Das sei seine »Meinung«, und in einer Demokratie habe jeder das Recht, sie zu äußern. »Na und?« wird man mir entgegenhalten. »Soll doch der Leser selbst entscheiden, was die Wahrheit ist.« Damit kommen wir zu dem letzten, wahrscheinlich wichtigsten Faktor: dem Kriterium der Wahrheit.

Man kennt ihr gegenüber drei Einstellungen:
– Es kann nur eine Wahrheit geben.
– Die Wahrheit muß irgendwo in der Mitte zwischen zwei widersprüchlichen Behauptungen liegen.
– Es gibt zahlreiche Wahrheiten, und jede Ansicht enthält ihre eigene.

Jede dieser Einstellungen kann richtig sein, wenn sie auf die eine oder andere Kategorie von Problemen angewandt wird. Doch unglücklicherweise neigen Menschen, die in verschiedenen Systemen erzogen wurden, dazu, einer von ihnen den Vorzug zu geben (und die beiden anderen zu ignorieren).

Ich hatte oft Gelegenheit, diesen Unterschied zu beobachten, wenn Menschen in der UdSSR und hier im Westen diskutierten. Bei uns streitet man sich die ganze Nacht hindurch bis zur Heiserkeit und versucht entweder, den Partner eines Besseren zu belehren oder gemeinsam die einzige Wahrheit zu finden. Hier dagegen gibt es kaum echte Diskussionen. Beide Seiten bescheiden sich damit, ihren

Standpunkt in allen Einzelheiten darzulegen und zu präzisieren, aber sie diskutieren nicht. Sie machen Versuche, einen Kompromiß, nicht jedoch die einzige Wahrheit zu finden.

Es ist nicht leicht, dieses Phänomen zu erklären. Vielleicht haben wir uns, nachdem wir die Ideologie selbst verworfen haben, unbewußt ihre Einstellung zur Wahrheit angeeignet, oder vielleicht hat sich der westliche Mensch, in der pluralistischen Gesellschaft aufgewachsen, an den funktionellen Charakter der Wahrheit und an Kompromisse gewöhnt. Natürlich bezieht sich dies nur auf den »durchschnittlichen« Menschen beider Welten – Ausnahmen lassen sich in jedem Land in genügender Zahl finden.

Wie dem auch sei, es fällt nicht schwer, sich die Wirkung der sowjetischen Propaganda in beiden Fällen auszumalen. Vor die Wahl zwischen zwei verschiedenen Standpunkten gestellt, macht der Sowjetbürger sich daran, die Wahrheit herauszukristallisieren, während der westliche Mensch entweder beide Standtpunkte hinnimmt oder eine mittlere Linie vertritt. In einer ehrlichen Diskussion hat dies keine negativen Folgen. Wenn er aber zwischen Information und Desinformation zu wählen hat, akzeptiert unser westlicher Pluralist wenigstens die Hälfte der sowjetischen Lügen. Nicht umsonst sagte *Goebbels*, dieser Meister der Propaganda: »Damit eine Lüge glaubhaft wird, muß sie unmäßig sein.« Bei solcher Unmäßigkeit ist »die goldene Mitte« nicht weit vom Herzen der Lüge entfernt.

Wenn es allerdings nur um Leichtgläubigkeit, Teilnahmslosigkeit und sowjetische Agenten ginge, könnte man noch hoffen, diese Hindernisse zu überwinden. Leider ist die Sache viel ernster. Die

Ursachen liegen viel tiefer, an den Grundlagen des westlichen politischen Lebens, daran, daß »die Kräfteverteilung in der Welt sich zugunsten des Sozialismus verändert hat«, wie die *Prawda* schreibt. Das ist nicht nur Propagandageklingel. In jeder sowjetischen Zeitung kann man von den »Kräften des Friedens, des Fortschritts und Sozialismus« lesen, die zwangsläufig siegen werden, dazu von den »Kräften der Reaktion und des Imperialismus«, die zum Untergang verurteilt sind. Hier hilft der Versuch, aus allem genau das Gegenteil herauszulesen, nicht mehr weiter.

Man muß eine gewisse Zeit im Westen gelebt haben, um die sowjetische Presse richtig einschätzen zu können. Die westlichen Zeitungen bieten so viele Informationen, wie man will, und die Wahrheit stellt sich immer anders dar. Da kann man lange nach den »Kräften des Friedens« oder den »Kräften des Fortschritts« suchen, und die »Kräfte der Reaktion« sind schon gar nicht zu finden. Das ist der Moment, in dem man zum nächsten Kiosk gehen und die *Prawda* mit ihrer ganzen Einseitigkeit verlangen sollte.

In den beiden letzten Jahren, die ich im Gefängnis von Wladimir verbrachte, hatten wir uns zur Regel gemacht, praktisch alle nationalen Zeitungen und Zeitschriften zu abonnieren. Jeder arbeitete fünf bis sieben Exemplare durch, und die so gewonnenen Informationen wurden zum Gegenstand einer allgemeinen Diskussion. Vieles blieb natürlich unklar oder strittig, aber ich konnte mich, im Westen angekommen, überzeugen, daß meine Vorstellungen von ihm überraschend präzise waren. Selbstverständlich waren mir zahllose elementare Dinge unbekannt, doch das, was ich schon vorher wußte, erwies sich als zutreffend.

Unsere damalige Gefängnisgemeinschaft teilte sich etwa gleichmäßig in zwei Gruppen: die der Optimisten und die der Pessimisten. Da ich von Natur aus skeptisch bin, gehörte ich zur zweiten Gruppe. Gegen Ende aller Diskussionen, gewöhnlich schon nach dem Zapfenstreich, wenn der Aufseher immer wieder mit dem Schlüssel gegen die Tür klopfte und der Karzer drohte, brachte die »Gegenseite« unweigerlich ihr entscheidendes Argument vor: »Es kann doch einfach nicht sein, daß die dort, im Westen, nicht wissen, was sie tun! Sie müssen also noch irgendwelche andere Gründe haben, die wir nicht kennen. Das sind doch keine Idioten.«

Jetzt im Westen merkte ich plötzlich, daß ich ein unglaublicher Optimist war. Als junge Burschen, in den sechziger Jahren, lasen wir natürlich keine sowjetischen Zeitungen und nahmen sie schon gar nicht ernst. Wir glaubten, gegen das KGB und die Parteimacht zu kämpfen, während alle übrigen auf unserer Seite seien. Erwachsen geworden, sahen wir ein, daß wir gegen den »sowjetischen Menschen« kämpften, was weitaus schwieriger ist. Nun aber wurde mir plötzlich klar, daß wir schon seit zwanzig Jahren praktisch gegen die ganze Welt gekämpft hatten. Wenn ich mir dessen von Anfang an bewußt gewesen wäre, hätte ich es mir vielleicht anders überlegt.

Vor zwanzig Jahren hatte sich die Entwicklung noch nicht so deutlich abgezeichnet. Niemand hatte damit gerechnet, daß unsere Bewegung so zügig anwachsen werde, und weshalb sollte man nicht für die Schwächeren Partei ergreifen? Als durch unsere Bemühungen jedoch eine internationale Bewegung zum Schutz der Menschenrechte in Osteuropa entstand und Druck auf die Regierungen ausgeübt wurde, als, mit anderen Worten, der »Dissidentenfaktor« in der internationalen Politik aufgetaucht war, zeigte sich, daß sich keine einzige politische Kraft mehr für uns interessierte.

Einem bestimmten Teil des westlichen Establishments (»den Kräften des Friedens«) war unsere Bewegung ein Dorn im Auge. Diese Leute wollten sich am liebsten freundschaftlich mit dem Sowjetregime einigen und ihm alles zugestehen, was es verlangte. Das, was einem ohnehin abgenommen wird, sollte man lieber freiwillig aufgeben. Es hatte keinen Zweck, den »russischen Bären« zu reizen. Vor allem aber wollte man exportieren, exportieren, exportieren – alles mögliche: von Coca Cola bis zur Menschenwürde. Sie hatten sich sogar die Theorie zurechtgelegt, daß jede Befreiungsbewegung im Osten gefährlich sei, da sie das Gleichgewicht in der Welt zerrütten und zu einem Krieg führen könne. Ein satter Kommunist sei besser als ein hungriger, und der Handel sei ein Instrument des Friedens. Unsere Existenz störte sie einfach bei ihren Absprachen mit der Sowjetunion. Der ideologische Unterschied galt ihnen durchaus nicht als Hindernis, denn ihrer Meinung nach gab es kaum noch Differenzen.

Für einen anderen Teil des Establishments (»die Kräfte des Fortschritts und des Sozialismus«) waren wir nicht nur ein Dorn im Auge, sondern ein Messer an der Kehle. Seine Vertreter betrachteten die UdSSR als »objektiven« Verbündeten, an dem jede Kritik äußerst unerwünscht war, weil sie indirekt auch ihre eigene Ideologie traf. Wir erschütterten mit unseren Aussagen die Grundlagen ihres Wohlbefindens.

Außerdem unterstützt die überwältigende Mehrheit der Emigranten aus der Sowjetunion – im Gegensatz, sagen wir, zu einem auffallenden Teil der tschechischen Emigranten – den Sozialismus nicht und ist überzeugt, daß er sich kein »menschliches Antlitz« zulegen kann. Unsere Erfahrungen gehen tiefer, sind grausamer und länger. Während die Tschechen zwischen einem mit Bajonetten aufgezwungenen Sozialismus und einem idyllischen Sozialismus differenzieren können, fehlt uns eine solche historische Rechtfertigung. Ich war seltsamerweise eine große Überraschung für die »Kräfte des Fortschritts«, die uns lange für eine Spielart der Eurokommunisten gehalten hatten. Offenbar hatte sie unsere ausdrücklich den Menschenrechten verpflichtete, gewaltlose Position getäuscht, die hier von vielen mit dem Streben zu einem besseren, humaneren Sozialismus gleichgesetzt wird. Wahrscheinlich waren diese Kräfte eben deshalb zunächst auf unserer Seite und trugen stark dazu bei, daß die Kampagne zu unserer Unterstützung anschwoll. Als sich das Mißverständnis aufgeklärt hatte, sahen dies viele beinahe als Verrat oder Betrug unsererseits, jedenfalls als gewaltige Enttäuschung.

Diese Äußerungen beziehen sich natürlich auf das Establishment beider politischen Schattierungen. Die einzige Kraft, die uns stützte, bestand aus der aufrichtigen, suchenden Jugend mit beliebigen politischen Einstellungen und Menschen, die jeder Politik fernstanden. Es war eine gewaltige Kraft, die zusammen mit dem nicht parteipolitischen Teil der Presse die »Weltmeinung« bildete. Unsere Gegner waren nicht einmal bereit, offen und ehrlich über den Kern der Dinge mit uns zu diskutieren, sondern beschränkten sich auf persönliche Angriffe –

eine für die sowjetische Propaganda sehr typische Methode, die uns deshalb nicht sehr erstaunte. (Diese Methode bezeichnet man als »Brunnenvergiftung«.) Ein wichtiger Unterschied besteht jedoch darin, daß der sowjetische Leser, der zum Beispiel aus der *Prawda* erfährt, daß *Solschenizyn* ein Kriegstreiber und *Sacharow* ein Agent des Weltimperialismus sei, nur schmunzelt. Im Westen dagegen sind die Leser ihren Zeitungen gegenüber viel unkritischer. Wenn etwas gedruckt wird, muß etwas dran sein!

Ich bemühe mich gewöhnlich, moralistische Abstraktionen und Überlegungen in den Kategorien von »Gut« und »Böse« zu vermeiden. Um aber die in der Welt entstandene Situation möglichst deutlich und kurz zu beschreiben, muß ich auf sie zurückgreifen. Die *Wahrheit* ist immer naiv und selbstsicher. Sie ist überzeugt zu triumphieren, wenn die Menschen sie erkannt haben, und deshalb ist sie immer schlecht organisiert. Im Gegensatz dazu ist die *Lüge* zynisch, listig und stark durch ihre Diszipliniertheit. Sie hat nicht die geringsten Illusionen über ihre eigenen Vorzüge oder ihre Aussichten auf einen ehrlichen Sieg; für sie ist jeder Trick erlaubt.

»Ihr könnt nicht objektiv und unparteiisch sein!«

Im Grunde haben die Versuche, die Entstehung eines »Dissidenten-Faktors« in der Weltpolitik zunächst nicht zuzulassen und ihn dann auszuschalten, eine sehr lange Geschichte. Ich brauche mich nicht im einzelnen mit jener Zeit zu befassen, als der nach seinem Umfang und seiner Grausamkeit beispiellose kommunistische Terror einfach totgeschwiegen und die Flüchtlinge aus diesem Paradies zu »Kapitalisten und Grundbesitzern«, »Faschisten« oder »Agenten der CIA« erklärt wurden. Unglaublich – Europa nahm den Untergang von 66 Millionen Menschen in einem Nachbarland nicht zur Kenntnis! Wie sich jetzt herausstellt, wurden damals Dutzende von Büchern und Hunderte von Zeitungsartikeln über diese Tragödie geschrieben. Sie wurden geschrieben und »nicht zur Kenntnis genommen«, weil es der unsichtbaren Hand der Lüge gelungen war, die Informationsquellen zu vergiften.

Danach konnte man nicht mehr schweigen, denn die Sowjetregierung selbst hatte diese ungeheuren Verbrechen zugegeben. Und schon gab es einen neuen Schachzug: Die »Spezialisten« versicherten einmütig, daß *Chruschtschow* die Gesetzlosigkeit beseitigt habe und im Lande ein Überschwang an Liberalismus herrsche (und das zur Zeit der Erschießungen von Nowotscherkassk* und Alexandrow). Dann wurde beteuert, daß die »Dissidenten« nur eine winzige Handvoll Menschen seien, die niemanden repräsentierten und keine Bedeutung hätten. Seitdem verkündet man fast in jedem Jahr das Ende der Bewegung – seit immerhin gut fünfzehn Jahren.

In den sechziger Jahren war es außergewöhnlich schwierig, Informationen über Verhaftungen in der Sowjetunion weiterzugeben. Ein aus Moskau ausgewiesener Journalist verlor automatisch seinen Po

---

* Hier kam es 1962, wie in etlichen anderen Städten der UdSSR, infolge empfindlicher Preiserhöhungen von Nahrungsmitteln zu einer Erhebung, die von Truppen des Innenministeriums niedergeschlagen wurde.

sten in seinem eigenen Land oder wurde auf eine belanglose Stelle versetzt. Er galt als ungeschickt, weil es ihm nicht gelungen war, mit den sowjetischen Behörden »einig zu werden«. Sogar viel später, im Jahre 1970, wurde meinem Freund *Jensen*, dem Korrespondenten von Associated Press in Moskau, von seinen Washingtoner Vorgesetzten verboten, irgend etwas über ein Interview mit mir zu schreiben. Danach versetzte man ihn nach Vietnam. Die »Ära der Entspannung« begann, und der Weltkongreß der Psychiater in Mexiko weigerte sich, unsere Dokumentation zu diskutieren. Übrigens wäre es zutreffender zu sagen, daß die Ära der Entspannung schon im Jahre 1917 begann.

Vieljährige Anstrengungen ehrlicher Menschen im Westen und im Osten waren nötig, damit unsere Stimme endlich gehört wurde. Erst später kam es zur Zwangsemigration Hunderter von Bürgerrechtlern, und sogleich erschien eine Unmenge von Artikeln über ihr Unvermögen, sich in der Freien Welt zurechtzufinden und einzuleben. Dabei schwang mit, daß sie in der UdSSR hätten bleiben sollen, da sie nur in der Unfreiheit in ihrem Element seien.

Oder ein anderes Argument, genial durch seine Raffinesse: »Da ihr unter dem Regime gelitten habt«, erklärt man uns, »könnt ihr nicht objektiv und unparteiisch sein.« Eine kühne Behauptung! Nach dieser Logik braucht man auch einem früheren Häftling von Auschwitz nicht zuzuhören, da er ja dort gelitten hat. Wozu soll man sich die Berichte von Juden, deren Angehörige in den Gaskammern umgekommen sind, über Nazideutschland anhören? Können sie etwa objektiv sein?

Wer hat unter diesen Umständen überhaupt Gehör verdient? Überläufer sind nicht glaubwürdig,

Opfer sind nicht objektiv, und die eingeschüchterte Mehrheit schweigt. Damit bleiben nur die sowjetischen (oder nationalsozialistischen) Behörden, die uns unvoreingenommen mit der Wahrheit vertraut machen können.

Am meisten bekommt natürlich *Solschenizyn* ab. Bald heißt es, daß er sich in Vermont seinen eigenen GULag gebaut, sich mit Stacheldraht eingezäunt habe, bald wird gemunkelt, daß auch er *Pinochet* besuchen wolle, bald bezeichnet man ihn als Gründer einer »neuen rechten« Partei der Nationalbolschewiken. Es gibt endlose Beispiele dieser Art. Ich habe einmal ausgerechnet, daß die Weltpresse allein in den letzten drei Monaten des Jahres 1979 sechzehn Artikel gegen ihn veröffentlichte. Einer solchen Kampagne wurde er sogar in der Sowjetunion nur selten für würdig befunden. Dabei handelte es sich hier um die nichtkommunistische Presse!

Das Hauptargument lautet, daß wir alle Reaktionäre seien. Endlich erfuhr ich, was die »reaktionären Kräfte« sind, die ich vorher im Westen nicht hatte entdecken können, so daß ich schon der Meinung zuneigte, sie existierten gar nicht.

Aus Anlaß meines Besuches in Norwegen veröffentlichte eine der größten Zeitungen des Landes, nicht etwa irgendein kommunistisches Blättchen, einen ausführlichen Artikel und zwei Fotos. Unter dem Foto *Solschenizyns* stand »Bukowski«, unter meinem eigenen »Solschenizyn«. Der Artikel selbst enthielt Wendungen wie »im Dienste der reaktionären Kräfte …«, »die Knechte des Großkapitals …« und so weiter – genau wie in der *Prawda*.

In England brachte die Zeitung *Guardian* einen Artikel des Korrespondenten der sowjetischen Nachrichtenagentur »Nowosti«. Darin fehlte nichts aus dem Repertoire der Gentlemen: Ich war ein Terrorist und ein Agent des Imperialismus! Zuerst freute ich mich. Jetzt sitzt du in der Patsche, Genosse *Dobkin*! Schließlich bist du hier nicht in Moskau, mein Lieber. Wir befinden uns in einem Rechtsstaat, und du mußt dich für deine Verleumdungen in der Presse verantworten. Nun wollte ich klären, was es mit diesen »Sturmtrupps« auf sich hatte, zu denen ich gehört haben sollte.

Vom *Guardian* erwartete ich nur eine förmliche Entschuldigung, um mich dann völlig auf Dobkin konzentrieren zu können. Das Verfahren zog sich zwei Jahre hin. Unterdessen wechselte *Dobkin* zum Botschaftspersonal über und schützte sich durch diplomatische Immunität. Aus Amerika werden mir Zeitungsausschnitte geschickt. Darin steht, daß ich, der verfluchte Reaktionär, in England eine »Arbeiterzeitung« verklagt hätte. Hätte es die *Iswestija* besser machen können?

Zu bemerken ist, daß einem der Titel »Reaktionär« ohne Zögern verliehen wird, sobald man geäußert hat, daß man a) nicht an den Sozialismus glaube und b) kein Anhänger der »Entspannung« sei. Schon drei Wochen nach meiner Ankunft in Zürich behauptete der dortige *Tagesanzeiger*, daß ich mich überraschend schnell aus einem »politischen Agnostiker« in einen »zweiten *Solschenizyn*« verwandelt hätte. Diese Wandlung war, der Zeitung zufolge, unter dem Einfluß meiner »reaktionären Umgebung« zustande gekommen, die von Anfang an keine »unerwünschten Presseorgane« an mich herangelassen habe. Und das alles wegen meiner Kritik an den »Détente«-Anhängern. Übrigens hatte der

Verfasser des Artikels bei meiner ersten Pressekonferenz in Zürich neben mir gesessen und mit Sicherheit gehört, was ich über die jähe Verschlechterung der Verhältnisse in Gefängnissen und Lagern nach der Unterzeichnung des Helsinki-Abkommens sagte. In demselben Artikel wurde erklärt, daß die reaktionären Kräfte auch »*Pljuschtsch*** anwerben wollten, der sich aber in Paris versteckte ...« *Pljuschtsch* bezeichnete sich selbst damals noch als Marxisten und galt deshalb beim *Tagesanzeiger* wohl als »feiner Kerl«.

Heute ist es amüsant, sich daran zu erinnern, wie man versuchte, uns alle zu entzweien, den eigenen Bedürfnissen anzupassen, wie man uns in »schlechte« und »gute«, besonders aber in »linke« und »rechte« Dissidenten teilte.

Der russische Physiologe *Pawlow* machte einmal folgendes Experiment: Er lehrte einen Hund, beim Anblick eines Rechtecks einen elektrischen Schlag und beim Anblick eines Kreises Futter zu erwarten. Dann zeigte man dem Hund plötzlich etwas in der Mitte Liegendes, ein Oval, und das Tier erlitt einen Nervenschock. Etwas ähnliches ereignete sich bei der Begegnung der westlichen Welt mit sowjetischen Bürgerrechtlern. Gewohnt, nur in den Begriffen »links – rechts« zu denken, und durch unglaubliche ideologische Intoleranz voneinander getrennt, konnten diese Gefangenen im geistigen GULag des Westens einfach nicht begreifen, daß sie es mit etwas prinzipiell Neuem zu tun hatten. Verblüfft entdeckten wir, daß es für sie wichtiger war, mit wem sie an einem Tisch saßen, eine Rednertribüne teilten oder eine Unterschrift leisteten, als sich um den

* Leonid Pljuschtsch – bekannter Kiewer Bürgerrechtler.

Kern einer Aussage oder den Inhalt einer Petition zu kümmern.

All das war für uns absolut ungereimt. Wie uns am Pol eine Magnetnadel bei der Orientierung nicht helfen kann, so sind auch in der UdSSR traditionelle politische Definitionen nutzlos. Niemand kann linker oder rechter sein als Breschnew. Auch im Westen haben diese Unterteilungen längst ihren Sinn verloren. Was, zum Beispiel, haben die Liberalen Deutschlands und Japans, die Sozialisten Italiens und Großbritanniens gemeinsam? Was bedeutet »rechts« und »links«, wenn die italienischen Kommunisten konservativer sind als die Mitglieder der britischen Labour-Partei? Wenn die amerikanischen Gewerkschaften für »reaktionärer« erklärt werden als die Multimillionäre Kennedy und Rockefeller? Das alles ist offensichtlicher Unsinn, aber ein für die Organisation intellektuellen Terrors äußerst geeigneter Unsinn.

Die extreme Ideologisierung führt dazu, daß man beginnt, in Stereotypen zu denken, daß die Bedeutung von Wörtern willkürlich umgekehrt wird und daß jeder großmäulige Demagoge sich stets als der »progressivste« darstellen kann. In den politischen Wettrennen der modernen Welt gibt es immer eine Möglichkeit, den Gegner links zu überholen; man braucht ihn nur als »Reaktionär« zu brandmarken, und schon ist er isoliert. Und da jede Ideologie ihre »Dämonen« braucht, fängt man mit der Dämonisierung des Gegners an. Allmählich bildet sich um ihn herum ein »Mordklima«, und bald darauf betritt der Terrorist die Bühne. Wenn der Zug einmal entgleist ist, schleudert er unerbittlich auf den Abgrund zu und zieht einen Waggon nach dem anderen hinter sich her. Wohin gehören jetzt die Sozialdemokraten? Schon zu den »Reaktionären«. Und die Liberalen? Schon unter das Feuer der Terroristen, denn sie sind zu »Volksfeinden« geworden.

Und nach all dem werden wir hier gefragt, wie *Stalins* »Großer Terror« entstehen konnte, wieso der sowjetische Kommunismus das menschliche Antlitz verloren hat. Dabei ist der Westen schon bereit, den gleichen Weg einzuschlagen.

Wir waren aus einem finsteren Land gekommen, wo es kein politisches Leben gibt, wir waren mit dem Gefühl von Provinzlern gekommen, die zufällig in die Hauptstadt geraten sind, und plötzlich stellte sich heraus, daß wir in politischer Hinsicht viele Jahrzehnte älter waren. Obwohl wir verschiedene politische Anschauungen haben, wird es niemandem mehr gelingen, uns in »Lager« einzuteilen. Von dieser gefährlichen Dichotomie hat man uns äußerst erfolgreich mit Zwangsinjektionen von Sulphasin kuriert. Wir kennen nur ein politisches Lager: das Konzentrationslager, und dort erhalten alle die gleiche Wassersuppe. Rechts und links gibt es dort nichts außer der »Sperrzone«, in der die Aufseher ohne Warnung schießen. Dort lernten wir, nur einen Kampf in dieser Welt für wichtig zu halten – den des Menschlichen gegen das Unmenschliche, des Lebenden gegen das Todbringende. Für seinen Ausgang tragen wir alle die Verantwortung.

Es wäre jedoch naiv anzunehmen, daß die »Kräfte des Friedens und Fortschritts« ihren Mißerfolg akzeptiert hätten. Da es ihnen nicht gelungen war, die Dissidenten zu spalten, machten sie sich daran, ihre eigenen Dissidenten zu »schaffen«, deren Meinung sich jener der echten Bürgerrechtler natürlich vorteilhaft gegenüberstellen ließ. Die Sache war nicht allzu schwierig. In den letzten zehn Jahren sind aus der UdSSR einige zehntausend Menschen emigriert. Als man *Carters* Kampagne für die Menschenrechte stoppen wollte, fand sich sogleich jemand, der den Journalisten erklärte, daß *Carters* Position für die Verfolgten schädlich sein könne. Und diese Aussage erschien mit großen Buchstaben auf den ersten Seiten, während die Parteinahme politischer Häftlinge für *Carter* irgendwo am Ende untergebracht wurde, in wenigen Zeilen mit kleiner Schrift zusammengefaßt und bei weitem nicht in allen Zeitungen. Wenn *Sacharow* einen Aufruf an die Konferenz von Belgrad schreibt, bringt die *New York Times* genau darunter einen Artikel, »ebenfalls von Dissidenten«, des Inhalts, daß *Sacharow* ein naiver Sonderling sei, vom Volk isoliert, ein General ohne Armee.

In dieser Hinsicht haben sich die Brüder *Medwedew* als wohl größte Entdeckung erwiesen. Obwohl sie selbst sich wohl kaum zu den »Dissidenten« zählen würden, sondern eher zu den Ratgebern der »Tauben« im Politbüro, werden sie im Westen zu den Führern des »linken Flügels der Dissidenten« gerechnet. Während ich von einem Land ins andere reiste, konnte ich nur darüber staunen, wie produktiv diese Brüder sind – es gab kaum eine Zeitung, die nicht einen ihrer Beiträge druckte, von ihren Büchern und Vorträgen gar nicht zu reden. *Sacharow* wird für den Friedensnobelpreis vorgeschlagen, und schon tritt – so wird glaubwürdig berichtet – der Biologe *Jaurès (Shores) Alexandrowitsch* in Norwegen auf und beschwört die Öffentlichkeit, daß man dem Schöpfer der Wasserstoffbombe diesen Preis nicht zuerkennen dürfe. Eine Kampagne zum Schutz von verhafteten Mitgliedern der Helsinki-Gruppen entwickelt sich, und *Jaurès Alexandrowitsch* erklärt in einer Pariser Zeitung, wie schädlich der Lärm im Westen für die Menschen »dort« sei. *Ginsburg* wird zu acht Jahren im Sonderlager verurteilt, und der Historiker *Roy Alexandrowitsch* beeilt sich zu versichern, welch schlechter Mensch *Ginsburg* sei. Die Verurteilung der sowjetischen Psychiatrie in Honolulu rückt näher, und *Jaurès Alexandrowitsch* gibt rechtzeitig in Amerika zu bedenken, daß außer ihm selbst und vielleicht *Pljuschtsch* niemand aus politischen Motiven in eine psychiatrische Anstalt gesteckt worden sei. Ein verblüffender Arbeitseifer – nur zwei Männer, aber welches Aufsehen überall in der Welt!

Welch eine Fundgrube: Man sorgt dafür, daß sich die »Dissidenten« mit eigenen Händen umbringen. *Solschenizyn* ist ein »literarischer Dissident«, und X, der sein ganzes Leben lang geschwiegen oder andere denunziert hat, ist ebenfalls ein »literarischer Dissident«. Man wird an *Stalins* Drohung gegenüber der *Krupskaja** erinnert: »Wir werden eine andere Witwe *Lenins* finden!« Vor allem entsteht der Eindruck, daß die »Dissidenten« selbst nicht wissen, was sie wollen, und dauernd untereinander zerstritten sind.

Es handelt sich nicht um vereinzelte Episoden, sondern um eine hervorragend inszenierte internationale Darbietung, die über gewaltige Mittel verfügt. Ich will durchaus nicht behaupten, daß die Regisseure im Kreml sitzen, aber das Spiel scheint ihrem Drehbuch zu folgen. Wie schwer es in der UdSSR auch für uns war, welche Betonwand man auch vor uns aufbaute, wir konnten mit dem Kopf

---

* Nadeshda Krupskaja – Ehefrau Lenins.

durch diese Wand rennen, wenn wir nur hartnäckig genug waren. Hier haben wir es mit einer Wand aus Watte zu tun, die uns von allen Seiten einhüllt.

Die Wand aus Watte weicht

Zunächst hatte ich selbst unter dieser Atmosphäre übrigens nicht zu leiden. In den ersten drei, vier Monaten war die demokratische Göttin »Publicity« so erregt, daß sogar die Wand aus Watte für eine Weile zurückwich und das dreiköpfige Ungeheuer der »Kräfte des Friedens, des Fortschritts und des Sozialismus« sich verbarg und einen günstigeren Moment abwartete. Nur zwei kommunistische Blättchen in Ländern, in denen die kommunistische Partei winzig ist und infolgedessen völlig von der Sowjetunion ausgehalten wird, gaben Laut: *Unsere Zeit* in der Bundesrepublik Deutschland und *De Waarheid* in den Niederlanden, von denen die meisten Einwohner nie etwas gehört hatten. Auf sie mußten die sowjetischen Behörden sich beziehen – zu ihrem großen Ärger.

Nachdem sie die erste Salve auf mich abgefeuert hatten, schwiegen die sowjetischen Zeitungen ungefähr einen Monat lang in der Hoffnung, daß sich die Dinge beruhigen würden. Aber ich reiste nicht zu *Pinochet*, und die »Seifenblase« platzte auch nicht, wie sie vorausgesagt hatten. Die ideologische Führung befahl, dem Feind eine »Abfuhr« zu erteilen.

Nur der geübte sowjetische Leser kann einschätzen, in welchem Maße die Behörden über die Entwicklung der Ereignisse verstört und erschrocken waren. Den ganzen Februar, März und April hindurch waren sie fast jeden Tag gezwungen, irgendeinen Angriff gegen mich zu drucken. Ein paar Beispiele: »Seelenverwandtschaft« (*Trud*), »*Unsere Zeit* über die Feinde des Friedens« (*Prawda*), »Eine Marionette in den Händen der Reaktion« (*Iswestija*), »Von wem dieser Renegat gehätschelt wird« (*Iswestija*), »Ein Einsatz für den Antikommunismus« (*Sowetskaja Rossija*), »Im Dienste der NATO« (*Prawda*), »Entlarvung einer provokatorischen Sensationsmache« (*Iswestija*), »Wir halten ihn für einen Verräter« (*Komsomolskaja Prawda*).

Allein die Zahl dieser Veröffentlichungen weist deutlich auf die Panik hin. Der Inhalt ist manchmal vollkommen widersprüchlich. Noch einen Monat vorher hatten die Zeitungen den Lesern versichert, daß ich ein schwachköpfiger Fanatiker, beinahe ein Faschist sei, von dem sich alle schon nach der ersten Begegnung distanzierten. Jetzt mußten sie plötzlich zugeben, daß »Presse, Rundfunk und Fernsehen des Westens weiterhin um diesen Renegaten Aufsehen machen«. »Zu diesem Chor der Provokateure gehörten viele Führer der Oppositionsparteien CDU/CSU.« »Wen sehen wir in der Bundesrepublik Deutschland unter seinen Freunden? Den Vorsitzenden der CDU *Kohl* ...« »Die antisowjetischen Äußerungen *Bukowskis* schlugen sich leider auch in den Sendungen des westdeutschen Rundfunks und Fernsehens nieder.«

Über eine Perle sowjetischer Journalistik

Dann kam die Zuspitzung, der Höhepunkt der Panik, eine Perle der sowjetischen Journalistik:

»Empfang im Weißen Haus.

Washington, 2. März, TASS. Gestern empfing der Präsident der USA, *Jimmy Carter*, den aus der Sowjetunion ausgewiesenen *Bukowski*, einen gemeinen Verbrecher, der auch als aktiver Gegner einer Entwicklung der sowjetisch-amerikanischen Beziehungen bekannt ist. Diesem Treffen ging ein Gespräch *Bukowskis* mit dem Vizepräsidenten der USA, *Walter Mondale*, voraus.«

Das war alles, was an jenem Tag zu diesem Thema in der *Prawda* erschien. Von den gewohnten »provokatorischen Ausfällen«, den »antisowjetischen Aktionen« u. ä. war nicht die Rede. Nein, man sprach von dem »Empfang im Weißen Haus«, als gehe es um einen Besuch des sowjetischen Botschafters oder Außenministers beim amerikanischen Präsidenten. Ein »Verbrecher« und gleichzeitig ein »Gegner der sowjetisch-amerikanischen Beziehungen« – ohne jeden Kommentar, kurz und verzweifelt wie ein SOS. Wie sich alle »Kräfte des Friedens und Fortschritts« aufregten!

Bis dahin hatte ich nur Oppositionsführer getroffen; die Regierungen – die Labour-Partei in Großbritannien, die Liberalen und Sozialdemokraten in der Bundesrepublik Deutschland oder die Giscardisten und Gaullisten in Frankreich – waren solchen Begegnungen ausgewichen, um ihre sowjetischen Freunde nicht zu verärgern. Dadurch erschien ich nach westlichen Maßstäben in Großbritannien und Deutschland als zu konservativ und in Frankreich als »zu links«. (Allerdings verhielt sich in Frankreich auch die Opposition mir gegenüber sehr vorsichtig; ich sprach nur mit reformierten »Linken«, die sich leidenschaftlich für die Menschenrechte einsetzten, zum Beispiel *Armand Gatti*.)

Carters Geste durchbrach diese Blockade des Schweigens und machte die Position seiner europäischen Kollegen lächerlich. Sein Versprechen, die Menschenrechte zur Grundlage seiner Politik zu machen, klang für sie wie ein Trauermarsch. Zumindest am Anfang konnte man den Eindruck gewinnen, daß sich zum erstenmal in der Geschichte der Konfrontation zwischen Demokratie und Totalitarismus ein Staatschef gefunden hatte, der bereit war, offen für die Werte unserer Zivilisation einzutreten. Dies wäre ein tödlicher Schlag für die gesamte fünfzigjährige Politik der Kapitulation und der geheimen Absprachen für alle drei »Kräfte« gleichzeitig gewesen.

Wie sich versteht, wurde das SOS sofort aufgegriffen. Schon am nächsten Tag schrieb »eine uns so wenig gewogene Zeitung wie die *New York Times*«: »Es ist angebracht, die Frage zu stellen, ob unser Land das Recht hat, anderen vorzuschreiben, wie sie sich zu verhalten haben. Diese bevormundende Haltung könnte unversehens dazu beitragen, daß andere Länder gezwungen werden, den Vereinigten Staaten gegenüber größere Vorsicht an den Tag zu legen und sich nicht mit ihnen zu verbünden.«

Im weiteren unterstrich die Zeitung den tendenziösen Charakter des neuen Kurses und wandte sich aus irgendeinem Grunde den Ereignissen in Nicaragua zu. Das Ganze folgte so sehr dem sowjetischen Vorbild, daß es durch ausführliche Zitate in der *Prawda* gewürdigt wurde.

Andere Presseorgane, die nicht weniger »bourgeois« und der Sowjetunion »wenig gewogen« waren, schlugen einen ähnlichen Ton an und versuchten, den amerikanischen Präsidenten mit »möglichen negativen Folgen« einzuschüchtern. Die Aufregung war so groß, als habe *Carter* die totale Mobilisierung und einen Atomalarm verkündet. Je stärker die Welle dieses bourgeoisen Entsetzens und der »fortschrittlichen« Heuchelei überschwappte, desto ruhiger wurde die sowjetische Presse. Obwohl noch viele Monate wenig Schmeichelhaftes über *Carter* und mich geschrieben wurde, obwohl man behauptete, daß es sich bei unserem Gespräch um eine »Einmischung in die inneren Angelegenheiten der UdSSR«, einen »Ausfall« u. ä. gehandelt habe, wurde dem sowjetischen Leser klar, daß sein Regime wieder einmal mit einem leichten Schrekken davongekommen war.

Wieso hält es niemand, nicht einmal ein chilenischer Funktionär, für eine »Einmischung in die inneren Angelegenheiten« Chiles, wenn *Breschnew* sich nicht scheut, *Corvalan* vor den Fernsehkameras der ganzen Welt zu küssen, während mein bescheidenes Gespräch mit *Carter* eine »Bedrohung für Frieden und Fortschritt« sein soll? Wieso steht es dem amerikanischen Präsidenten nicht frei, Menschen zu empfangen, die sich den Gewaltmethoden eines Regimes der totalen Unterdrückung widersetzen und für jene Prinzipien der Demokratie eintreten, die in der amerikanischen Verfassung und in internationalen Abkommen verankert sind, während die sowjetischen »Friedensstifter« berechtigt sein sollen, ihre Halsabschneider in der ganzen Welt durch Waffen, finanzielle Mittel und sogar Armeen zu unterstützen? Was hat Nicaragua, wo sich rechte und linke Diktaturen siebenmal im Jahr ablösen, mit all dem zu tun? Weshalb gibt sich die *New York Times* wie die Unschuld vom Lande, die den Unterschied zwischen einer trivialen Diktatur in einem kleinen, niemanden gefährdenden Staat und einem totalitären, die halbe Welt umfassenden Regime nicht begreift? Schließlich will dieses Regime allen übrigen Ländern sein System als Muster der Gerechtigkeit aufzwingen und führt schon seit mehr als einem halben Jahrhundert einen geheimen oder unverhüllten Krieg gegen die ganze Menschheit.

Man kann Tausende von Fragen dieser Art stellen, ohne je eine Antwort zu erhalten. Die »Kräfte des Friedens, des Fortschritts und des Sozialismus« halten uns eines Dialogs nicht für würdig, und darin unterscheiden sie sich nicht von den sowjetischen Machthabern. Die einzig denkbare Antwort ist für sie irgendeine Lüge, eine Verleumdung oder das Etikett des »Reaktionärs«.

Ich fürchte, daß *Carter* selbst die Ereignisse nicht durchschaute. Der kurz darauf von seiten Frankreichs und Deutschlands zusammen mit den erwähnten Kräften innerhalb der USA ausgeübte Druck zwang ihn sehr rasch, nicht mehr von den Menschenrechten zu reden. Dabei war ihm das Potential, die Bedeutung der neuen Linie wohl gar nicht völlig bewußt, von der symbolischen Bedeutung unseres Treffens ganz zu schweigen. Dieses Treffen war übrigens ganz zufälllig zustande gekommen.

Empfang im Weißen Haus

Mark Wallace war mehr als ein Fernsehjournalist, er war ein Künstler. Lässig gegen den Rücken seines Sessels zurückgelehnt, fragte er: »Sagen Sie, dreimal waren Sie in psychiatrischen Krankenhäusern, dann in Lagern und Gefängnissen, und trotzdem haben Sie sich nicht eines Besseren belehren lassen. Vielleicht sind Sie wirklich verrückt?«

Millionen Fernsehzuschauer waren bereit, ihn deshalb in Stücke zu reißen. Wie hatte er es wagen können, eine solche These zu formulieren?

Er spielte die Rolle des »Advocatus Diaboli« glänzend und stellte Fragen, die viele unterbewußt beschäftigen, die sie aber gewöhnlich von sich weisen.

Gegen Ende des Interviews ließ er sich völlig »überzeugen« und sagte plötzlich: »Vielleicht möchten Sie unseren Präsidenten treffen und ihm all das erzählen, was Sie gerade mit mir besprochen haben?« (Es ging um die Entspannung und ihre Folgen.)

Dieses Programm – »60 Minutes« – ist in den USA eines der populärsten, besonders bei der Jugend. Man hat ermittelt, daß es sich mehr als 40 Millionen Menschen ansehen. Ich erfuhr später, daß man das Weiße Haus nach dem Interview buchstäblich mit Briefen überschüttet hatte. Im Laufe seiner nächsten Pressekonferenz erklärte *Carter*, daß er bereit sei, mich zu empfangen.

Ich glaube, daß zwei Umstände bei dieser Entscheidung eine besonders wichtige Rolle spielten. Bei der Analyse der Gründe von *Fords* Wahlniederlage stellten einige amerikanische Zeitungen seine Ablehnung, *Solschenizyn* zu empfangen, an die erste Stelle. *Carter* hatte die Verteidigung der Menschenrechte nicht nur zur zentralen Idee seines Wahlkampfes gemacht, was der Stimmung der Amerikaner nach Watergate und dem Vietnamkrieg entsprach, sondern er war auch sehr sensibel für die öffentliche Meinung. Es entstand der Eindruck, daß seine Vorstellung einer demokratischen Regierungsweise darin bestehe, den Ergebnissen dieser oder jener Meinungsumfrage blind zu folgen. Später schadete ihm diese Eigenschaft sehr. Das, was für den Wahlkampf taugt, eignet sich durchaus noch nicht für die Regierung eines Landes. Auch der ideale Präsident kann nicht nur populäre Entscheidungen treffen, kann es nicht allen recht machen. Er muß sich natürlich von den Prinzipien leiten lassen, für die die Wähler gestimmt haben, nicht jedoch von ihren wechselnden Launen.

Öffentliche Meinungsumfragen können sehr trügerisch sein. Ihre Ergebnisse ändern sich gewöhnlich, sobald eine bestimmte Entscheidung gefällt ist. Diejenigen, die sie nicht gutheißen, werden besonders aktiv, und ihre Zahl wächst. So kam es dazu, daß *Carter* seine Entscheidungen mehrere Male am Tag änderte, was die schlechteste aller Möglichkeiten ist. Kurz gesagt, bis zum Ende seiner Regierungszeit konnte *Carter* sich gewissermaßen nicht an den Gedanken gewöhnen, daß er Präsident war, und führte seinen Wahlkampf bis zum Überdruß weiter.

Der zweite Umstand war, daß mich der amerikanische Gewerkschaftsverband AFL-CIO in die USA eingeladen hatte. Er ist eine der mächtigsten Organisationen des Landes und hatte unsere Bewegung seit vielen Jahren unterstützt. Traditionsgemäß empfinden sich die Gewerkschaften als Teil der Demokratischen Partei und stimmen gewöhnlich für die Demokraten. Sie hatten erheblich zum Sieg *Carters* beigetragen.

Am 1. März (1977) brachte mich ein Wagen des Außenministeriums zum Weißen Haus. Obwohl ich einige Wochen auf diesen Moment gewartet hatte, schien er mir jetzt seltsam, fast irreal, sogar irgendwie komisch. Während wir auf unsere Gastgeber warteten, betrachteten der Dolmetscher und ich in schweigender Konzentration die Wände, Bilder und Decken des »*Roosevelt*-Salons«. Der Dolmetscher war offensichtlich verärgert über diese »Degradierung«; er wiederholte immer wieder, daß seine Arbeit sich sonst nur »auf höchster Ebene« abspiele, bei Gesprächen mit Präsidenten, Staatschefs oder gekrönten Häuptern, aber er habe nicht gewagt, in den Streik zu treten. Ich drückte ihm mein Mitgefühl aus.

Vizepräsident *Mondale* kam herein, wir begrüßten einander und setzten uns an den Tisch; er hatte rechts von mir auf einem Stuhl Platz genommen, der Dolmetscher und ich saßen auf einer Couch. Wir hatten kaum Zeit gehabt, ein, zwei Sätze auszutauschen, da ertönte ein dumpfes, rasch lauter werdendes Getrappel, als sei eine Elefantenherde von den Bewachern übersehen worden und ins Weiße Haus eingebrochen. Die Türen flogen auf, und die Presse stürzte ins Zimmer. Die Blitzlichter der Fotografen, blendende Lampen, Dutzende von Fernsehkameras – all das brach wie ein Wirbelsturm über uns herein. *Mondale* war sichtlich nervös. Er wandte sich zu mir und sagte leise aus dem linken Mundwinkel: »Wie Sie wissen, haben wir eine freie Presse. Sie hat bei uns große Macht.«

Ich bemühte mich fieberhaft, mir etwas genauso Tiefsinniges als Antwort einfallen zu lassen, um nicht schweigend dem Feuer all dieser Kameras ausgesetzt zu sein. Dann zog die Presse sich ebenso unvermittelt zurück, wobei sie noch einige Salven abschoß. Erstaunliche Stille herrschte. Wir schwiegen eine Minute lang, bevor wir zu uns kamen und das für die Kameras aufgesetzte törichte Lächeln einstellten. Immer noch von den Blitzlichtern geblendet, konnten wir einander kaum erkennen.

Das Gespräch dauerte recht lange. Hauptsächlich redete ich, während der Vizepräsident sich Notizen machte und zuweilen eine Frage stellte. Ich gab mir Mühe, die grundlegenden Besonderheiten der sowjetischen Psyche zu erklären, deren Unkenntnis auf seiten der westlichen Politiker gewöhnlich zu Fehlern und Überraschungen führt. Vor allem versuchte ich, die Nachteile der Entspannungskonzeption, wie sie damals von beiden Seiten verstanden wurde, zu erläutern. Uns, die wir unser ganzes Leben in einem Land verbracht haben, in dem die Feindseligkeit der übrigen Welt gegenüber in den Rang einer Staatsphilosophie erhoben wird, in dem jeder Schüler weiß, daß der Krieg (ob »kalt« oder »heiß«) gegen die »kapitalistischen« Länder für keine Minute aufhört, überrascht besonders die unerschütterliche Sorglosigkeit des Westens, die schon an Leichtsinn grenzt. Selbst wenn wir gut über das westliche Leben informiert waren, hatten wir uns so etwas nicht vorstellen können. Wenn man diese Einstellung bei dem »Mann auf der Straße« feststellt, ist man erstaunt. Wenn man sie bei den führenden Politikern des Westens vorfindet, bekommt man Angst.

»Versuche zu begreifen, was das für Menschen sind«, hatten meine Freunde mir vor der Unterredung geraten. »Mit deiner Lagererfahrung kannst du abschätzen, bei welcher Art von Verhör sie zusammenbrechen würden.«

Ich fürchte, meine spezifische Menschenkenntnis war in diesem Fall nicht sehr nützlich. Meinen Gesprächspartnern standen keine Verhöre bevor, und überhaupt kommt es auf die Persönlichkeit in der modernen Politik wenig an. Auf beiden Seiten, im Osten, wie im Westen, walten gigantische »Apparate«. Später hatte ich Gelegenheit, Mitarbeiter und Ratgeber des Weißen Hauses, verschiedene Senatoren, Kongreßabgeordnete und ihre Stäbe kennenzulernen. Meine Folgerung erwies sich als wenig tröstlich. Wahrscheinlich haben diese Leute eine bessere Ausbildung genossen als ihre sowjetischen Widersacher, sie sind zweifellos viel menschlicher, aber ihnen fehlt offensichtlich die sowjetische Erfahrung des brutalen, prinzipienlosen Existenzkampfes.

In der UdSSR muß jeder Funktionär eines gewissen Ranges, bevor er diesen Posten erklommen hat, Dutzende von Konkurrenten ausschalten, wenn nicht sogar über Leichen gehen, alle Gesetze der Gemeinheit und Niedertracht kennen. Wir staunen oft darüber, wie unsere ungebildeten, unkultivierten Führer, die zum Teil nicht einmal richtig russisch sprechen können, es fertigbringen können, ein gewaltiges Imperium zu regieren und dazu noch die ganze Welt in Schrecken zu versetzen. Aber dies ist durchaus kein Rätsel, und man braucht nicht nach »Drahtziehern hinter den Kulissen« zu suchen. In Wirklichkeit brauchen die Regierenden weder Geist noch Kultur; diese Eigenschaften würden sie sogar behindern. Irgendein Grobian braucht nicht *Tolstoj* oder *Shakespeare* zu kennen, um ein ganzes Lager zu terrorisieren. Die ganze jahrzehntelange Geschichte der Beziehungen zwischen den demokratischen Ländern und der UdSSR spiegelt überraschend genau das Bild der Beziehungen zwischen »Kriminellen« und »Politischen« wider, die von den ersteren in jedem Durchgangsgefängnis ausgeplündert und eingeschüchtert werden.

Die Analogie ist so zutreffend, daß man sich nur wundern kann. Im Westen pflegt man das gleiche Vertrauen in die Möglichkeit, sich freizukaufen, sich den anderen geneigt zu machen, das gleiche Bestreben, seine friedlichen Absichten, seinen Mangel an Aggression (bis zur einseitigen Abrüstung) zu beweisen. Am verblüffendsten ist die naive Theorie, daß alles gutgehen wird, wenn man sich nicht rührt, den Banditen nicht »provoziert« und den Blick abwendet, solange ein anderer geschlagen wird. All das haben wir Hunderte von Malen beobachtet, und wir durchschauen wie kein anderer, daß ein solches Verhalten zum Untergang führt.

Die westliche Welt täte gut daran, ihre Verhandlungen mit den sowjetischen Machthabern nicht in Harvard ausgebildeten Diplomaten, sondern einem alten, erfahrenen Sheriff aus Chicago zu übertragen, der die Psyche von Verbrechern kennt. Aber wie soll man das dem amerikanischen Präsidenten innerhalb von fünfzehn Minuten erklären?

Carter schloß sich uns gegen Ende des Gesprächs an. Ich bat ihn nicht um einen speziellen Gefallen, sondern versuchte nur darzulegen, daß die Kampagne zum Schutz der Menschenrechte hartnäckig und konsequent sein müsse, wenn wir Erfolg haben wollten. Man müsse die Besonderheiten des sowjetischen Systems, der sowjetischen Psyche berücksichtigen, dürfe keine raschen Ergebnisse erwarten und seine Linie auch nicht ändern, wenn die Erfolge zunächst ausblieben. Natürlich seien die sowjetischen Herrscher jetzt bemüht, mit allen Mitteln ihre Unempfindlichkeit gegenüber offenem Druck zu beweisen. Sie könnten die Zwangsmaßnahmen sogar zeitweilig verstärken, um Kritik an der westlichen Handlungsweise hervorzurufen. Hier gebe es Mitmenschen, die nur darauf warteten, dieses Motiv aufzunehmen. Aber davon dürfe man sich nicht beeindrucken lassen. Wenn die jetzige Linie ein paar Jahre durchgehalten werde, könne die Sowjetunion nicht umhin nachzugeben.

Ich weiß nicht, wie überzeugend ich die Situation darlegte, aber *Carter* versicherte mir, daß er nicht zurückweichen werde und vorhabe, die ersten Aktionen konsequent fortzusetzen. Das Problem der Menschenrechte sei nicht nur eine vorübergehende Parole, sondern eine der Grundlagen seiner zukünftigen Außenpolitik sowohl im Verhältnis zur UdSSR wie zu anderen Ländern der Welt. Er machte den Eindruck eines aufrichtigen, warmherzigen Menschen, und unser Abschied hatte eine optimistische Note. Natürlich bedankte ich mich für die Audienz, durch die er unserer ganzen Bewegung Ehre und Unterstützung erwiesen hatte.

Die beiden gingen hinaus, und ich überlegte, ob ich die fünfzehn Minuten, die mir zur Verfügung gestanden hatten, besser hätte nützen können. Wahrscheinlich nicht. Für alles, was hätte gesagt werden müssen, wären auch 24 Stunden nicht ausreichend gewesen. Und auch das hätte nicht weitergeführt. Auf dieser Ebene versucht man nicht, einander zu überreden, hält man keine langen Monologe. Man tauscht nur Meinungen aus, macht seine Position deutlich und formuliert die für das Pressekommuniqué vorbereiteten Ideen. Was läßt sich bei einem solchen politischen Pingpong erreichen?

»Wollen Sie eine Pressekonferenz abhalten?« fragte mich der Pressesekretär. Aber der Dolmetscher protestierte vehement – schließlich hatte er es nicht mehr mit Königen oder Präsidenten zu tun –, und mein Englisch war noch so unsicher, daß ich darauf verzichtete. Welchen Sinn hätte es gehabt? Auch bei einer Pressekonferenz läßt sich nicht viel erklären.

Der Rasen des Weißen Hauses war von Reportern übersät, als wir uns mit Hilfe von Sicherheitsbeamten zu unserem Wagen durchschlugen. Sie hoben Foto- und Fernsehkameras über den Kopf, streckten mir Mikrofone hin, brüllten ... Ich fühlte mich zum erstenmal in meinem Leben völlig stumm, wie ein zerbrechlicher Weihnachtsbaumschmuck, der sorgfältig in Watte eingewickelt ist.

»Menschenrechtspolitik«: eine unschätzbare Entdeckung

Später wurde natürlich oft behauptet, daß *Carter* versucht habe, die Situation zu entschärfen, die Wirkung unseres Gespräches zu dämpfen, indem er nicht zuließ, daß die Reporter uns fotografierten, und keine Pressekonferenz abhielt. Ich glaube nicht, daß dies Berechnung war – eher Mangel an Organisation und Planung. Für die sowjetischen Behörden war natürlich ganz gleichgültig, ob man uns fotografiert hatte oder nicht. Wichtig war allein die Tatsache der Begegnung, die von ihrem Standpunkt aus einen »unfreundlichen Akt«, eine Herausforderung, eine offene Unterstützung ihrer inneren Feinde darstellte. Nachdem der Präsident sich entschlossen hatte, mit mir zu sprechen, wäre es doch wenig sinnvoll gewesen, absichtlich nur halbe Sachen zu machen und dadurch den Mißmut und die Kritik der Presse auf sich zu ziehen. Außerdem hatte der offizielle Fotograf des Weißen Hauses uns während der gesamten Begegnung aufgenommen.

Viel wichtiger ist etwas anderes: Begriff *Carter* die volle Bedeutung der Menschenrechtspolitik, die er zur neuen Grundlage seines Kurses erklärt hatte?

Unser Zeitalter, das vielleicht blutigste der Menschheitsgeschichte, hat ein Problem mit sich gebracht, für das bisher keine adäquate Lösung gefunden wurde, obwohl sie für die Erhaltung der Zivilisation lebensnotwendig ist. Die totalitären Regime und Ideologien sind eine tödliche Bedrohung für die demokratischen Länder – eine Bedrohung, die unaufhaltsam zunimmt, weil die modernen Transport- und Massenkommunikationsmittel sowie die militärische Technik unsere Welt verkleinert haben. Wir alle sind Nachbarn geworden. Die Frage ist: Wie können sich die Demokratien selbst verteidigen, ohne auf ihre traditionellen Prinzipien zu verzichten, das heißt ohne sich allmählich in ihr Gegenteil zu verkehren?

Die Logik einer solchen Metamorphose ist ganz einfach. Wenn es einen »Weltbanditen« gibt, benötigt man einen »Weltgendarmen«, um ihn in die Schranken zu weisen, und zwar einen Gendarmen, der fähig ist, jede Gemeinheit mit gleicher Münze heimzuzahlen und vor verpönten Methoden nicht zurückschreckt. Sonst bliebe er wirkungslos. Nach einer gewissen Zeit kann ein außenstehender Beobachter schon nicht mehr unterscheiden, wer der Bandit und wer der Gendarm ist. Anders ausgedrückt, die Demokratie kann den Totalitarismus nicht mit dessen Mitteln besiegen, ohne sich in sein Ebenbild zu verwandeln.

Andererseits führen alle Versuche, sich mit dem »Banditen« zu verständigen, bloß zu seiner Stärkung und zu immer größerer Abhängigkeit von ihm.

So wird unsere Welt von zwei Extremen bedrängt. Sie muß zwischen zwei Varianten des Untergangs wählen. Wie zu erwarten war, versinkt sie immer tiefer im Sumpf der Hoffnungslosigkeit, wenn sie mal bei der einen, mal bei der anderen Variante Zuflucht sucht.

Selbstverständlich wird jede Kehrtwendung von den Politikern als etwas prinzipiell Neues hingestellt, zu dem es keine Alternative gibt. Heute schreckt man uns mit dem »kalten Krieg«, wenn wir auf die »Entspannung« verzichten, und in den vierziger und fünfziger Jahren war es genau umgekehrt. In Wirklichkeit gewinnt das Sowjetsystem in beiden Fällen. In den »Kälteperioden« erweitert die Sowjetunion ihren Machtbereich zwar nicht, dafür wird aber der Boden für ihre zukünftigen Erfolge bereitet, da im Westen bestimmte Einschränkungen, die Militarisierung der Gesellschaft, die ständige Kriegsdrohung und die unvermeidliche Hilfe, die »stabilen« diktatorischen Regimen geleistet wird, den Unwillen der Bevölkerung hervorrufen. Die oppositionellen Stimmungen und prosowjetischen Illusionen wachsen, und es entsteht ein günstiges Klima für die sowjetische Subversionstätigkeit. Der öffentliche Druck nimmt zu, und man muß entweder auf die Demokratie oder auf den kalten Krieg verzichten. In den »Tauwetterzeiten« stützen die Sowjets ihre zerbröckelnde Wirtschaft mit Hilfe westlicher Kredite und Waren, stärken ihren Einfluß in instabilen Gebieten, indem sie den bei der Bevölkerung aufgestauten Mißmut nutzen, und machen neue Eroberungen, die wiederum zu einer »Abkühlung« führen. So dreht sich das Karussell schon seit einem halben Jahrhundert. Dabei finden die Temperaturschwankungen nur im Westen statt, in der Sowjetunion herrscht ewiger Frost!

Es gibt wahrscheinlich nur zwei variable Größen in dieser traurigen Formel. Erstens sind die sowjetischen Eroberungen (vorläufig) unumkehrbar, und dadurch erweitert sich die sowjetische Einflußsphäre ständig. Dazu tragen auch die Furcht und die defätistischen Stimmungen in den noch nicht eroberten Ländern Westeuropas bei (man zögert manchmal, von »freien Ländern« zu sprechen). Zweitens verrottet das sowjetische System langsam, aber sicher. Allen Bemühungen des Westens zum Trotz wird es immer schwieriger, die sowjetische Wirtschaft vor dem völligen Zusammenbruch zu retten. Im selben Maße wachsen die Widerstandsbewegungen innerhalb des Sowjetblocks, die ihn früher oder später zerstören werden, wenn man sie unterstützt und anspornt. Diese Bewegungen haben plötzlich einen sehr wichtigen Umstand aufgedeckt: die innere Gebrechlichkeit des Sowjetregimes, seine mangelnde Flexibilität, sein Unvermögen, sich im ideologischen Kampf zu verteidigen.

Kurz, die »Menschenrechtspolitik« war in jeder Hinsicht eine unschätzbare Entdeckung, wenn nicht der einzige Ausweg aus einem fatalen Dilemma. Sie erlaubte, zu einer »moralischen« Konfrontation überzugehen, die nicht zu den negativen Folgen des »kalten Krieges« führen würde (die Menschenrechte müßten schließlich überall eingehalten werden, nicht nur in der UdSSR); sie unterstützte die Widerstandsbewegungen, stellte eine ideologische Herausforderung für das gebrechliche kommunistische Regime dar, bedrohte die prosowjetischen Kräfte im Westen selbst und erlaubte, die gesamte westliche Strategie neu zu durchdenken, sie von diktatorischen Regimen auf demokratische umzuorientieren. Bei alledem schloß die neue Linie Stärkungen der eigenen Verteidigung nicht aus – das Recht auf Notwehr ist schließlich ein ganz menschliches.

Der bedeutendste Vorteil bestand natürlich darin, daß der Westen sich endlich eine Art Ideologie zulegte, die fähig war, dem Kommunismus standzuhalten. In den USA gestattete sie, dem Land nach einer tiefen Krise wieder Einheit zu verschaffen und ihm sogar seinen führenden Rang in der Welt zurückzugeben.

All das mußte, wie sich versteht, im Detail durchdacht, konkret auf jeden Fall, auf jedes Land zugeschnitten werden. Es ist unmöglich, von einem Tag auf den anderen einen neuen Kurs einzuschlagen. Dadurch würde man nur das Risiko eingehen, den schon existierenden Kurs zu gefährden, bevor der neue angewendet werden kann. Und natürlich erforderte eine so radikale Neuordnung hohes Geschick.

Ich habe nicht denn geringsten Zweifel an der Ehrlichkeit von *Carters* Absichten. Aber er hatte, wie es scheint, außer seiner Ehrlichkeit keine Stärken; sogar an vernünftigen Mitarbeitern fehlte es ihm. Da er seine Aufgabe nicht begriff, beschloß er offenbar, das Weiße Haus zu einer Filiale von Amnesty International zu machen. Dem Druck von allen Seiten ausgesetzt und ohne ein detailliertes Konzept, ließ er letzten Endes alles fallen, was seinem Programm Wert verliehen hatte. Deshalb waren drei Jahre später, als die Ära der »Entspannung« mit der Besetzung Afghanistans zu Ende ging, weder Amerika noch Europa darauf vorbereitet. Die alte Politik war diskreditiert, und eine neue war nicht zustande gekommen.

Carter ist durchaus nicht der einzige, dem Vorwürfe zu machen sind. Die Lage des amerikanischen Präsidenten ist wenig beneidenswert. Ich würde keinem meiner Feinde wünschen, diese Position einzunehmen. Hier, im Westen, ist es überhaupt üblich, bei jeder Kleinigkeit die Hilfe der Regierung zu verlangen. Das gilt besonders für die Vereinigten Staaten: Dort existieren die gewählten Amtsträger nur, damit man sie steinigen, auf sie Druck ausüben, sie belagern und aller Todsünden bezichtigen kann. Die ersten vier Jahre im Amt dienen gewöhnlich dazu, die Wiederwahl vorzubereiten, und was läßt sich schon in den nächsten vier Jahren zustande bringen, wenn die Linie in der ersten Regierungsperiode festgelegt ist? Die Trägheit eines großen Landes ist proportional zu seinem Umfang, und der riesige bürokratische Apparat, dieses Frankensteinsche Monster unserer Zeit, tut ohnehin, was er will. Die Welt wird schon seit langem nicht mehr von Präsidenten und Ministerpräsidenten regiert, sondern vom Establishment und den von ihm geschaffenen Mythen. In diesem Fall sind es die »Kräfte des Friedens, des Fortschritts und des Sozialismus«. In menschlicher Hinsicht empfinde ich für *Carter* nur Sympathie und Mitleid. Ich glaube, daß er das Gefühl der Stummheit gut kennt, das ich beim Verlassen des Weißen Hauses empfand.

Unsere Zusammenarbeit, die so stürmisch begonnen hatte, wurde jedenfalls nicht fortgesetzt. Ich verlor zwei Stunden mit dem Versuch, *Andrew Young* zu überzeugen, er möge das Problem des Mordes an den kleinen Völkern in der UdSSR vor der UNO zur Sprache bringen. Ich bot ihm Material über die Krimtataren und über andere Kolonien des sowjetischen Imperiums an, doch er gähnte nur gelangweilt.

Auch unsere anderen Bitten, Empfehlungen und Ratschläge erwiesen sich als wirkungslos. Erst gegen Ende, im Jahre 1980, gelangten wir wieder zu einer Übereinstimmung, als eine leicht vorhersehbare Krise *Carter* zwang, fast alle unsere inzwischen drei Jahre alten Vorschläge in die Praxis umzusetzen: die Beschneidung des Handels mit der Sowjetunion, das Embargo für eine Reihe von Waren, den teilweisen wissenschaftlichen Boykott und den Boykott der olympischen Spiele in Moskau. Aber es war schon zu spät.

Nachricht an einen russischen Reisenden

Unser Treffen hatte jedoch noch eine völlig überraschende Folge. Ihm war es zu verdanken, daß ich plötzlich die mysteriöse Ursache meines Austausches erfuhr, die das seltsame Verhalten der sowjetischen Seite erklärlich macht. Diese Geschichte, die einer der engsten Mitarbeiter *Breschnews* einem meiner Bekannten erzählte, war vollkommen glaubhaft, sowohl was ihre Quelle wie ihren typisch sowjetischen Wahnwitz betrifft. Als ich sie gehört hatte, sah ich ein, daß es eine andere Erklärung nicht geben konnte.

Ungefähr zwei Wochen nach meinem »Empfang im Weißen Haus« zeigte *Breschnew* sich beunruhigt über den neuen amerikanischen Kurs und verlangte eine Übersicht über meine ausländischen Aktivitäten anhand der westlichen Presse. Nachdem er den

Bericht gelesen hatte, umfaßte er seine ihn umgebenden Mitarbeiter mit einem strengen Blick und sagte:

»Genossen, was habt ihr da angerichtet? Ihr habt mir doch versichert, daß er hier nicht ganz richtig ist.« Dabei tippte er sich ausdrucksvoll mit dem Zeigefinger an die Schläfe. »Aber das stimmt ja gar nicht, er tritt dort überall auf, agitiert, kann reden. Wieso empfehlt ihr mir, einen Aktivisten ins Ausland zu entlassen?«

Eine schöne Überraschung! Wie sich herausstellte, glaubte man im Kreml wirklich, daß ich ein Paranoiker sei. Deshalb war beschlossen worden, mich mit größtmöglicher »Publicity« auszuweisen! Man kann sich leicht vorstellen, welchen Effekt dies, wenn es wahr gewesen wäre, auf alle ausgeübt hätte, die mit uns sympathisierten und unsere Bewegung unterstützten.

Eine erstaunliche Geschichte, nicht wahr? Sogar die mächtigen sowjetischen Führer können ihrer eigenen Desinformation zum Opfer fallen. Auch sie hätten die Freiheit des Wortes und eine unabhängige Presse nötig, um nicht die dümmsten Fehler zu begehen. Im System der Parteibürokratie verwandelt sich das Prinzip des »Feedback« in einen Teufelskreis. Zuerst, in den sechziger Jahren, hatten sie selbst befohlen, uns für unzurechnungsfähig zu erklären, und als man ihnen infolgedessen meldete, daß wir verrückt seien, glaubten sie es selbst!

Das also war entscheidend für mein Schicksal gewesen.

Kurz, für einen russischen Reisenden ist es nützlich, Nachrichten aus der fernen Heimat zu erhalten. Sie sind sehr aufschlußreich.

Über die Freiheit

»Wenn nur diejenigen frei wären, die wissen,
was Freiheit ist, gäbe es nicht viele freie Menschen auf der Welt.«

Lord Halifax

Es gibt wohl nichts Aussichtsloseres als den Versuch, das Leben in zwei entgegengesetzten Systemen, im Totalitarismus und in der Demokratie, zu vergleichen. So sehr man sich auch müht, das Problem wird immer verworrener. Was man vorbringt, ist gleichzeitig richtig und falsch. Ich habe es nicht einmal geschafft, mir eine gelungene Metapher einfallen zu lassen.

Leider habe ich von »zwei entgegengesetzten Systemen« gesprochen, aber trifft das wirklich zu? Schließlich kann es keine zwei einander absolut entgegengesetzten Dinge geben; sie müssen sich in irgendeiner Hinsicht ähneln, es muß irgendein beiden gemeinsames Element geben. Sollte man also besser von unterschiedlichen Systemen sprechen? In diesem Fall könnten die Unterschiede gemessen oder zumindest beschrieben werden. Es wäre möglich, Nuancen und Abstufungen einzuführen. Sobald man diesen Weg einschlägt, befindet man sich in der Gesellschaft der westlichen Schlauköpfe, die behaupten, daß nicht einmal Unterschiede, sondern nur quantitative Abweichungen existierten.

In mancher Hinsicht erinnert dies an die Versuche von Wissenschaftlern, den Menschen mit dem Affen zu vergleichen. Alles scheint sich zu ähneln: Körperbau wie Funktionsweise, sogar das Gehirn ist nicht wesentlich anders. Solange man sich darauf beschränkt, die Organe zu messen und die Details zu analysieren, wird kein besonderer Unterschied sichtbar. Aber man braucht nur ein wenig zurückzutreten und aufmerksam hinzuschauen, um einen unüberwindlichen Abgrund festzustellen. Man erkennt, daß Mensch und Affe durchaus nicht identisch sind, sondern nur gemeinsame Vorfahren besitzen.

Die charakteristischste und auffallendste Äußerung dieses biologischen Unterschiedes der beiden Welten kann man sozusagen im Naturzustand beobachten. Das Verhalten, die Reaktionen und Eindrücke des sowjetischen Menschen, der sich im Ausland aufhält, verraten uns mehr als eine ganze Bibliothek wissenschaftlicher Arbeiten zu diesem Thema.

Wie ein gewaltiges »Berjoska«-Geschäft

Was weiß der Sowjetbürger über den Westen, was erwartet er? Nach Jahrzehnten aufdringlichen Geschreis der sowjetischen Propaganda über die ewige Krise des Kapitalismus, über die Ausbeutung und die »Kontraste«, die Slums und die verhungernden Arbeitslosen, die Diskriminierung und die Macht des Kapitals glaubt er meist aufrichtig, im Paradies zu sein, sobald er den Westen erreicht. Der Westen ist für ihn so etwas wie ein gewaltiges »Berjoska«-Geschäft*, in dem es *alles* gibt, in das man auch ihn jetzt einläßt, da er nun ebenfalls ein Ausländer ist, und in dem man sich nicht auf Biegen oder Brechen Devisen verschaffen muß, weil hier alle Zahlungsmittel Devisen sind. Und was heißt

* Geschäft, in dem nur harte Währung angenommen wird.

»alles«? In erster Linie Fleisch und Wurst und Jeans und überhaupt alle möglichen Kleidungsstücke, nicht zu vergessen Kaviar, Lachs, Schallplatten, Bücher, brauchbare Möbel, Autos ...

Aber sogar wenn er seine Phantasie anstrengt, wenn er versucht, sich an die Waren zu erinnern, die er bei ausländischen Industrieausstellungen in der UdSSR gesehen hat, übertrifft die Realität alle Erwartungen. Jeder geht, wenn er sich das Paradies vorstellt, von dem aus, was ihm fehlt, wovon er nur träumen kann. Vor den Wurst- und Fleischbergen, dem Überangebot an Schuhen und Kleidung, der Vielzahl von Produkten und Gegenständen, deren Zweck er nicht einmal geahnt hat, verliert der Sowjetbürger die Fassung.

Bei vielen, besonders bei Frauen, kommt es zu regelrechten Psychosen. Die einen glauben, daß all dieser Überfluß ein reiner Zufall sei, ein Fehler bei Lieferanten, der morgen oder übermorgen korrigiert wird. Dann werde es wieder die üblichen leeren Regale und kilometerlange Schlangen geben. Deshalb kaufen sie unaufhaltsam alles, was ihnen in die Hände fällt, decken sich mit reichen Vorräten ein und können nicht aufhören. Bei anderen kommt es zu einer Psychose des Mißtrauens. Wenn all diese Güter zugänglich sind, an den Straßen ausgestellt werden, über den Köpfen der Passanten hängen und aus jedem Schaufenster blicken, können sie nicht real sein. All das soll nur Eindruck machen wie in den sowjetischen Schaufenstern, und niemand kann es wirklich kaufen. Deshalb gibt es auch keine Schlangen, und diese Güter sind in riesigen Mengen vorhanden, ohne daß sich jemand dafür interessiert. Nein, »echte« Waren muß man »auftreiben«, »aufstöbern«, »heimlich an sich bringen«;

sie sind unter dem Ladentisch oder an anderen Orten versteckt, die nur Eingeweihte kennen.

Verwirrung im Paradies

Es handelt sich um eine tiefgehende Wertekrise. Auf dem Flugplatz von Zürich betrachtete ich den Beutel mit meinen Gefängnissachen und war überrascht darüber, daß sich all meine Kostbarkeiten – Messerchen, Rasierklingen, Bücher –, die viele Jahre hindurch von Häftlingsgenerationen angesammelt worden waren, vor meinen Augen in wertlosen Plunder verwandelt hatten. Ich hatte diese Gegenstände versteckt, in das Futter meiner Kleidungsstücke eingenäht und bei jeder Durchsuchung um sie gezittert. Sogar einen Scheuerlappen hatte ich Trottel mit nach Zürich gebracht.

Den größten Teil seines Lebens widmet der sowjetische Mensch den endlosen Bemühungen, die elementarsten Dinge aufzuspüren und sich zu verschaffen. Wieviel Geschicklichkeit, welchen Einfallsreichtum benötigt man, um das zu tun, wofür man hier, im Westen, fünf Minuten braucht! Diese ganze Erfahrung und dieser ganze Besitz werden hier von einem Moment zum anderen bedeutungslos.

Als erstes empfindet man im Paradies also völlige Verwirrung, Zweifel, Niedergeschlagenheit. Wie es bei uns heißt: Zuviel des Guten ist auch nicht gut. Man versuche, sich in diesem Warendschungel, den man noch nie im Leben gesehen hat, irgend etwas auszusuchen. Ich stand einmal eine ganze Stunde vor einem Tisch mit 24 verschiedenen Olivensorten und wurde müde, bevor ich mich für eine entscheiden konnte. Was sind schon Oliven – man kann schließlich auch ohne sie auskommen. Aber jeden Tag, jede Stunde, besonders am Anfang, muß sich der Ankömmling etwas aussuchen.

An die sowjetische Schablonenhaftigkeit und Monotonie gewöhnt, verlieren wir den Kopf vor der hiesigen Vielfalt. Das lebhafte Treiben auf den Straßen an jedem Wochentag, die Mengen ziellos dahinspazierender Menschen, vor allem Jugendlicher, erwecken den Eindruck eines ständigen Feiertages oder Jahrmarktes. *Sorglosigkeit* – das ist die wohl treffendste Beschreibung der hier herrschenden Atmosphäre. Man kennt nicht das Gedränge ewig zorniger Menschen, die in jeder freien Minute Tausende von Kleinigkeiten, die ihr Leben bestimmen, erledigen müssen.

Nie hatte ich auf den Straßen sowjetischer Städte so viele müßiggehende Jugendliche gesehen wie hier. Tagsüber trifft man in der Sowjetunion überhaupt nur Rentner und Großmütter mit Kleinkindern; allein in der Mittagspause füllen sich die Straßen mit Mengen mürrischer Passanten. Bis in den Abend hinein ersetzt dieses hastige Gedränge, mal schwächer, mal stärker, unser städtisches Leben. Und was könnte die Jugend schon auf der Straße anfangen? Die seltenen Cafés sind überfüllt, und man muß sich lange anstellen, um hineingelassen zu werden. Außerdem geht es dort nicht sehr fröhlich zu: Man ißt sein Schaschlik auf, trinkt seine Flasche Wein und kehrt nach Hause zurück, um anderen Platz zu machen. Damit bleibt das Kino. Es gibt natürlich die »organisierte Freiheit«, alle möglichen Häuser der Kultur und Klubs mit den unvermeidlichen Chor-, Fotografie-, Choreografie- und Sportzirkeln.

Das alles ist so künstlich, kontrolliert und offiziell, daß es kein Ersatz für ein wahrhaft gesellschaftliches Leben und natürliche Vergnügungen sein kann. Nur die Sportabteilungen genießen eine gewisse Popularität. Für den gewöhnlichen Menschen ist der Grundzug des sowjetischen Lebens die unausrottbare Langeweile, das Gefühl der Leere, begleitet von übermäßiger Sorge um die alltäglichen Kleinigkeiten, von denen sich jede zu einem riesigen, fast unlösbaren Problem auswächst. Daher rühren die unglaublich hohe Kriminalität und der weitverbreitete Alkoholismus.

Das, was sich in letzter Zeit bei uns abspielt, läßt sich kaum noch als Alkoholismus bezeichnen, und es ist wohl angebrachter, von einer Art nationaler Psychotherapie zu sprechen: Man betrinkt sich so schnell wie möglich entweder bis zur Bewußtlosigkeit oder bis zu einer solchen Enthemmung, daß die ganze aufgestaute Wut, der Haß und die Ausweglosigkeit sich gegen den ersten Besten entladen. Jeder soziale Umgang wird auf ein Trinkgelage reduziert. Wenn man einen Bekannten trifft, ist es unmöglich, nicht zu trinken, und wenn man einmal angefangen hat, ist es unmöglich, rechtzeitig Schluß zu machen. Ein nüchterner Mensch ist verdächtig: Wer weiß, was er zu verbergen hat?

Aber sehr viele »genesen« sofort, wenn sie die Grenze ihres geliebten Vaterlandes überschritten haben. An Wodka gibt es hier keinen Mangel; er ist nicht allzu teuer, so daß man für eine Flasche nicht zusammenzulegen braucht, und man hat es schon gar nicht nötig, ihn hinter einer Tür versteckt in sich hineinzukippen. Man kann trinken, so viel man will, und niemand kümmert sich darum. Übrigens trinkt es sich unter fremdem Himmel nicht so gut.

Es fehlt die Atmosphäre der alkoholischen Kumpanei. Die hiesigen »Partys« überraschen uns durch ihre Langeweile, ihre Gehemmtheit. Besonders in Großbritannien erwecken sie den Eindruck einer kollektiven Selbstzerfleischung: Jeder einzelne und alle zusammen werfen Gesprächsthemen auf, nur damit nicht geschwiegen wird. Trotzdem kommt es manchmal zu quälenden Pausen, so daß sich in den Augen der Anwesenden Panik und die quälende Frage spiegeln: Wann kann ich hier endlich verschwinden?

Es handelt sich aber nur um »Partys«, zu denen wenig oder überhaupt nicht miteinander bekannte Gäste eingeladen werden, manchmal gerade deshalb, damit sie sich kennenlernen. In allen übrigen Situationen verblüfft den sowjetischen Menschen die Ungezwungenheit der im Westen Lebenden – nicht nur, was Umgang, Kleidung, Verhalten, sondern sogar, was ihre Bewegung und Gesten betrifft. Es sind diese undefinierbaren Eigenschaften, die erlauben, einen Ausländer in den Straßen Moskaus zu erkennen. Woher haben sie das nur? Und plötzlich fällt einem die Antwort ein: Heureka! Es liegt an der FREIHEIT. Diese verteufelten Ausländer hatten eben nie das Gefühl, daß irgendein Unsichtbarer dauernd hinter ihnen steht, daß das durchdringende Auge des Staates jede ihrer Bewegungen verfolgt. Ihnen kommt nicht einmal die Idee, daß jemand sich plötzlich nähern und drohend fragen könnte: »Und was haben Sie hier zu suchen?«

»Mein Gott, das ist die Freiheit, ich bin frei!«

In Wirklichkeit passiert uns so etwas durchaus nicht jeden Tag, aber wir rechnen ständig damit, und wenn es geschieht, sind wir keineswegs erstaunt. Unbewußt bereitet der Sowjetmensch bei allem, was er tut – und wenn es noch so harmlos ist –, endlose Rechtfertigungen, Erklärungen und Beweise für seinen ununterbrochenen inneren Dialog mit den allgegenwärtigen, mystischen SIE vor. Der sowjetische Mensch ist nie unvorbereitet, sogar wenn ihn ein rotgesichtiger, arroganter Kerl plötzlich am Kragen packt, ihm den Arm auf den Rücken dreht und ihn wer weiß wohin schleppt. So verkörpert unser sowjetischer Bürger mit seinem ganzen Wesen gleichzeitig vollkommenen Gehorsam und eine etwas übertriebene Verblüffung – Eigenschaften, die man bei uns zusammen mit folgenden Beteuerungen immer bereit hält: »Was ist denn los? Ich bin hier doch nur so vor mich hingegangen ... zum Einkaufen. Sehen Sie, ich habe ein Einkaufsnetz in der Tasche ... He, lassen Sie meinen Arm los, meinen Arm! Was verdrehen Sie ihn denn? Ich komme auch so mit.« Dabei macht er sich schon im Geiste eine Liste aller möglichen Gründe für die Festnahme, überlegt, wie sie aufgedeckt wurden und wie er reagieren soll. Wer wäre bei uns nicht aus diesem oder jenem Grund festzunehmen? Höchstens ein neugeborenes Kind.

Immer treten SIE in Aktion. Bei uns sagt man nämlich nicht »die Regierung«, sondern »sie«, »die Behörden«. Im Westen gibt es einen solchen Begriff, ein solches Wort nicht, mit dem die alles umfassende Macht des Staates beschrieben wird. Es gibt das Parlament, die Regierung, die Kommunal- und Universitätsbehörden, die Macht der Presse, der Gewerkschaften, der Polizei, des Zolls – eine Unmenge von Machtfaktoren, die meist gegeneinander ausgespielt werden. Im allgemeinen ist ihre Existenz für die Öffentlichkeit unwesentlich, man spürt sie kaum. Sie sind kein Faktor des Alltagslebens, und was am wichtigsten ist, man braucht sie nicht bei allem, was man unternimmt, um Erlaubnis zu bitten. Die Macht beruht hier eher auf dem Prinzip der Einschränkung als auf dem der allseitigen Genehmigungspflicht.

Infolgedessen stellt sich niemand, bevor er etwas tut, die Frage, ob es auch erlaubt sei. Wer auf irgendein Hindernis stößt, sagt sich nicht wie bei uns: Was für eine Gemeinheit der Behörden, nichts lassen sie zu. Allein die kommunistische Propaganda macht sich dauernd den Spaß, auf die Macht zu schimpfen.

Theoretisch muß eingeräumt werden, daß der Westen frei ist. Wer hat nicht von Parlamenten, Parteien und einer unabhängigen Presse gehört? Fast jeder Sowjetbürger ist sogar geneigt, das Maß der politischen Freiheit im Westen zu überschätzen. Es sind ganz andere Dinge, die uns verblüffen, Einzelheiten, die im westlichen Milieu, theoretisch betrachtet, ganz natürlich wirken, aber psychologisch mit unseren gewohnten Vorstellungen nur schwer in Einklang zu bringen sind.

Als ich, in Gedanken versunken, eines Abends durch London spazierte, kam ich an einem massiven kirchenähnlichen Gebäude vorbei und warf einen zerstreuten Blick auf eine dort angebrachte Tafel mit der Inschrift: »Zeugen Jehovas …« Ich kam gar nicht dazu weiterzulesen, da ich von Erstaunen, fast Entsetzen übermannt wurde. Das, sagte ich mir, sind doch die »Jehovisten«, die »fanatischen Sektierer«, mit denen die Behörden bei uns die Kinder erschrecken, die verborgenste, geheimste aller »Sekten« in der UdSSR. Lebende Zeugen Jehovas bekommt man in der Sowjetunion nur im Gefängnis zu Gesicht, und sogar dort haben sie sich in den Untergrund zurückgezogen. In den Lagern gehen Legenden über ihr fast unglaubliches Organisationssystem, über ihre unfaßbaren Verschwörungen und ihre Erfindungsgabe um. Augenzeugen berichten, daß sie sogar im strengsten Gefängnis, im Karzer, in größter Abgeschiedenheit ihre in Brooklyn erscheinende Zeitschrift »Der Wachturm« erhalten, dazu noch die neueste Nummer. Bei den Behörden rufen sie eine beinahe mystische Furcht hervor, die an Aberglauben grenzt; infolgedessen wird natürlich jeder entlarvte Zeuge Jehovas automatisch für lange Jahre ins Gefängnis gesteckt. Und hier stand ich plötzlich vor einem ihrer Gebäude, vor einer Tafel. Kann etwa jeder eintreten und ein Täßchen Tee mit ihnen trinken?

Vielleicht ist meine Analogie etwas unglücklich, aber um dem Leser eine ungefähre Vorstellung von dem mich ergreifenden Gefühl zu geben, möge er sich einen Moment lang ausmalen, plötzlich vor einem Gebäude mit dem Schild »Cosa Nostra Ltd. Hauptquartier der Mafia« zu stehen. Denn die Zeugen Jehovas werden bei uns fast mit dem gleichen Eifer verfolgt wie die Mafia, und sie sind von der gleichen Mystik umgeben.

Es ist paradox, aber wahr: Man wird sich der Freiheit nicht beim Anblick von Demonstrationen, Streiks, Parlamentsdebatten und der Vielfalt von Zeitungen bewußt, sondern durch die Begegnung mit Kleinigkeiten, die der westliche Mensch überhaupt nicht bemerkt. In Zürich staunte ich über die »Höflichkeit« der Autofahrer, die ständige, fröhliche Farbenpracht der Straßen, die vielen Musiker, die an jeder Ecke weniger für Geld als zu ihrem eigenen Vergnügen spielen. Jeden erstaunt etwas anderes, etwas Besonderes – zum Beispiel die Fotokopierapparate in jedem Bahnhof und in jedem Postamt. Man wirft eine Münze ein und erhält eine Kopie. Niemand überprüft, was man kopiert, niemand lauert, um eine Anzeige zu machen. In der UdSSR ist das unmöglich. Man kann sich denken, wie der Samisdat unter solchen Bedingungen aufblühen würde.

Das Gefühl, das einen plötzlich wie ein Schmerz, wie ein Schock durchdringt, läßt sich nur schwer beschreiben: »Mein Gott, das ist die Freiheit, ich bin frei!«

Wie verzaubert steht man vor einem Fotokopierapparat oder einer Anzeigentafel im Flughafen: Rom, Wien, Frankfurt, New York, Kopenhagen ... Unglaublich.

»Wie vertrauensvoll sie zur Sonne streben«

Ich beobachte gern Menschen, ihr Benehmen, ihre Gesten, ihre Sprechweise, ihren Gesichtsausdruck. Diese Einzelheiten verraten mir mehr als alles, was sie selbst sagen können. Worte sind unpersönlich, unsinnig, abgenutzt. Ihre Funktion besteht darin, den Zuhörer zu verwirren, den Sprecher in eine Wolke einzuhüllen; sie sind Mittel der Selbstverteidigung. Nicht zufällig fürchten sich die Menschen so sehr davor, gemeinsam zu schweigen, und reden pausenlos. Wortbarrikaden.

Immer wenn ich eine vielsprachige Menge irgendwo auf einem großen internationalen Flugplatz beobachte, empfinde ich stets von neuem diesen stechenden Schmerz der Freiheit. Meine Güte, wie jung hier alle sind oder, besser gesagt, wie jugendlich. Immergrünen Tropenpflanzen ähnlich, die von der Grausamkeit eines rauhen Winters verschont bleiben, werden sie nicht erwachsen. Wieviel naive Energie sie besitzen, wie vertrauensvoll sie zur Sonne streben! Sogar die Alten sind rosig und energiegeladen. Wenn ihre Stunde schlägt, sind sie wahrscheinlich sehr verblüfft und scheiden ganz erstaunt dahin.

Und die Kinder? Sie sind im Westen zweifellos besser erzogen, zurückhaltender, nicht so frech und drängen sich den Erwachsenen nicht dauernd auf; die Erwachsenen ihrerseits weisen sie nicht ständig zurecht. Die Kinder verspüren nicht das unüberwindliche Verlangen, die Ungeduld, den unbezähmbaren Wunsch, immer im Mittelpunkt zu stehen, und die Eltern sind nicht gewohnt, sie ewig zu erziehen, zu verbessern, zur Eile anzutreiben und ihnen mit Strafe zu drohen. Sie sind weit häufiger sich selbst überlassen, da sie genug Möglichkeiten haben, sich selbst zu beschäftigen. Einen solchen Überfluß, eine solche Vielfalt an Spielzeug, Ablenkungen und Vergnügungen hatte ich im Leben noch nicht gesehen. Was hatten wir als Kinder gehabt? Kriegsspiele, die Eisbahn, Prügeleien. Hier kann man allein in Disneyland sein halbes Leben verbringen. Wenn ich mir jetzt all diese elektronischen Automaten und die von ihnen verzauberten Kinder anschaue, fühle ich mich plötzlich für immer benachteiligt.

Im Vergleich mit diesen Möglichkeiten haben wir

nie eine Kindheit gehabt. Aber dafür wird man hier viel später erwachsen, und die blauäugige, rotwangige Naivität bleibt praktisch bis zum Lebensende erhalten, besonders bei den Amerikanern. Vielleicht handelt es sich um ein Naturgesetz: Der Mensch muß Schweres durchmachen, um sich vollständig zu entwickeln. Oder ist Naivität, im Gegenteil, der Normalzustand des Menschen, und verderben bittere Erfahrungen nur die Seele, so daß wir schon von Kindheit an zu zynischen Greisen werden?

Einmal, im Herbst 1970, klopften zwei Jungen von neun oder zehn Jahren an meine Tür: »Wir sammeln Geld, um den Kindern in Vietnam Bücher zu schicken«, erklärte der eine, als sage er geschickt eine Lektion auf, und blickte mir mit klaren Augen ins Gesicht. Als er mein Zögern bemerkte, wiederholte er mit einem leichten Unterton des Tadels: »Bücher ... Für die Kinder ...«

Wie sollte ich darauf reagieren? Schließlich konnte ich zehnjährigen Kindern nicht die ganze Problematik des sowjetischen Abenteuers in Südostasien oder wenigstens die einfache Tatsache auseinandersetzen, daß ihr Geld keineswegs Kindern zugute komme und für Bücher ausgegeben werde. Andererseits konnte ich es physisch nicht über mich bringen, schweigend meinen Obolus zu entrichten, denn ich wußte ja, wozu dieses Geld dienen würde. Und wenn es nur zehn Kopeken gewesen wären – auf die Summe kam es nicht an. Eine Kugel ist nicht allzu teuer.

Zum Glück war ein Freund bei mir zu Besuch, der mir die Peinlichkeit ersparte und die Kinder unter irgendeinem Vorwand hinausbegleitete. Ich selbst hatte keinen Entschluß fassen können; wahrscheinlich hätte ich mich einfach geweigert, ohne eine Erklärung abzugeben. Diese Episode beeindruckte mich sehr, vor allem das vorwurfsvolle: »Bücher … Für die Kinder …« Ich ärgerte mich über meine eigene Unschlüssigkeit, über meine Verwirrung und verfluchte im tiefsten Inneren die sowjetischen Behörden, die letzten Endes für meine Verlegenheit verantwortlich waren.

Wie groß war meine Verwunderung, als sich etwa zwei Wochen später herausstellte, daß diese kleinen Engel aus eigener Initiative Geld gesammelt hatten, um sich Eis zu kaufen. Zufällig stießen sie auf ihre Lehrerin, die sie entlarvte. Mich erstaunte weniger, daß ich trotz aller Lagererfahrung wie ein Einfaltspinsel dieser kindlichen List aufgesessen war – schließlich lernt man nie aus –, sondern mich erschütterte ihr grenzenloser Zynismus, ihr frühreifes Wissen um die Scheinheiligkeit der Erwachsenen. Denn die Lümmel begriffen durchaus, daß niemand eine Ablehnung wagen oder sich schämen werde, Erklärungen zu verlangen. Ist es nicht ein Zeichen von tiefstem Zynismus, wenn schon Kinder von zehn Jahren die offizielle Ideologie durchschauen und für ihre Bedürfnisse ausnutzen? Und was soll man dann erst von den Erwachsenen erwarten?

Nun stelle man sich eine Konferenz der amerikanischen Demokratischen Partei und deren vollkommen erwachsener Mitglieder vor, die lauthals unter dem Eindruck einer durch und durch demagogischen (fast *Goebbels'* würdigen) Rede über das Leid der Arbeitslosen schluchzen – der Rede eines geschniegelten Politikers mit einem Millionenvermögen. Die Naivität seiner Zuhörer ist grenzenlos!

Der Hungrige versteht den Satten nicht

Genauso überraschen uns die westlichen »Probleme« durch ihre Naivität. Sogar als wir noch aus sowjetischen Zeitungen von ihnen erfuhren, zuckten wir verständnislos die Achseln. Diese Probleme rufen beim sowjetischen Bürger nichts als Neid und Ärger hervor und erinnern höchstens an die Geschichte vom armen *Moische*.

Der halbverhungerte, ermüdete, von den Pflichten in seiner ärmlichen Wirtschaft ausgelaugte *Moische* stolpert in die Schule und schläft dort fast ein.

»Sag, *Moische*, wie viele Beine hat eine Kakerlake?« fragt der Lehrer, der wichtigtuerisch durch die Klasse schreitet.

»Ihre Sorgen möchte ich haben, Herr Lehrer«, seufzt *Moische*.

Tatsächlich, uns fällt auch keine andere Antwort ein, wenn wir die Klagen über die Verzögerungen zur Hauptverkehrszeit, über Diätkuren, über die Verfettung von Millionen Menschen, über die »Konsumgesellschaft« hören. Wir würden mit Vergnügen konsumieren – wenn es etwas gäbe! Wer keine Freude daran hat, braucht ja nicht zu konsumieren. Wo ist da das Problem? Worüber jammert man? Über sich selbst?

Die »Konsumsucht« wird hier ernsthaft zu den Auswüchsen des Kapitalismus gerechnet, als ernähre sich der Mensch im Sozialismus von Blütennektar wie eine Biene. Vor allem rügt man die Reklame, der eine magische Kraft zugeschrieben wird, als kontrolliere sie die moderne Gesellschaft. Vielleicht hat unsere sowjetische Erfahrung uns gelehrt, der sowjetischen Reklame keinen Glauben zu schenken, und wir haben Immunität ihr gegenüber

113

entwickelt. (Bei uns wird nämlich nur Reklame für das gemacht, was nichts taugt. Alles Brauchbare verschwindet sofort aus den Regalen, sobald seine Existenz bekannt wird.) Ich persönlich schaue mir die Werbung im Fernsehen gern an; die Spots sind amüsant, oft erfinderisch und humorvoll. Aber ich kann mich nicht erinnern, daß die Reklame mich je gezwungen hätte, etwas Unnötiges zu kaufen. Die Menschen des Westens verhalten sich häufig wie kleine Kinder, die ein Spielzeug erblickt haben: Sie betreten ein Geschäft, um sich Zahnpasta zu kaufen, und verlassen es erst, wenn sie ihr ganzes Geld ausgegeben haben. Und dann klagen sie über die »Konsumgesellschaft«.

Ein russisches Sprichwort besagt, daß der Satte den Hungrigen nicht versteht, aber es stimmt auch umgekehrt. Wenn ein früherer Bürger der Sowjetunion im Westen eintrifft, macht er sich nicht sofort klar, daß er selbst nun »ein Ausländer, ein Mensch des Westens« ist. Man muß sich an das neue Leben erst gewöhnen.

Das gilt zunächst für den Maßstab der Probleme. In der UdSSR kommt es niemanden in den Sinn, wenn eine Stadt schon seit mehreren Monaten kein Fleisch gesehen hat, von einem »Problem« oder, sogar noch schärfer, von einer »Krise« zu sprechen. Die sowjetischen Zeitungen schreiben bestenfalls von »zeitweiligen Schwierigkeiten«. Im Westen dagegen ist die Krise permanent. Da wir nicht daran gewöhnt sind, erkennen wir sie nicht so leicht. Zum Beispiel liest man in den Zeitungen von der »Energiekrise« – nicht von irgendwelchen Schwierigkeiten ist die Rede, sondern von einer »Krise«. Wer aber, sagen wir, nach New York fliegt, sieht bei der Landung als erstes einen roten Lichtschein am Himmel, als habe jemand zum Scherz eine Atombombe explodieren lassen. Alles leuchtet, alles funkelt. Wo es nur möglich ist, wird ein Licht angebracht; was erhellt werden kann, ist erhellt, damit man nicht im Dunkeln von der Krise schreiben muß.

Wahrscheinlich haben wir eine zu lebhafte Phantasie. Wenn wir den Ausspruch »Krise der Großstädte« hören, denken wir unwillkürlich an etwas Ähnliches wie »die letzten Tage von Pompeji«: sich knäulende Mengen rasender Menschen, Feuersbrünste, das Donnern einstürzender Gebäude. Was eine Regierungskrise ist, können wir uns nicht einmal vorstellen, höchstens als Feuergefecht zwischen den Regierungsmitgliedern im Kabinettssaal.

Die Sucht zur Übertreibung ist im Westen grenzenlos, und jede Kleinigkeit gerät zur Katastrophe. Ich bin weit davon entfernt, der westlichen Mode zu folgen und dafür die Presse verantwortlich zu machen. Sie befriedigt nur den Sensationshunger ihrer Leser.

Bei uns wird gesagt: Wer eine schiefe Fratze hat, soll sich nicht über den Spiegel beklagen. Aber offensichtlich ist der westliche Mensch so beschaffen, daß er niemals und nirgendwo die Schuld bei sich selbst sucht. Schon ein solcher Gedanke erscheint ihm lästerlich, fast wie eine Verschwörung gegen die Demokratie. Deshalb merkt niemand, daß der größte Teil der »Krisen« genau aus diesem Grund zustande kommt.

Durch die ganze Stadt marschiert eine nicht endenwollende Kolonne, deren Teilnehmer rote Tücher schwenken.

»Was wollen wir?« ruft einer der Organisatoren der Menge durch ein Megafon zu.

»Geld!« brüllt die Menge.

»Wann wollen wir es?«

»Jetzt!«

Passanten und Autofahrer, gelangweilt und gleichgültig, warten, bis sich der Verkehr weiterbewegt. In ihren Gesichtern spiegelt sich nicht einmal Ungeduld. Ich kann ein Lächeln nicht unterdrükken. Glauben die Demonstranten wirklich, daß sie die einzigen sind, die sofort Geld brauchen? Ich bin sicher, daß auch Rothschild jeden Morgen das gleiche denkt. Aber diese Leute meinen ernsthaft, daß sie das Geld nötiger hätten als alle anderen. Ihnen fehlt jede Spur von Humor. Sie sind überzeugt, daß die ganze Welt ihnen etwas schulde; diese Einstellung hat man ihnen beigebracht. Das wichtigste ist, Forderungen zu stellen! Und die Folge: galoppierende Inflation, Rezession, Arbeitslosigkeit und »Krise«. Alle anderen sind dafür verantwortlich, nur sie nicht.

Es ist schon eine erstaunliche Fähigkeit des Menschen, daß er seine inneren Nöte nach außen projiziert und dann die Umgestaltung der Welt fordert, wie ein Hündchen, das den eigenen Schwanz jagt. Die Gesellschaftsordnungen sind diametral entgegengesetzt: In der UdSSR hat der Mensch immer unrecht und der Staat immer recht; im Westen dagegen glaubt der Mensch, daß es ihm immer gutgehen müsse. Er ist von seinem Recht auf Glück überzeugt. Wer krank ist, macht die Gesunden dafür verantwortlich; wer arm ist, sucht natürlich die Schuld bei den Reichen. Es handelt sich um eine rein infantile Egozentrik und die genauso infantile Weigerung, irgendwelche Beschränkungen anzuerkennen.

In meinem College in Cambridge rebellierten die Studenten plötzlich, besetzten das Gebäude und hielten einen Sitzstreik ab. Der Anlaß: Einer der Studenten war wegen Grobheit gegenüber dem Bedienungspersonal bestraft worden – man hatte ihm für einen Monat das Recht entzogen, die College-Bar zu besuchen. Wenn jemand aus der UdSSR diese Geschichte hört, schüttelt er sich vor Lachen. Bei uns wären diese Studenten innerhalb von fünf Minuten der Universität verwiesen und zum Wehrdienst verpflichtet worden; danach hätten sie ihr ganzes Leben lang ohne das Recht auf eine Hochschulausbildung »im Arbeiterkessel geschmort«.

Dies ist nur das erste Beispiel, das mir in den Sinn kommt. Es gibt Tausende davon, aber das ist schließlich nicht unsere Sache. Wir genießen die Gastfreundschaft des Westens, und es steht uns nicht an, unsere Gastgeber zu verurteilen. Aber was uns nun wirklich aus der Haut fahren läßt, sind die Heuchelei, die Doppelzüngigkeit, die Weigerung, die andere Seite zu verstehen. Sagen wir, ein Exzentriker hat beschlossen, den Ozean in einer Nußschale zu überqueren – einfach so, aus Langeweile. Die ganze Welt ist aufgeregt, Kriegsschiffe weichen von ihrem Kurs ab, um ihm zu helfen, Hubschrauber kommen ihm von allen Seiten entgegen. Er posiert malerisch vor den Fernsehkameras und ruft das Entzücken der Damen hervor. Gleichzeitig ertrinken Tausende von Vietnamesen, die sich in brüchigen Booten vor dem Terror retten wollen, nachdem sie wochenlang mit Hunger, Durst und der Kraft der Elemente gekämpft haben – und niemand nimmt es zur Kenntnis. Man verbietet den Schiffskapitänen sogar, sie aufzulesen, damit man nicht neuen Einwanderern Asyl zu gewähren braucht.

Ein anderes Beispiel: eine große Demonstration der Krankenschwestern in Rom. Wieder die unvermeidlichen roten Fahnen, Geschrei, und alles unter dem Motto: »Wir wollen die gleichen Bedingungen wie die Krankenschwestern in der UdSSR!« Das muß man sich vorstellen! Was wissen sie denn vom Leben der Krankenschwestern bei uns? Ich hätte nicht einmal meinem Vernehmer vom KGB ein solches Los gewünscht. Wirklich beneidenswert! Sie brauchen sich nur das Gehalt um achtzig Prozent zu kürzen, die Gewerkschaft abzuschaffen und zwei oder drei Arbeitsstellen zu übernehmen, um ein Auskommen zu haben.

Aber es macht weniger Mühe, sich an Überfluß als an leere Regale, an die Freiheit als ans Gefängnis zu gewöhnen. Schließlich haben uns nicht Marsbewohner die Freiheit gebracht, sondern sie ist ein natürlicher Zustand. Nach zwei Jahren im Ausland fühlt sich der frühere Sowjetbürger so, als wäre er im Westen geboren. Die Schärfe der ersten Eindrükke nutzt sich ab, dauernde Feiertagsstimmung kommt auf, und die freudigen Anwandlungen des Freiheitsgefühls werden immer seltener, bis sie ganz aufhören. Dann stellt sich zwar nicht Enttäuschung, aber eine gewisse Abkühlung ein, die den Menschen einige erstaunliche Entdeckungen machen läßt.

Plötzlich merkt man, daß das Geld nie reicht, daß man ständig rechnen, zählen, sparen muß. Wir haben genausoviel Geld zur Verfügung – wenn nicht noch mehr – wie bei unserer Ankunft, die Preise haben sich, relativ betrachtet, nicht verändert, aber es fehlt an allen Ecken und Enden. Wie konnte es dazu kommen? Schließlich haben wir uns nichts Besonderes geleistet, eben nur so viel »wie alle anderen«. Was ist nur aus dem Geld geworden?

Vergleiche, die erschüttern sollen

In Wirklichkeit sind wir mit der Kunst des Sparens wenig vertraut. Theoretisch gibt es nur zwei Möglichkeiten, sein Geld nicht zählen zu müssen: wenn man enorm viel oder gar nichts hat. An den zweiten Fall gewöhnt, haben wir plötzlich, ohne daß es uns bewußt wurde, ein aristokratisches Leben geführt.

Von diesem Standpunkt aus kann man die gesamte Bevölkerung der UdSSR grob in drei Kategorien teilen. Zu der ersten gehören alle, die nur von ihrem Lohn leben. Das offizielle Einkommen ist bei uns so erbärmlich, daß es kaum zur Ernährung ausreicht, sogar wenn Hunger fast die Regel ist, in der Familie Mann und Frau arbeiten und die Eltern ihre Rente zum Familienbudget beisteuern. Wie diese Menschen überleben, ist für mich immer ein Rätsel gewesen. Am Zahltag begleichen sie ihre Schulden und borgen sich fast sofort neue Beträge von ihren Kollegen und Bekannten. Dieses Karussell dreht sich ihr ganzes Leben lang. Im Grunde braucht der Mensch nicht viel: Kartoffeln, Brot, Fischkonserven. Aber es ist schlimm, wenn die Schuhe, die schon so oft geflickt wurden, nicht mehr repariert werden können. Noch schlimmer ist es, wenn der Mann seinen Lohn versäuft, was recht häufig vorkommt. Wenn die Kinder herangewachsen sind und selbst mit der Arbeit beginnen, läßt sich leichter wirtschaften. Doch eine besondere Kunst des Sparens ist nicht erforderlich, denn in den Geschäften gibt es ohnehin nichts zu kaufen. Außerdem entspricht das Sparen nicht dem russischen Charakter.

»Ach, zum Teufel!« sagt sich der Durchschnittsbürger bei uns. »Wir haben nie Reichtümer besessen, und jetzt ist es zu spät, damit anzufangen. Die

Alte wird schon einen Ausweg finden.« Dann bringt er den Lohn mit seinen Freunden durch. Zu Hause folgt natürlich ein Streit, vielleicht sogar eine Prügelei, aber die »Alte« findet tatsächlich einen Ausweg. Die sowjetischen Familien stützen sich auf die Frauen; sie konzentrieren sich darauf, billige Erzeugnisse zu finden. Wo es kein Geld und keine Ware gibt, bestehen auch keine Verlockungen. Dieselben Kleidungsstücke, gestopft, gewendet, geflickt, trägt man jahrelang.

Aber die Mehrheit lebt von »nicht koscheren« Nebenverdiensten, von Schwarzarbeit. Sie stehlen von ihrer Arbeitsstelle alles, was sie irgendwie bei sich zu Hause verwenden oder auf dem Schwarzmarkt verkaufen können. Nicht zufällig lautet die übelste Verwünschung in der UdSSR: »Mögest du ein ganzes Leben nur auf dein Gehalt angewiesen sein!«

Um eine Vorstellung vom Umfang dieser illegalen Nebenverdienste zu geben, sei an folgendes erinnert: Das Durchschnittseinkommen beträgt in der Sowjetunion 140 bis 150 Rubel im Monat, während Frauenstiefel siebzig bis neunzig Rubel kosten, das heißt, eigentlich könnten nur hohe Funktionäre sie sich leisten. Da ein Auto 5500 Rubel kostet, müßte man drei Jahre arbeiten, ohne zu essen, wenn man es kaufen wollte. Aber auf den Straßen sieht man viele Autos, und die Frauen tragen Stiefel. Die Artikel, die in den Geschäften nicht angeboten werden, kosten auf dem Schwarzen Markt unwahrscheinliche Summen. Lächerliche Blue Jeans, die im Westen nur ein paar Mark kosten, müssen in der Sowjetunion mit mindestens 150 Rubeln, einem ganzen Monatsverdienst, bezahlt werden! Dennoch wird gekauft, solange das Angebot reicht.

Aber »unter der Hand« erworbenes Geld rinnt einem rasch durch die Hände. Es ist gefährlich, davon etwas auf die hohe Kante zu legen. Wenn man erwischt wird, geht ja doch alles verloren. Was man nicht ausgeben kann, vertrinkt man am besten. Kurz gesagt, der sowjetische Mensch lebt im wesentlichen für den heutigen Tag und macht keine Pläne für die Zukunft. Überhaupt trägt unser ganzes Leben den Stempel der Vergänglichkeit, der Unwirklichkeit und Leere – wir sind wie Reisende in einem Wartesaal. Ich kannte eine Frau, die sich nie eine Tasse gekauft hatte und ihren Tee aus Konservengläsern trank: »Ach, es ist doch alles egal!«

Allein hohe Funktionäre, Wissenschaftler oder Künstler gehören zu einer besonderen Kategorie von Privilegierten, deren Zukunft sich nicht auf den heutigen Tag beschränkt. Aber auch sie brauchen nicht zu sparen, denn geschlossene Spezialläden, seltene Importwaren, Reisen ins Ausland und andere ähnliche Vergünstigungen lassen ihr Leben noch irrealer erscheinen.

Eine Sondergruppe stellen die pensionierten Obersten des Innenministeriums oder des KGB dar. Dies ist in der Sowjetunion wohl die einzige soziale Schicht, die eine durchdachte, nicht von Hast geprägte Existenz führt. Sie züchten Erdbeeren in ihren isolierten Datschen, die durch hohe Zäune den respektvollen Neid der Bevölkerung erwecken.

Alles in allem ist der sowjetische Mensch nicht fähig, wirklich sparsam zu leben, wie zum Beispiel ein Engländer, der einen zwei Meilen von seinem Heim entfernten Pub besucht und nicht den nächstgelegenen, nur weil das Bier in dem entfernteren zwei Pence billiger ist. »Was soll's«, sagt der Sowjetbürger und winkt ab, »das Geld reicht sowieso nicht.« Allerdings ist das Leben im Westen so beschaffen, daß man ständig seine Pfennige zählen muß, damit einem am Ende nicht Tausende von Mark fehlen. Die Straßen sind voll von Verlockungen; wohin man auch blickt, überall wird etwas angeboten. Anders ausgedrückt, es ist ruinös, seine sowjetischen Gewohnheiten beizubehalten und »nicht schlechter als die anderen« leben zu wollen.

»Höchst merkwürdig«, staunt der Übersiedler aus der Sowjetunion. »Während meines ganzen Lebens in der UdSSR brauchte ich nie eine Kopeke zu zählen, und hier muß ich plötzlich sparen.«

Eine weitere »Entdeckung«: die ungeheure Bürokratie im Westen und der unglaubliche Gehorsam, mit dem die Bevölkerung ihr begegnet. Natürlich läßt sich diese Bürokratie nicht mit der sowjetischen vergleiche. Dort ist sie einfach allgegenwärtig und noch dazu mit jener der Partei verflochten. Über jeden gibt es dort mindestens ein Dutzend Dossiers, und wer mit den Funktionären zusammenstößt, gegen den steht der ganze Staat, von Pförtnern und Milizionären bis zu Gerichten und Regierungsspitzen, wie ein monolithischer Block. Ein Mensch ohne Papiere ist einfach nicht existent. Wer keine Dokumente hat, weilt nicht unter den Lebenden.

Aber dort kann man wenigsten Bestechungsgelder verteilen oder »Beziehungen« aufbauen, die, wie bekannt ist, mehr bewirken als ein Volkskommissar. (Vielleicht ist dies auch im Westen möglich, aber wir wissen nicht, wie.) Dazu sind die hiesigen Beamten weit unabhängiger von ihren Vorgesetzten, so daß man sie mit einer Beschwerde nicht einschüchtern kann. Es gibt nicht einmal eine Stelle, an die Beschwerden zu richten sind, und niemand ist zu einer Antwort verpflichtet. Es handelt sich zweifellos um ein entscheidendes Versäumnis, da die

Psyche eines Beamten überall gleich ist. Je niedriger er steht, desto mehr möchte er seine Macht hervorkehren, und je weniger Möglichkeiten man hat, ihm eine Lektion zu erteilen, desto unverschämter ist er. Unter sowjetischen Bedingungen ist die Macht des Beamten durch seine Furcht vor den Vorgesetzten, den Kommissionen, Überprüfungen, Revisionen und jenen Untergebenen begrenzt, die nichts anderes im Sinn haben, als ihn zu verdrängen.

Im Westen aber fehlen diese ausgleichenden Faktoren. Was hat ein Beamter schon von seinen Vorgesetzten zu fürchten, wenn er in einer Gewerkschaft organisiert ist? Womit soll man ihn beeindrucken? Auch wenn jemand an den Präsidenten schreibt, macht es ihm nichts aus.

Insgesamt gesehen, gibt es hier nur zwei Methoden, auf die Bürokratie einzuwirken: durch die Gerichte und die Zeitungen. Aber man wird nicht aus jedem Anlaß vor Gericht ziehen. Schließlich dauert eine Verhandlung lange und ist teuer. Auch an die Zeitungen kann man nicht wegen jeder Kleinigkeit schreiben. Im allgemeinen ist der westliche Mensch der Bürokratie und manchmal auch der Willkür der Beamten fast schutzlos preisgegeben. Selbstverständlich unterstützen alle übrigen Beamten ihren Kollegen, wie in der UdSSR, bei jedem beliebigen Konflikt, denn Geschlossenheit ist die natürliche Verteidigungsreaktion der Bürokratie. Im Westen ist diese Reaktion vielleicht noch stärker und gewissermaßen legitimiert als »Loyalität gegenüber den Interessen der Behörde, der Gesellschaft« usw.

Der wesentliche Unterschied zur Sowjetunion besteht darin, daß die Beamten einen weder ermorden noch ins Gefängnis stecken oder einem auch nur erheblichen Schaden zufügen können, da jeder bei der Justiz Zuflucht nehmen kann. Aber sie können ihre »Klienten« nach Herzenslust und ungestraft verhöhnen.

Ein junger Mann, der Sohn von Pariser Freunden, wollte für zwei Wochen in die USA reisen. Wir leben in der freien Welt, also braucht man sich doch nur eine Flugkarte zu kaufen und aufzubrechen – oder? So einfach war es nicht. In der amerikanischen Botschaft in Paris, in der er mehrere Stunden Schlange gestanden hatte, wollte man nicht einmal mit ihm reden: »Wir haben keine Garantie, daß Sie wieder zurückkehren.« Natürlich empfand der junge Mann diese Antwort wie eine Ohrfeige und tatsächlich: welche Albernheit! Ein beinahe sowjetisches Vorgehen: Man braucht mir verbrecherische Absichten nicht nachzuweisen, sondern ich soll meine Unschuld beweisen. Man gehe hin und trete den Beweis an, daß man kein Kamel ist. Was heißt überhaupt Garantie? Geld, Bürgschaften? Was für Garantien und von wem?

Ich war damals sehr beschäftigt und empfahl dem jungen Mann deshalb das erste, was mir in den Sinn kam: eine offizielle Beschwerde an den damaligen Außenminister Muskie. Das Ergebnis bedrückte mich jedoch noch mehr, weil es mich noch stärker an die Methoden der sowjetischen Bürokratie erinnerte. Die Beschwerde wurde aus Washington genau an jene Personen in Paris weitergeleitet, über die der junge Mann sich beklagt hatte. Man bestellte ihn noch einmal in die Botschaft und lehnte seinen Antrag von neuem ab, wenn auch in weit höflicherer Form. Eine Antwort aus dem Außenministerium wurde ihm nicht zuteil.

Mag sein, daß es mit meinen eigenen Lebensumständen zu tun hat, aber solche Vorfälle berühren mich immer so sehr, als beträfen sie mich selbst. Bürokratische Willkür und vor allem Heuchelei ruft ungezügelte Wut in mir hervor. Von mir selbst hatte nämlich keiner dieser Beamten je eine »Garantie« gefordert. Dabei waren meine eigene Situation und die des jungen Mannes, wenn man es genau nimmt, sehr ähnlich gewesen. Wir sind beide Emigranten – mit dem einzigen Unterschied, daß ich älter bin und einflußreiche Freunde in Washington besitze. Ich kann mich in der Presse über die Bürokratie lustig machen, er nicht. Jedenfalls war ich so verärgert, daß ich in Washington anrief. Mehrere meiner Freunde schickten bereitwillig Telegramme an die amerikanische Botschaft in Paris und baten, dem jungen Mann ein Visum zu erteilen – ohne Erfolg. Die Bürokratie verschleppte die Angelegenheit. Nach komplizierten Manövern und einem langwierigen Austausch von Telegrammen zwischen Washington, Paris und London kam ein äußerst interessantes Gespräch zwischen mir und einer Miß *Jackson* zustande, einer Mitarbeiterin der amerikanischen Botschaft in Paris. Da ihr Hauptargument sich darauf zurückführen ließ, daß ein Emigrant von achtzehn Jahren ohne ständige Arbeit unweigerlich versuchen werde, illegal in Amerika zu bleiben, bemühte ich mich, ihr zu versichern, daß er von solchen Bestrebungen frei sei, in Paris eine Familie habe und schon seit mehreren Monaten arbeite.

»Ich kenne ihn und seine Familie recht gut und verspreche Ihnen, daß es keine Schwierigkeiten geben wird. Das kann ich Ihnen garantieren. Genügt Ihnen diese Garantie?«

Nein, diese Garantie genügte nicht.

»Wenn er 25 Jahre alt wäre und wenigstens seit ein paar Jahren denselben Arbeitsplatz gehabt hätte ...«

»Soll das heißen, daß Sie Touristen unter 25 Jahren nicht ins Land lassen? Schließlich muß es sehr viele Besucher geben, die in der gleichen Lage wie er sind. Meinen Sie nicht auch, daß es sehr schwer ist, einen Achtzehnjährigen zu finden, der schon seit langem denselben Arbeitsplatz hat?«

»Ganz richtig«, entgegnete sie unbeeindruckt. »Genau deshalb ist es unsere Aufgabe, diesen Leuten ein Visum zu verweigern. Wir machen es mit Tausenden so wie mit ihm.«

Eine seltsame Aufgabe: antiamerikanische Gefühle bei der europäischen Jugend zu wecken.

»Ihr junger Mann gehört nun einmal zu der Kategorie von Personen, die wir ablehnen müssen.«

Was nun? Für sie gab es, ebenso wie für ihre Kollegen in Moskau, keine Menschen, sondern nur »Kategorien«. Das ist nur ein Beispiel, das ich aufs Geratewohl aus zahlreichen anderen herausgegriffen habe.

»Der Westen«: ein sowjetischer Mythos

Die größte Entdeckung ist wohl, daß es den Westen als solchen gar nicht gibt. Wir sind es gewohnt, dauernd zu sagen: »Und dort, im Westen ...« Solange man in der Sowjetunion lebt, stellt man sich diesen mythischen Westen wie ein bequemes Hotel oder einen großen Salon vor, in dem die Menschen kultiviert miteinander plaudern. Sogar wenn wir Ausländern Samisdat-Material übergeben, machen wir uns nie Sorgen darüber, in welches westliche

Land dieses Material am günstigsten zu schicken wäre. Spielt das etwa eine Rolle? Dort, im Westen, wird man sich schon um alles kümmern.

Irgendwann einmal werden Experten ganze Abhandlungen über die Entstehung und Verwendung des Wortes »Westen« in der russischen Sprache schreiben. Jedenfalls ist dieses Thema zu kompliziert, als daß wir hier darauf eingehen könnten. Ich merke nur am Rande an, daß dieser Begriff bei uns durchaus kein rein geographischer ist; er umfaßt zum Beispiel Japan und Australien, nicht aber Kuba. Die Mehrheit meiner Landsleute rechnet Finnland zum Westen, Ostdeutschland jedoch nicht. Das 20. Jahrhundert hat unserer Sprache einen merkwürdigen Streich gespielt!

Indessen gibt es weder eine politische Einheit zwischen den westlichen Ländern noch überhaupt etwas Gemeinsames, was sich mit einem einzigen Wort beschreiben ließe. Diese mythische Gemeinsamkeit besteht nur aus dem Blickwinkel der UdSSR, sie löst sich auf, wenn man ihre Grenzen überschritten hat. Sogar der Begriff der »westlichen Kultur« existiert, wie ich fürchte, nur in unserer Phantasie. In England sind nur ausgemachte Spezialisten über die französische Kultur auf dem laufenden (und umgekehrt), in Italien weiß man nicht, was sich in Deutschland abspielt, in Spanien ist man nicht über die kulturellen Ereignisse der Niederlande unterrichtet, in Amerika nicht über die Europas. Die Kenntnis von Fremdsprachen ist weit weniger verbreitet, als wir vermuteten (mit Ausnahme der »kleinen« Länder: Niederlande, Norwegen, Schweiz u. ä.). Obwohl Moden, Schlager und vieles andere ständig von einem Land ins andere überwechseln, obwohl Abermillionen von Touristen alljährlich die wichtigsten europäischen Staaten besuchen, ist der nationale Egoismus verblüffend. Unsere Zeit neigt wohl eher dazu, die nationalen Strömungen wiederzubeleben, als sich einer kosmopolitischen Haltung zuzuwenden.

Es ist schwierig, sich zum gegenwärtigen Zeitpunkt einen sinnloseren Begriff als den der »westlichen Kultur« auszudenken, vorausgesetzt, man hat nicht die »Massenkultur« im Auge. Die nationalen Traditionen, Charaktere, Temperamente sind sehr verschieden.

Ein typisches Beispiel: Mein Buch *Wind vor dem Eisgang* sollte in neun Ländern fast gleichzeitig erscheinen, aber die einzelnen Verleger baten mich um völlig unterschiedliche Kürzungen, so daß ich schon zu befürchten begann, man werde neun verschiedene Bücher veröffentlichen. Es handelte sich nicht einfach um eine Laune der Verleger, sondern, nach der örtlichen Reaktion zu schließen, um eine Widerspiegelung des Nationalcharakters. Die Dänen schlugen zum Beispiel vor, ein ganzes Kapitel zu streichen, das eine große italienische Zeitschrift ungekürzt abdruckte. Während die Franzosen mehr politische Betrachtungen wünschten, wollten die Engländer und Amerikaner sie ganz weglassen; die Spanier schlugen vor, alle mehr oder weniger lebendigen Beispiele herauszunehmen und nur die rhetorischen Teile beizubehalten. Letzten Endes veränderte ich überhaupt nichts, da ich zu Recht meinte, daß das Buch für alle gleich sein solle. Schließlich braucht niemand es zu lesen, wenn es ihm nicht gefällt. Ein Buch ist kein Kleidungsstück, das man nach Belieben maßschneidern kann. Alle meine Verleger hatten natürlich nicht ganz unrecht, da sie den Geschmack ihrer jeweiligen Leserschaft am besten kannten.

Es ist schwer zu begreifen, wie diese Illusion des Westens bei uns zustande gekommen ist. Einfach deshalb, weil in den Ländern, die wir zum Westen zählen, Demokratie herrscht? Dabei liegt doch auf der Hand, daß die Freiheit sich vor allem als Vielfalt, als Unähnlichkeit darstellt, da sie den Menschen gestattet, ihre Besonderheiten ungehindert zu entfalten. Vielleicht haben wir uns daran gewöhnt, die Welt als geteilt zu betrachten: in »sie« und »wir«. Oder war es eine Folge der Einförmigkeit, der Vereinheitlichung? Wahrscheinlich von jedem etwas. Nur in der Sowjetunion – und vielleicht in Jerusalem – denken die Menschen immer noch in geopolitischen Begriffen. Unserer ärmlichen Monotonie stellen wir in Gedanken eine luxuriösere Monotonie gegenüber. Die menschliche Phantasie hat eben ihre Grenzen.

Aber es gibt noch einen tiefergehenden Grund, der sich auch mit der Geschichte von dem armen jüdischen Jungen und seinem Lehrer in Beziehung bringen läßt. Im Vergleich mit unseren Sorgen erscheint alles andere als unbedeutend. Wir »probieren« die westlichen Länder in unserer Phantasie an wie Kleidungsstücke. Welche Rolle spielt es schon, ob man einen Frack oder einen schottischen Kilt trägt? Hauptsache, man ist nicht nackt!

Während er sich in die Emigration aufmacht, denkt der sowjetische Bürger nur selten an ein bestimmtes Ziel. Wohin? In den Westen natürlich! Und wenn es uns an einem Ort nicht gefällt, dann ziehen wir eben an einen anderen. Das ist dort schließlich nicht schwierig, wenn man die UdSSR erst einmal hinter sich hat. Doch die Wahl erweist

sich als sehr begrenzt. Sprachkenntnis, Arbeits-
möglichkeiten, Nähe zu den Freunden, Asylbestim-
mungen, Anpassung an so viele andere Faktoren ...
Für den Emigranten verzehnfachen sich alle hiesigen Probleme. Jeder Schritt, den er macht, führt ins
Unbekannte.

Am leichtesten ist es für kleine Kinder. Sie eignen
sich sowohl die Sprache wie die neue Lebensweise
unverzüglich an, und wenn zwei Jahre vergangen
sind, sind sie schon nicht mehr von den einheimischen Kindern zu unterscheiden. Für etwas ältere
Kinder von dreizehn bis fünfzehn Jahren ist es
schon weit schwieriger. In diesem Alter sind sie im
allgemeinen zurückhaltend, haben Kommunika-
tionsschwierigkeiten; dazu kommen noch die
Sprachbarriere und die Sehnsucht nach den zu
Hause zurückgelassenen Freunden.

Metamorphose und Nostalgie

Wir sind nun über die ganze Welt verstreut, und jeder hat sich irgendwie eingerichtet. Die Zeit der ersten Entzückung, der Entdeckungen und Enttäuschungen, die Zeit der kritischen Vergleiche ist vergangen, in der man unwillkürlich ausruft: »Aber
das ist ja genauso wie bei uns!« oder sogar: »Bei uns
ist es besser!« Es ist erstaunlich, wie rasch der
Mensch alles Unglück vergißt oder, genauer gesagt,
wie alles Unglück ihm plötzlich ganz anders, mit
einer Aura des Heldentums erscheint. Der Krieg ist
bestimmt nichts Angenehmes, und doch sehen viele alter Kämpfer ihn als die beste Zeit ihres Lebens
an. Heute, nach fünfunddreißig, vierzig Jahren,
kommt es ihnen so vor, als hätten sie damals aus

voller Brust geatmet, als hätten alle Ereignisse einen höheren Sinn gehabt, als seien die Beziehungen zu anderen tiefer gewesen und als habe man nach einem verborgenen Ziel gestrebt. Genauso seufzt auch ein früherer Häftling manchmal auf und gesteht, daß er sich im Gefängnis wahrscheinlich doch wohler gefühlt habe.

Ich bin überzeugt, daß unsere Nostalgie durchaus kein Heimweh ist, sondern die Sehnsucht nach der Vergangenheit, die uns immer besser als die Gegenwart erscheint. So kommt es dem zum Tode Verurteilten vor, daß jede vergangene Minute besser war als die gerade angebrochene, und der gebrechliche Alte bildet sich ein, daß in seinen Jugendtagen der Frost stärker und die Menschen kühner waren. Den Emigranten vereint mit diesen beiden die Tatsache, daß auch er nicht zurückkehren kann. Dieser Umstand kann ihn genauso um den Verstand bringen, wie die ständig verschlossene Zellentür den Gefangenen verrückt werden läßt. Aber nun hat sich die Tür geöffnet, und unser erster Blick auf die schmutzige Straße, die Bretterzäune, die traurigen Passanten zerstört endgültig unseren vieljährigen Traum von der Freiheit. (Ich traf im Lager Menschen, die aus der UdSSR geflüchtet und dann auf der Jagd nach der Vergangenheit zurückgekehrt waren. Ihren Erzählungen zufolge empfanden sie beim Überschreiten der Grenze das Gefühl eines nicht wiedergutzumachenden Fehlers. Je mehr Zeit verging, desto weniger begriffen sie, was sie an der Emigration verlockt hatte, und im Lager angekommen, träumten sie wieder von Städten wie Paris, London und Rom, die sie hinter sich gelassen hatten.)

Seltsam, nicht wahr? Noch vor einem Jahr erzürnte uns die Unfähigkeit der Menschen im Westen, den Abgrund zu ermessen, der ihr Leben von unserem trennt. All diese Besserwisser, für die es keine Unterschiede, sondern nur verschiedene Nuancen gibt! Und nun sind wir selbst nicht anders. Gestern noch waren wir wütend über die Gleichgültigkeit, die Apathie, den Egoismus, die Enge der Interessen, das Streben nach Ruhe und Wohlstand um jeden Preis, das Unvermögen, die ererbte Freiheit zu würdigen, und heute – schließlich mußten wir uns einleben, Wurzeln fassen – sind wir genauso geworden.

Diese Metamorphose geht überaus leicht vonstatten. Ich zum Beispiel hatte mein ganzes Leben lang nie ein eigenes Dach über dem Kopf, nie einen eigenen Schlüssel, um meine Tür hinter mir zuzuschließen. Aber sobald ich all das erworben hatte, sobald mein eigener Schlüssel im Schloß meines Hauses klickte, war mir plötzlich die ganze übrige Welt gleichgültig. Ich machte es mir in einem Sessel bequem, schaltete den Fernsehapparat ein und hatte keine Lust mehr, mich noch zu bewegen. Am liebsten wollte ich so sitzen bleiben und warten, was man mir zeigen werde. Ich hatte das physische Bedürfnis, alles zu vergessen, mich abzuschirmen. Wenn das Telefon klingelt, antworte ich nicht; wenn jemand an die Tür klopft, öffne ich nicht. Sollen doch alle mit *ihren* Problemen zum Teufel gehen. Und natürlich fasse ich jeden Angriff, jeden Anschlag der Außenwelt auf meine Festung als wichtiges Ereignis auf. »Die Lumpen«, schimpfe ich, wenn ich wieder einmal mit der Morgenpost Rechnungen bekomme, »schon wieder haben sie die Elektrizitätspreise erhöht.« Wenn ich einen Freund aus ferner Vergangenheit treffe, ergehen wir uns nach dem dritten Glas natürlich in Erinnerungen, die alles in ein romantisches Licht tauchen. Aus unserem jetzigen Wohlbefinden heraus hat die Vergangenheit tatsächlich etwas Irreales an sich.

Nach dem vierten Glas beginnen wir zu diskutieren, und jeder verteidigt das Land, in dem er jetzt lebt. Erstens sind wir Russen, und wie können Russen ohne Diskussionen auskommen? Zweitens wird der Emigrant in diesem letzten Stadium seiner Verwandlung zu einem glühenden Patrioten seiner neuen Heimat, das heißt, er ist oft viel patriotischer als die Einheimischen. Drittens haben sich die traditionellen Vorstellungen vom Charakter der verschiedenen Völker, aus der Literatur bezogen, als vollkommen unrichtig erwiesen. Erst wenn man einige Jahre unter den Menschen eines Volkes gelebt hat, kann man die Absurdität dessen, was über ihren Nationalcharakter gesagt wird, völlig abschätzen.

Es ist verblüffend, welche Dummheiten Nachbarvölker übereinander und über sich selbst in Umlauf bringen. Wie soll sich ein Russe in all dem zurechtfinden? Für mich ist es bei dieser Diskussion nach dem vierten Glas am schwersten, weil ich die meisten Länder besucht habe, mit Ausnahme Portugals und Luxemburgs und vielleicht noch Maltas, Andorras oder Monacos. Insbesondere fühle ich mich verpflichtet, zwei Länder zu verteidigen: die Schweiz, in der ich erste Bekanntschaft mit dem Westen schloß und in der meine Familie bis heute lebt, und England, wo ich selbst mehr als vier Jahre lang gelebt habe.

Was mir an der Schweiz gefällt

Die am stärksten verbreiteten Klischees über die Schweiz waren, daß dort Ordnung, Reinlichkeit und Langeweile herrschen – und natürlich Gesundheit und Reichtum. Wer nichts zu tun hat und absolut unfähig ist, sich selbst zu beschäftigen, weil er meint, daß andere verpflichtet seien, ihn zu unterhalten, wer sein Leben durch die Unpünktlichkeit der Züge und den Schmutz auf den Straßen aufgemuntert sieht, der dürfte sich wirklich in der Schweiz langweilen. Aber es gibt kein geeigneteres Land für einen fleißigen Menschen, der jede Minute seiner Zeit zu schätzen weiß. Übrigens gibt es in der Schweiz genauso viele Möglichkeiten, sich zu unterhalten, wie in jedem anderen Land. Man braucht nur daran zu denken, daß hier vier ganz verschiedene Völker zusammenleben. Das allein verschafft schon Ablenkung genug, wenn man es versteht, sich umzuschauen. Gefällt jemandem nicht, daß in der Schweiz nicht jeden Tag gestreikt wird, daß es nicht zu Ausbrüchen des Volkszorns und anderen »westlichen Problemen« kommt? Dort leben eben vernünftige Menschen, die ihr Land nicht sinnlos ruinieren wollen. Ihr Wohlstand gründet sich auch darauf, daß sie, im Gegensatz zu vielen anderen Völkern, gewissenhaft arbeiten und nicht einfach im kindlichen Glauben, daß das Geld vom Himmel fällt, von der Regierung Unterstützung verlangen. Statt sich der leeren Hoffnung hinzugeben, daß man eine staatliche Ordnung erfinden könne, in der niemand arbeitet und alle nur essen und sich amüsieren, begnügen sie sich damit zu arbeiten. Ist das nicht eine ganz raffinierte Entdeckung für das 20. Jahrhundert, einfach und doch genial?

Trotz allem stehen sie der Not anderer nicht gleichgültig gegenüber, sind nicht abgestumpft, sondern entgegenkommend und hilfsbereit, wovon meine Familie sich überzeugen konnte. Die Schweizer haben ein ausgezeichnetes Versicherungssystem entwickelt, und die Krankenkassen haben das soziale Gesundheitswesen abgelöst. Wohltätigkeit verstehen sie in einem für unser aufgeklärtes Jahrhundert etwas altmodischen Sinne: als moralische, nicht als juristische Verpflichtung.

Dieses Land ist vielleicht das einzige der freien Welt, das sich verantwortungsvoll um seine eigene Sicherheit kümmert. Statt sich auf irgendwelche »Schirme« anderer zu verlassen oder wie ein Strauß den Kopf in den Sand zu stecken, weil man naiv annimmt, daß ein Unbewaffneter nicht in einen Krieg verwickelt werden könne, haben sie eine der am besten ausgerüsteten Armeen in Europa geschaffen.

Die Geschichte hat sie gelehrt, daß die Neutralität zuverlässig verteidigt werden muß, wenn sie von anderen anerkannt werden soll. Jeder Schweizer einer bestimmten Altersgruppe durchläuft jedes Jahr im Sommer eine dreimonatige Wehrübung, und jede Schweizer Familie besitzt Lebensmittelvorräte für mehrere Tage. Und das alles ohne militaristische oder pazifistische Hysterie, ohne infantile Streitereien darüber, wo Raketen aufzustellen sind – im eigenen oder im Nachbardorf. Nach meinen Beobachtungen ist die Schweiz das einzige Land in Europa, das ernsthaft beabsichtigt, sich zu verteidigen, und ich kann versichern, daß eben deshalb die sowjetische Armee dort nie einmarschieren wird. Welchen Zweck hat es, um jeden Stein in den Alpen zu kämpfen, dabei wertvolle Zeit und wertvolles Material zu verlieren, wenn man Deutschland oder Italien im Spaziergang erobern kann?

Nein, die Schweiz ruft nicht Langeweile, sondern Neid hervor. Wenn jeder versucht, sein Leben im eigenen Land so zu gestalten, dann wird man sehen, wo es am fröhlichsten zugeht.

Eindruck eines sinkenden Schiffes: liebenswertes Großbritannien

In gewissem Sinne ist Großbritannien das genaue Gegenteil der Schweiz. Ich kann mir nicht vorstellen, worum man die Briten beneiden sollte. Aber über sie sind noch mehr Lügen verbreitet worden, die sie nicht zuletzt selbst in Umlauf gebracht haben. Es gibt eine seit langem etablierte und von allen geachtete Legende über die Engländer, die besagt, daß sie zurückhaltend, kühl, spröde, fast ohne Emotionen seien. Welch ein Unsinn! Nirgendwo sonst habe ich so verletzliche, emotionelle, nach Kommunikation dürstende Menschen getroffen wie die Engländer. Das Problem ist, daß sie unglaublich schüchtern, komplexbeladen sind und sich schrecklich fürchten, aufdringlich zu wirken. Um die Sprache der Psychologie zu benutzen: Sie sind introvertiert. Man muß schon ein sehr schlechter Beobachter sein, um das für Sprödheit zu halten.

Vielleicht erleichtert mir die Tatsache, daß ich Russe, nicht Engländer bin, den Umgang mit ihnen in gewisser Weise; vielleicht sind ihre Beziehungen zueinander viel komplizierter. Von den Russen weiß jeder, daß sie keinen Umstände machen, und deshalb gibt es zwischen mir und den Engländern nicht die Barriere der Konventionen, deren Herrschaft in Großbritannien besonders ausgeprägt ist. Sie haben sich gewissermaßen selbst eine Sperre aufgebaut, über die sie ständig stolpern. In Wirklichkeit sind sie ungeheuer gesprächig, manchmal sogar geschwätzig, wissen dafür aber ihre Sprache virtuos zu gebrauchen. Nicht zufällig ist die englische Sprache, was das Vokabular betrifft, eine der reichsten der Erde.

Eine andere ebenso alte und ebenso falsche Legende schreibt den Engländern Sinn fürs Praktische, Pragmatismus, Geschäftstüchtigkeit, sogar Pedanterie zu. In Rußland sind diese Klischees in die Folklore eingegangen und in dem berühmten Lied »Dubinuschka« verewigt:

> *Ein weiser Engländer erfand, die Arbeit zu*
> *erleichtern,*
> *Eine Maschine nach der anderen.*
> *Der russische Mushik führt die Arbeit nicht aus*
> *Und singt seine heimischen Lieder.*

In Wirklichkeit sind die Engländer vollkommen unpraktisch, und ihr Leben ist so unbequem wie möglich eingerichtet. Die große Zeit des britischen Erfindergeistes begann und endete mit der Dampfmaschine und den ersten Automobilen. Nicht umsonst lieben die Briten ihre Autos so, halten endlose Ausstellungen ab, zeigen sie in Museen und Sammlungen. Es handelt sich um eine Art allgemeiner Nostalgie. Überhaupt besteht der geheime Traum der Engländer heute darin, das ganze Land in ein Museum zu verwandeln und selbst nur noch die Eintrittskarten abzureißen. Sie wollen nichts Altes zerstören und nichts Neues schaffen. Jede Modernisierung, jede Veränderung stößt auf verzweifelten Wi-

derstand. Ein einst fortschrittliches, industriell ent-
wickeltes Land verwandelt sich vor unseren Augen
in ein rückständiges und unterentwickeltes. Dabei
berührt das alles die Briten nur wenig (oder tun sie
nur so?).

Das erste, was dem Ausländer in England ins Auge fällt, ist, wie langsam sich alles abwickelt. Ein Ta-
xi, das innerhalb von fünf Minuten erscheinen soll,
taucht erst nach einer Dreiviertelstunde auf, und
der Fahrer ist sehr verwundert, wenn man sich är-
gert. Ein Zug mag irgendwo auf halbem Wege zwischen Feldern anhalten und mehrere Stunden ste-
henbleiben, was die Passagiere ohne Aufregung
hinnehmen. Man sieht keine Empörung, keine Ungeduld, niemand versucht, irgendein anderes
Transportmittel zu finden, als habe keiner der Reisenden es eilig, als hätten sie alle absolut nichts zu
tun. Auf ein Buch oder ein Möbelstück, das man in
einem Geschäft bestellt hat, muß man monatelang
warten. Aber das betrifft nicht nur Möbel. Eine in
Cambridge bei der Bank veranlaßte Überweisung
benötigt drei, vier Tage, um London zu erreichen.
Im selben Zeitraum könnte man zu Fuß nach London gehen. Sogar die Telefone in Großbritannien
haben es nicht eilig, und die Nummern müssen
zweimal langsamer gewählt werden als auf dem
Kontinent. Kurz, es ist durchaus kein von Ge-
schäftssinn geprägtes Land und eignet sich nicht
für vielbeschäftigte Menschen.

Im Grunde ist es auch kein Land für jemanden,
der einfach nur arbeitet. Die Geschäfte schließen
um 17 Uhr, das heißt genau dann, wenn die Arbeitszeit zu Ende ist und man seine Besorgungen
machen könnte. Die einzige Möglichkeit für den ar-
beitenden Menschen, zum Beispiel sein Brot zu

kaufen, bietet sich in der Mittagspause. Schlangen, Gedränge. Danach muß man die Zeit zum Mittagessen finden und später das Brot (oder andere Waren) bis zum Ende des Arbeitstages mit sich schleppen.

Vor zwanzig Jahren kam irgendein Spaßvogel auf die Idee, in Großbritannien »Bank Holidays« einzuführen, das heißt Tage, an denen die Banken geschlossen sind und an denen auch alle anderen nicht arbeiten – offenbar aus Protest. Ich muß zugeben, daß ich für diesen Protest Verständnis habe. Die Banken sind wirklich die letzte Institution, der ich freie Tage gewähren würde, denn sie sind auch normalerweise von 10 bis 15.30 Uhr geöffnet, was ihnen einen permanenten »Bank Holiday« verschafft. Selbstverständlich sind sie, wie die Mehrzahl der Geschäfte, auch samstags und sonntags geschlossen. Dieser üble Feiertag der Buchhalter ist übrigens, wie jede Naturkatastrophe, nicht vorherzusehen. Es ist ebenso schwierig, die »Bank Holidays« vorauszuberechnen wie das jüdische Passahfest – mit dem Unterschied, daß diese Feiertage sechsmal im Jahr zum jeweils ungünstigsten Zeitpunkt stattfinden. Wer in Großbritannien Geld verdient, sollte es besser zu Hause aufbewahren oder im Garten vergraben, denn es wird ihm nur schwer gelingen, es von einer Bank abzuheben.

Vielleicht ist man deshalb hier nicht sehr versessen darauf, Geld zu verdienen. Ich muß meinen britischen Patriotismus mühevoll überwinden und zugeben, daß ich, kurz nachdem ich den Reklameslogan »Buy British!« sah, aufhörte, hier produzierte Waren zu kaufen. Vorher hatte ich als zerstreuter Mensch nie auf das Herstellungsland der von mir gekauften Sachen geachtet. Nun aber bemühte ich mich, den Briten zu helfen, wählte nur noch britische Produkte und wurde grausam dafür bestraft. Abgesehen von ihrer schlechten Qualität und ihrem hohen Preis werden sie in der Regel auf so unpraktische Art wie möglich hergestellt. Zum Beispiel läßt sich eine Glühbirne nicht in die Lampe einsetzen, ohne daß man die Fassung zerbricht. Und Gott bewahre uns davor, etwas in Reparatur geben zu müssen. Danach bleibt einem ohnehin nichts anderes übrig, als den Gegenstand wegzuwerfen – die Reparatur kostet nur Geld und Nerven.

Ein typisches Beispiel: In der Universitätsstadt Cambridge kennt man in der größten Buchhandlung weder die Studienprogramme noch die Verzeichnisse der von den Dozenten empfohlenen Bücher, obwohl sich sowohl Programme wie Verzeichnisse praktisch jahrelang nicht ändern. Es ist leichter, nach London zu fahren und ein benötigtes Buch dort zu kaufen. So verhält es sich buchstäblich in jeder Hinsicht. Das einzige Geschäft in Cambridge, das abends geöffnet ist, gehört einem Italiener. Dieser winzige Laden ist immer gedrängt voll und konkurriert erfolgreich mit Dutzenden großer und kleiner englischer Geschäfte, von denen die meisten am Rande des Bankrotts stehen.

Natürlich hat der Sozialismus, den man seit vielen Jahren hartnäckig einzuführen trachtet – wovon später noch die Rede sein wird –, diesem Land ungeheueren Schaden zugefügt. Aber damit allein läßt sich nicht alles erklären. Hinzu kommt, daß die britischen Universitäten jedes Jahr Tausende von Historikern, Philologen und anderen im Grunde zur Arbeitslosigkeit Verurteilten hervorbringen und jedes Jahr wiederum Tausende in diese Fakultäten aufnehmen. Es handelt sich nicht um Ingenieure, Techniker oder wenigstens um Studenten, die mit den modernen Produktionsmethoden vertraut sind, sondern um Juristen, Historiker und Latinisten. Selbstverständlich findet der größte Teil von ihnen keine Stellung (was sie von Anfang an hätten wissen müssen), während der kleinere Teil die Reihen der Manager oder Bürokraten auffüllt. Weshalb also verschwenden sie ihre Zeit, und weshalb lernen sie nicht gleich etwas Nützliches? Und das in einem Land, in dem es mehr als 3 Millionen Arbeitslose gibt und in dem jeden Tag ein gutes Dutzend Firmen Pleite macht (einige eben deshalb, weil das Management völlig unqualifiziert ist).

Dieses Land macht den kläglichen Eindruck eines langsam sinkenden Schiffes, an Bord dessen sowohl die Besatzung wie die Passagiere so tun, als sei alles in Ordnung, damit sie würdevoll untergehen können.

Teilweise läßt sich diese paradoxe Situation mit der philosophischen Einstellung – typisch für Großbritannien – gegenüber Not und Unglück erklären. Es ist schwer zu sagen, ob hier angeborene oder erworbene Charaktereigenschaften überwiegen, aber jedenfalls neigen nur die Briten derartig zum Fatalismus. Sie glauben, daß man das Ende einer Krise ebenso abwarten könne wie das Ende einer Schlechtwetterperiode. Die britischen Inseln sind vielleicht der einzige Ort der Welt, wo Gespräche über das Wetter nicht unbedingt auf einen Mangel an aktuelleren Themen hindeuten, da die Meteorologen hier seit Jahrhunderten von seinen Launen überrascht werden. Aber was ist zu tun? Die typisch englische Reaktion besteht darin, das Wetter nicht ernst zu nehmen, es zu ignorieren. Mit entsetzlicher Regelmäßigkeit sterben in jedem Winter fünfzehn bis zwanzig Menschen vor Kälte in ihrem eigenen Bett, was die Briten jedoch keineswegs von der Notwendigkeit zumindest begrenzter Heizungsanlagen überzeugen kann. Sie glauben einfach nicht an die Möglichkeit schwerer Fröste, oder, besser gesagt, sie wollen nicht daran glauben.

Ein anderer Aspekt dieser Philosophie ist die Überzeugung, daß Unbequemlichkeit und Schwierigkeiten eine Art moralischer Hygiene seien. Mir scheint, daß die Briten jeden Komfort in tiefster Seele für etwas Schimpfliches, für eine unverhüllte Perversion halten. Ein charakteristisches Beispiel dafür ist die britische Küche, die überall zur Legende geworden ist. Was muß man anstellen, um ein Stück Fleisch völlig ungenießbar zu machen? Sogar ich selbst, der ich nicht das geringste von der kulinarischen Kunst verstehe, bin nicht in der Lage, ein Gericht so sehr zu verderben, daß es an die britische Küche erinnert. Dabei handelt es sich nicht nur um Geschmacksunterschiede. Die Briten wissen genau, was ihre eigene Küche wert ist, und wenn sie sich eine wirkliche Freude machen wollen, gehen sie in ein italienisches, griechisches oder französisches Restaurant. Der britischen Auffassung nach darf das Essen kein Vergnügen sein, damit es nicht zur Verwilderung der Sitten kommt. Man vergleiche diese Einstellung des Kontrastes halber mit der Feinschmeckerei der Franzosen, die durchaus dazu fähig sind, ihr Gehalt, ohne Wissen ihrer Frau, mit Freunden zu verprassen – während die Russen es, wie erwähnt, vertrinken.

Als Biologe meine ich, daß die Ursachen des britischen Fatalismus eher angeboren als erworben sind. Es mag verlockend sein, alles mit dem Wetter zu erklären, mit der jahrhundertealten Gewöhnung an ein schwieriges Klima, mit »einstudierter Hilflosigkeit«, aber die natürlichen Reaktionen sind trotzdem viel wichtiger. In der Tierwelt gibt es, in groben Zügen, zwei Arten der Reaktion bei Gefahr oder Bedrängnis. Die eine ist aktiv, verbunden mit Flucht oder Aggression, aber stets darauf ausgerichtet, die gefährliche Situation zu beseitigen, zu verändern. Die andere ist passiv und wird als Erstarrungsreaktion bezeichnet: So rollt sich ein Igel, der von einem Fuchs angegriffen wird, sofort, mit den Stacheln nach außen, zu einem Knäuel zusammen, und eine Schildkröte zieht die Gliedmaßen ein und präsentiert dem Feind ihren Panzer. Ebenso versuchen Russen oder Italiener, wenn sie eine finanzielle Krise durchmachen oder von den Umständen an die Wand gedrängt werden, etwas hinzuzuverdienen (oder sogar, etwas zu stehlen).

Die Briten dagegen sparen in ähnlicher Lage auf jedem Gebiet, bemühen sich aber nicht, die Situation zu ändern, und denken gar nicht daran, die Ärmel hochzukrempeln. Dies fällt heute besonders ins Auge, da die Regierung unglaubliche Anstrengungen unternimmt, um die Trägheit und Passivität der Bevölkerung zu überwinden. Großbritannien kann sich nicht aus der gegenwärtigen, immer umfassenderen Krise lösen, ohne seinen Charakter zu ändern. Man muß beweglich sein, nach Gewinn streben, zusätzliche Stellen schaffen, wo es nur möglich ist, an die Zukunft denken, statt von der Vergangenheit zu träumen. Wie die Russen sagen: »Ein Wolf, der nicht rennt, hat nichts zu fressen.« Aber woher bekommt ein Igel die Läufe eines Wolfes? Die Briten sind erstarrt, haben sich in ihr Schnekkenhäuschen zurückgezogen, und die Reformen der konservativen Regierung vertiefen ihre Erstarrung noch mehr. »Du kannst mich hin und her rollen, soviel du willst«, denkt der zu einem Knäuel gewordene Igel, während der Fuchs versucht, die Stacheln zu öffnen, »zu meinem Bauch kommst du doch nicht durch. Bald hast du genug davon und läßt mich in Ruhe.« Er weiß, daß jede Krise früher oder später zu Ende geht, wenn er sich nur kräftig zusammenrollt und abwartet.

Man könnte noch viel über die englische Traditionsverbundenheit und über die Psychologie der Inselbewohner sagen, die sogar am Ende des 20. Jahrhunderts naiv glauben, daß kein Übel den Ärmelkanal überschreiten könne. Aber das alles reicht nicht, um unsere unverständliche Sympathie für dieses Land zu begründen. Sosehr ich auch über die britische Unbeweglichkeit schimpfe, nur hier empfinde ich ungewöhnliches Interesse an Menschen und Ereignissen. Die Briten sind ausgezeichnete Schauspieler und interessante Gesprächspartner, sie sind originell und wissen Originalität an anderen zu schätzen. Während man Amerikanern ein und dasselbe zwanzigmal erzählen kann und sie jedesmal begeistert zuhören, am nächsten Tag jedoch dieselben Fragen stellen, erinnert sich ein Engländer, den man zufällig auf der Straße trifft, noch nach zwei Jahren an ein früheres Gespräch und fügt all das hinzu, was ihm seither eingefallen ist.

Die Briten sind nicht reich, im Gegenteil, aber sie reagieren mit großer Offenheit auf das Unglück anderer. Sie sind überaus bereit, Geld für die verschiedensten Katastrophen zu sammeln, sei es im eigenen Land oder in einem fernen Winkel der Welt. Wohltätigkeit ist für sie keine bloße Gewohnheit, nicht nur ein Tribut an die Tradition oder Religion, sondern fast ein Bedürfnis. Bei alledem handelt es sich nicht um das Bemühen, sein Gewissen zu erleichtern, indem man wahllos Geld spendet. Der Brite muß zunächst überzeugt sein, daß die Sache wirklich nötig ist, er muß sich »betroffen«, teilnahmsvoll fühlen. Ich kenne zum Beispiel einen Mann, der, als er von den Nöten der vietnamesischen Flüchtlinge hörte, sein Haus verkaufte und sich völlig auf die Organisation ihrer Rettung konzentrierte. Erstaunlicherweise werden die Briten in solchen Fällen gewissermaßen wiedergeboren: Sie werden praktisch, tüchtig und beweglich, als seien sie aus lethargischem Schlaf erwacht. Fehlt ihnen im alltäglichen Leben vielleicht »eine Sache, der zu dienen sich lohnt«?

Diese Tendenz, einem einmal gewählten Prinzip um jeden Preis zu folgen, verbindet mich wohl am stärksten mit den Briten. Wenn es um seine Prinzipien geht, hat ein Brite weder Angst vor Mühen und Entbehrungen, noch fürchtet er, was viel wichtiger ist, lächerlich zu wirken, wie ein Sonderling zu erscheinen.

Ein siebzigjähriger Mann ging absichtlich zum fünftenmal ins Gefängnis, weil er sich prinzipiell weigerte, einen Motorradhelm zu tragen.

»Finden Sie nicht, daß Sie etwas übertreiben? Zum fünftenmal ins Gefängnis wegen eines Helms, dazu in Ihrem Alter!« hielt man ihm im Fernsehen vor.

»Aber dadurch wird meine Wahlfreiheit eingeschränkt«, antwortete der alte Mann. »Welches Recht hat das Parlament, mir vorzuschreiben, auf welche Weise ich sterben soll?«

Ein solcher Fall könnte sich vielleicht auch in einem anderen Land ereignen, aber in Großbritannien ruft er nicht Gelächter oder Erstaunen, sondern Verständnis und Sympathie hervor. »Das ist ein Mensch mit Prinzipien«, sagen die Briten, und das rechtfertigt alles.

Wenn etwas geschieht, was die Grundsätze vieler beeinträchtigt, etwas wirklich Empörendes, dann sind die Briten einfach großartig. In solchen Fällen spürt man plötzlich die Kraft dieses Volkes, und es bleibt einem nichts anderes übrig, als sich tief zu verbeugen. Eine gute Bekannte, eine Psychiaterin, war gezwungen, aus der UdSSR zu emigrieren, da sie sich nicht zum Werkzeug politischer Repressionen machen lassen wollte. Die Behörden ließen ihren zehnjährigen Sohn jedoch nicht ausreisen, da sie beabsichtigten, über ihn Druck auf die Mutter auszuüben. Mehr als vier Jahre lang kämpfte ganz Großbritannien für diesen Jungen. Die Zeitungen hielten Platz für die letzten Nachrichten über dieses Thema frei, Rundfunk und Fernsehen sahen es als ihre Pflicht an, die Geschichte regelmäßig zu wiederholen. Bejahrte Menschen froren mit Plakaten und Bittschriften vor der sowjetischen Botschaft. An jedem Geburtstag des Jungen feierte man in verschiedenen Städten des Landes auf den Straßen; zu seinen Ehren wurden Torten gebacken und an die Passanten verteilt. Die Empörung war so allgemein und das Verlangen nach Gerechtigkeit so grenzenlos, daß die sowjetischen Behörden letzten Endes – zum Jubel aller Beteiligten – nachgaben. Welches andere Land würde sich so hartnäckig für einen Emigranten einsetzen? Wo sonst würde man in unserem zynischen Zeitalter Menschen finden, die sich den Luxus von Prinzipien erlauben?

Kurz, wenn ich wieder einmal von einer Reise nach Cambridge zurückkehre, habe ich das Gefühl, zu Hause zu sein. Ich selbst kann über die Umständlichkeit und Unzweckmäßigkeit des Lebens in diesem

Lande schimpfen, soviel ich will, aber anderen kann ich dies nicht gestatten. Während ich selbst lache und spotte, spreche ich »Ausländern« dieses Recht ab. Seltsam, nicht wahr? Vermutlich bin ich in einem früheren Leben hier zur Welt gekommen.

Und dennoch: Nostalgisches über Rußland

Aber während viele Dummheiten über die Briten, die Schweizer, die Italiener und Deutschen zusammengeschrieben worden sind, bleiben die Lügen über die Russen unfaßbar. Deshalb kehren alle Diskussionen von Emigranten nach dem fünften Glas unausweichlich zu ein und demselben Thema zurück: Wodurch unterscheiden wir uns? Worin besteht unsere Schuld? Welche nicht greifbare Besonderheit macht die Menschen hier frei, während sie bei uns – von Breschnew bis zum letzten Häftling – Sklaven sind?

Ich denke dabei nicht an äußerliche Unterschiede, die vielfach bekannt sind und sozusagen an der Oberfläche liegen. Wer weiß heute nicht, daß bei uns die grausame Diktatur einer Einheitspartei herrscht, deren Netz die gesamte Gesellschaft durchzieht, daß das allmächtige, allwissende KGB eine fast vollkommene Übereinstimmung mit *Orwells 1984* erzielt? Der Totalitarismus läßt sich als grenzenlose Konzentration aller Formen der Macht – politisch, administrativ, wirtschaftlich, militärisch, geistig – auf dieselben Personen definieren. Doch dieses Wissen genügt nicht. Unausweichlich erhebt sich die Frage: Wie kann ein solches Monster am Ende des 20. Jahrhunderts noch existieren? Verdient nicht jedes Volk die Regierung, die es besitzt?

Vielleicht verfügen wir über irgendwelche Besonderheiten, die seine Existenz ermöglichen, sogar rechtfertigen – Besonderheiten, die man bei zivilisierteren Völkern nicht findet?

Es gibt viele Gemeinplätze, Klischees, mit deren Hilfe sich alles vorzüglich erklären läßt. Aber wenn man genauer hinsieht, erweisen sich die Patentrezepte als untauglich.

Zum Beispiel wird oft angenommen, daß die Menschen im Westen besser, geduldiger seien. Daß es hier viele gute Menschen gibt, läßt sich nicht bestreiten. Die sowjetischen Märchen über die kalte, egoistische Welt des Kapitalismus sind so weit von der Wirklichkeit entfernt wie die erfundenen Geschichten über die verhungernden Arbeitslosen. Die Empfänglichkeit für das Leid anderer, die Bereitschaft zu helfen sind rein menschliche, vom Regierungssystem unabhängige Züge. Aber wie kann man einen Vergleich anstellen? Bei uns, zum Beispiel, drängt sich eine fünfköpfige Familie in einem einzigen Zimmer, doch die gelähmte Großmutter wird trotzdem nicht in ein Altersheim gebracht. Man würde sich schämen, einander in die Augen zu sehen. Hier dagegen ist dies beinahe die Regel. Im besten Fall läßt man die alten Leute den Rest ihres Lebens allein verbringen und sucht sich selbst ein anderes Domizil. Eine Karte zu Weihnachten, eine Karte zu Ostern, und alle paar Jahre fährt man noch einmal vorbei. Natürlich kann so etwas auch bei uns vorkommen, aber dann fällt es allen anderen auf. Man wird sagen: Aha, auf die kann man sich im Unglück nicht verlassen.

Wahrscheinlich besteht darin der ganze Unterschied: Bei uns gibt es viel Unglück, die meisten sind damit vertraut. Und deshalb finden sich mehr

Menschen, die ihr letztes Hemd opfern. Hier sieht man häufiger, daß jeder sich selbst der nächste ist.

Im Alltagsleben zeigen sich die Menschen hier geduldiger, oder, besser gesagt, weniger gereizt. Bei uns kann man sich am Telefon nicht verwählen oder jemandem aus Versehen auf den Fuß treten, ohne mit Beschimpfungen überhäuft zu werden. Das grobe Benehmen im Dienstleistungsbereich ist legendär. Hier im Westen sagt und hört man an einem einzigen Tag öfter »Danke«, »Entschuldigung« usw. als im ganzen Leben in Moskau. Die endlosen Schlangen und die dauernden Unannehmlichkeiten, das ausweglose, trübe Leben erfüllen den Menschen mit so viel Bitterkeit, daß er explodiert, sobald man ihn antippt. Daher rührt unsere traditionelle Grobheit und Hartnäckigkeit. Wenn man einen Verkäufer in einem Geschäft nämlich nicht grob anfährt, hört er gar nicht hin. Ein sanfter, höflicher Mensch könnte bei uns kaum überleben. Darauf läßt sich auch unsere Aggressivität zurückführen.

In Cambridge hat fast jedes College eine eigene »Disco«, und in der Stadt selbst gibt es auch noch einige. Bis zum Ende der Veranstaltungen, das heißt bis gegen 2, 3 Uhr, wird in der Bar Alkohol ausgeschenkt, aber in drei Jahren habe ich nie etwas von einer ernsthaften Prügelei gehört. Auf jeden Fall wurde niemand getötet oder entstellt. Als hiesige Jugendliche einen Studenten auf der Straße spät nachts zusammenschlugen, wurde dies in allen Colleges als außerordentliches Ereignis behandelt. Es ist einfach unmöglich, sich etwas Ähnliches in der Sowjetunion vorzustellen, wo die jungen Männer auch bei dem schäbigsten Tanzvergnügen meist mit Messern bewaffnet sind. Dabei werden alkoholische Getränke abends nur in Restaurants verkauft, und der Besitz einer blanken Waffe wird mit Freiheitsentzug bis zu einem Jahr bestraft. Trotzdem ist es ein Wunder, wenn einen ganzen Monat lang niemand ermordet oder verletzt wird. Von simplen Prügeleien will ich gar nicht reden. Die Feindschaft zwischen »Hiesigen« und »Auswärtigen« erreicht manchmal das Ausmaß eines Krieges.

Natürlich handelt es sich hier nicht nur um Gereiztheit oder Ungeduld, sondern zweifellos auch um angeborene Aggressivität. Was bleibt diesen Heranwachsenden anderes zu tun, da jedes gesellschaftliche Leben im Lande fehlt und es keine wirklichen Lebensperspektiven gibt? Das Rowdytum wird zu dem einzigen ihnen zugänglichen Ausdrucksmittel, zu einem Kommunikationsinstrument, wenn man will; es stellt ihre Subkultur dar. Die Intelligenzler haben den Samisdat und die Menschenrechtsbewegung, und das KGB ist für sie das Symbol der Macht. Die arbeitende Jugend hat nur die Kriminalität, und für sie verkörpert die Miliz den Staat. Eine analoge Erscheinung läßt sich in manchen Slumgebieten des Westens beobachten. Der Unterschied besteht nur darin, daß die gesamte Sowjetunion ein gewaltiger Slum ist, mit Ausnahme kleiner »Vorzeigegebiete«, »gereinigter« Bereiche des Landes, in die Ausländer hereingelassen werden.

Trotz der außergewöhnlich hohen Kriminalität (durchschnittlich gab es in jedem Jahr seit Bestehen der Sowjetmacht bei uns nie weniger als 2,5 bis 3 Millionen Häftlinge, das heißt ungefähr ein Prozent der Bevölkerung des Landes) kann man nicht sagen, daß wir von unserem Charakter her aggressiver seien, da die Ursachen dieser Kriminalität im wesentlichen sozialer Natur sind. In den USA zum Beispiel, wo die sozialen Bedingungen unvergleichlich günstiger sind und die Kriminalität erheblich niedriger ist (etwa 400 000 Häftlinge), ist die Zahl der pro Jahr verübten Morde trotzdem höher als bei uns. Gleichzeitig liegt die Kriminalität der Amerikaner osteuropäischer Herkunft weit unter dem Landesdurchschnitt.

Ich stand einmal in New York in einer Schlange, die auf Taxis wartete, als es plötzlich stark zu regnen begann. Sofort verwandelte sich die ganze Schlange in ein Knäuel sich prügelnder Menschen. Die heranfahrenden Taxis wurden im Sturm genommen, wobei sich die Frauen am schlimmsten verhielten. Sie stürzten sich mit hysterischem Geheul in das Gedränge und stießen alle anderen beiseite. Man hätte glauben können, auf einem untergehenden Schiff zu sein, und erst die Polizei konnte relative Ruhe herstellen.

Ähnliche Vorfälle beobachtete ich in Amerika einige Male. Natürlich lassen sich solche Szenen nicht verallgemeinern, aber bei uns kommt so etwas seit dem Zweiten Weltkrieg trotz aller Überlastung des städtischen Verkehrsnetzes nicht mehr vor. Zwar gibt es ein entsetzliches Getümmel, man hängt an den Trittbrettern, flucht, doch die Reihenfolge der Wartenden wird mehr oder weniger respektiert. Außerdem gibt es bei uns jene spezifisch weibliche Aggressivität, wie sie für Amerika typisch ist, nicht.

Im Zusammenhang mit Kriminalität und Toleranz ist es von außerordentlichem Interesse, die Haltung von Gesellschaft und Regierung gegenüber Verbrechern zu vergleichen. Als ich einmal das Fernsehgerät einschaltete, hörte ich eine ganz unglaubliche Mitteilung. Der Innenminister Großbritanniens (der hier übrigens als schrecklicher »Reaktionär« gilt) erklärte, daß man, da die Gefängnisse überfüllt seien, weniger Leute einsperren und mehr Häftlinge vorzeitig freilassen müsse. Insgesamt gab es zu jenem Zeitpunkt etwa 45 000 Häftlinge im Lande, das heißt 0,08 Prozent der Bevölkerung. Er fügte hinzu, daß ein Häftling pro Tag 200 Pfund koste, was für die Staatskasse zu teuer sei.

»Mein Gott«, dachte ich, »ich träume wohl. Das kann einfach nicht wahr sein. Gleich klopft der Wärter mit dem Schlüssel an die Tür und brüllt: ›Aufstehen!‹ Wenn ich meinen Zellengenossen den Traum erzähle, werden sie sich schütteln vor Lachen. Was er sich da ausgedacht hat! Zuwenig Plätze! Zu teuer! So was gibt's nur im Traum!«

Bei uns sind nämlich alle Gefängnisse aus Gummi. Wo unter den Zaren zwei Häftlinge saßen, sitzen jetzt mindestens fünf. Was ist das überhaupt für ein Problem – die Gefängnisse sind überfüllt! Man braucht doch nur eine Gruppe von Häftlingen mit einer Begleitmannschaft loszujagen, sie von bewaffneten Wachposten umzingeln zu lassen, und in zwei Wochen ist das Lager fertig. Hat das Land etwa nicht genug Stacheldraht?

200 Pfund pro Tag! Welch ein Gedanke! Das ganze Politbüro würde sich gemeinsam an der Kremlmauer aufhängen, wenn man es so beleidigte. Der Gefangene muß Profit machen, die Volkswirtschaft bereichern. Für 200 Pfund würde sich jeder Aufseher selbst in den Karzer einschließen und nicht mehr herauskommen.

Wahrhaftig, ein reaktionärer Minister!

Andererseits ist die Einstellung der Gesellschaft gegenüber Kriminellen viel härter als bei uns. Die Todesstrafe existiert nur noch in wenigen Ländern und wird ungern angewandt. In Großbritannien wurde sie abgeschafft, aber bis heute kämpft eine recht starke Bewegung für ihre Wiederherstellung. Hier hält man überhaupt viel von Bestrafungen. Sogar die körperliche Züchtigung in den Schulen ist formell nicht beseitigt, wenn sie auch selten vollzogen wird. Interessant ist, daß bei den Eltern die Schulen am populärsten sind, in denen sie häufiger angewandt wird. Die Plätze in diesen Schulen sind sehr begehrt, und sie verzeichnen gewöhnlich hohe Einnahmen.

Bei uns wird die Todesstrafe für ein rundes Dutzend Verbrechen verhängt, darunter auch solche ohne Gewaltanwendung: Bestechung, Großdiebstahl, Hochverrat, »Desorganisation der Arbeit in Zwangs- und Besserungsinstitutionen« u. ä. Die Brutalität des Strafapparates ging manchmal bis zum offenen Terror der Bevölkerung. Wir wissen jedoch, daß die Kriminalität selbst dadurch nicht abnahm.

Durch unsere bittere Erfahrung gewitzigt, begreifen wir, daß die Bestrafung aus psychologischer Sicht absurd ist. Wenn der Verbrecher sich nicht schuldig fühlt, wird die Strafe zu einer Folter; wenn er sich schuldig fühlt, ist er schon härter bestraft, als der Staat es vermöchte. Die Menschen sind keine Pawlowschen Hunde, deren Bewußtsein von Reflexen bestimmt ist. Der Mensch läßt sich nicht dressieren – er ersinnt Listen, heuchelt, entwickelt Schutzreaktionen, aber das alles berührt sein Wesen fast gar nicht. Kurz gesagt, die Strafe kann den Menschen nur verderben, ihn aufhetzen oder zerbrechen.

Man kann den Wunsch der Gesellschaft rechtfertigen, sich von Menschen abzuschirmen, die die Rechte ihrer Mitbürger mißachten, das heißt, solche

Menschen zu isolieren, ihnen keine Gelegenheit zu weiteren Verbrechen zu geben. Aber die Rache der Gesellschaft am Verbrecher ist ebenso häßlich wie das Verbrechen selbst.

Der Fall Jimmy Boyle

Charakteristisch ist in diesem Zusammenhang der Fall *Jimmy Boyle*, der in Schottland zu lebenslänglicher Haft verurteilt wurde. Er wuchs in einem der Slumgebiete von Glasgow auf, wo Verbrechen mehr oder weniger alltäglich waren. Ich vertrete nicht die Meinung, daß Armut Menschen unvermeidlich zu Verbrechern werden läßt. Die Fabeln sentimentaler Schriftsteller wie *Victor Hugo* über einen Mann, der vor Hunger ein Laib Brot stiehlt und danach zu einem unbelehrbaren Räuber wird, sind reinster Unsinn. Nur wer nichts von Verbrechenspsychologie versteht, kann derartiges glauben. Verbrecher sind ungewöhnlich ehrgeizige, kühne und tatkräftige Menschen. Sie warten nicht, bis sie Hunger haben. Das Verbrechermilieu bildet eine eigene Subkultur, die ihre Helden und ihre Schurken besitzt. Um in dieser Welt an die Spitze zu gelangen, muß man über herausragende Qualitäten verfügen; diese Qualitäten sind vom allgemeinmenschlichen Standpunkt aus nicht unbedingt zu verurteilen, aber wer in den Slums zur Welt kommt, hat zweifellos größere Aussichten, ein Verbrecher zu werden. Die Psychologie dieses Milieus ist jener der Verbrecher bestimmt näher. Für starke, ehrgeizige Charaktere bietet sich eine solche »Karriere« an.

In den sechziger Jahren war *Jimmy Boyle* einer der

berühmtesten Gangster in Schottland. Wegen Mordes zu lebenslanger Haft verurteilt, beruhigte er sich auch im Gefängnis nicht. Es begann eine Kette endloser Konflikte mit der Verwaltung, gegenseitiger Brutalität und ständiger Bestrafungen. Dadurch verbrachte er viele Monate in Einzelhaft und wurde auf die Stufe eines wilden Tieres reduziert. Seine Strafe wurde um 25 Jahre verlängert. Man weiß nicht, womit das alles geendet hätte, wenn den Behörden nicht eingefallen wäre, ein originelles Experiment durchzuführen: Sie beschlossen, im Gefängnis Barlinnie in Glasgow eine »Spezialabteilung« (*Special Unit*) zu eröffnen, wo unverbesserliche Häftlinge zusammengefaßt werden sollten. Der Kern des Experiments bestand einfach darin, diese Menschen in Ruhe zu lassen, ihnen eine gewisse Selbstverwaltung, mildere Haftbedingungen, Bücher, Rundfunk, Fernsehen und Ausdrucksmittel zu gestatten.

Es versteht sich von selbst, daß die erste Reaktion der Teilnehmer von Wachsamkeit und Mißtrauen geprägt war. Sie hielten das Experiment für eine neue Falle, aber Monate vergingen, und nichts geschah. Allmählich fand jeder irgendeine Beschäftigung: Der eine zeichnete, der andere bastelte. *Jimmy* begann, Skulpturen anzufertigen. Er las viel, und die Wärter mischten sich kaum in sein Leben ein.

Das, was sich danach abspielte, erstaunt mich nicht im geringsten. Ich hatte oft Gelegenheit zu beobachten, daß sogar die abgehärtetsten Verbrecher, wenn man sie in einem Gefängnis mit guter Bibliothek sich selbst überläßt, beginnen, ihre Vergangenheit zu überdenken. Vor ihnen liegt eine lange Haft, sie haben keine Eile, sind nicht mehr jung und haben eigentlich nie gelebt. Die Frage ist nur, woran das liegt. Wenn der Häftling Bücher liest, zunächst vielleicht nur aus Langeweile, wird ihm vielleicht zum erstenmal im Leben klar, daß seine kleine Welt des Verbrechens, in der er ein König war, in Wirklichkeit nur einen winzigen Teil der gewaltigen Welt ausmacht. Diese Welt ist viel interessanter und könnte auch ihm die Nutzung seiner Fähigkeiten ermöglichen. Die Menschen in dieser großen Welt sind weit faszinierender als seine früheren Kumpane oder die Aufseher, und die moralischen Werte und ethischen Normen seiner kleinen Welt gelten dort nicht. Es kommt zu einer Krise seiner Subkultur.

Jimmy Boyle wurde Bildhauer, schrieb ein Buch über sein Leben und erwarb Ruhm, der nicht nur von seinen kriminellen Taten herrührte. Schließlich heiratete er. Nun aber beschloß die Gesellschaft, sich zu rächen. Nach dreizehn Haftjahren, von denen er fast sieben ganz friedlich, ohne Konflikte mit der Verwaltung in der *Special Unit* verbracht hatte, hätten die Behörden ihn vorzeitig entlassen können, wenn es nicht zu wütendem Widerstand der Gesellschaft gekommen wäre. Eine Kampagne gegen seine Freilassung bildete sich; man argumentierte, daß er alle täusche, seine Änderung nur »vorspiele«. Natürlich richtete diese Kampagne sich auch gegen die *Special Unit* als solche. Wie kann man Verbrechern Fernsehapparate und Bücher geben, wo doch sogar in Freiheit sich nicht jeder einen Fernsehapparat leisten kann? Was ist das überhaupt für ein Gefängnis? Ein Erholungsheim. Ist das etwa eine Strafe? Damit waren die Leidenschaften entfesselt. Schon mehrere Male stand man davor, die *Special Unit* zu schließen. Sogar ich selbst mußte einmal öffentlich für sie eintreten. Schließlich verlegte man Jimmy, um die Wogen zu glätten, in ein anderes Gefängnis, wo er »auf die Entlassung vorbereitet« werden sollte. Noch ist die *Special Unit* nicht geschlossen, aber wie lange noch?

Das ist die Toleranz der demokratischen Gesellschaft. Die politische Toleranz ist noch geringer. Man braucht nur an all die »Roten Brigaden«, »Roten Armeen«, die ewigen Streitereien zwischen »Linken« und »Rechten«, die gegenseitigen Beschuldigungen der Parteien, die Hetzkampagnen in der Presse, die »Dämonisierung« des Gegners zu denken. Bei uns ist die politische Intoleranz wenigstens künstlich, von oben auferlegt. Sie stachelt niemanden zum Enthusiasmus an.

Wir diskutierten einmal im Gefängnis von Wladimir darüber, was man mit unseren Parteiführern tun müsse, welche Strafe sie verdienten. Von elf Männern in der Zelle sprach sich nur einer für die Todesstrafe aus, einer schlug eine öffentliche Auspeitschung vor, und ein dritter war dafür, alle einzusperren und sie ihre eigene Propaganda Tag und Nacht anhören zu lassen. Die übrigen neigten zu einer formellen öffentlichen Verurteilung ihrer verbrecherischen Politik, ohne daß jemand persönlich bestraft werden sollte. Keiner der elf jedoch wollte ihr Henker oder Wärter sein.

Natürlich ist schwer zu sagen, welches Resultat eine Befragung der gesamten Bevölkerung hätte. Immerhin ist bekannt, daß es in der UdSSR erstaunlich wenig terroristische Anschläge gibt. Eine weitere Illusion, die leichthin von unserer Bürgerrechtsbewegung geschaffen und verbreitet wurde, ist der Glaube an das besondere Rechtsbewußtsein des westlichen Menschen. Unsere zentrale Idee bestand

darin, daß sich in der Demokratie jedes Gesell-
schaftsmitglied selbst als verantwortlichen Bürger
betrachte, als »Subjekt des Rechts«, wie Alik Volpin
es ausdrückte. Daraus ging auch unsere Konzeption der »Souveränität des menschlichen Gewis-
sens«, der persönlichen Verantwortung und folglich die Auffassung hervor, daß Passivität und
Schweigen Formen der Komplizenschaft seien,
wenn man Zeuge eines Verbrechens wird. Wir
glaubten aufrichtig, daß im Westen jeder Mensch
ein Träger der Demokratie mit ausgeprägtem Verständnis für die Grenzen seiner Rechte sei. Bei uns
ist diese Einstellung bisher erst im Keim vorhanden. Deshalb mußten wir vor allem gegen den »sowjetischen Menschen« kämpfen, genauer gesagt,
gegen sein neolithisches Rechtsbewußtsein.

Ich bin immer noch überzeugt, daß dies der einzig
mögliche Weg von der totalitären Willkür zur Demokratie ist. Unsere Annahmen über den Westen
waren, wie sich herausstellte, jedoch weit von der
Wirklichkeit entfernt. Vielleicht waren die Menschen hier ganz anders, als die Demokratie errichtet
wurde, vielleicht hat die natürliche Selektion sie
später ausgelöscht, denn das Rechtsbewußtsein des
westlichen Menschen unterscheidet sich in der
Regel nicht sehr von dem des sowjetischen Menschen.

Zu meiner Ehre muß ich hinzufügen, daß sich bei
mir schon in Moskau ein leiser Zweifel bemerkbar
machte. Es geschah ständig, daß Ausländer, die aus
politischen Gründen vom KGB verhaftet wurden,
viel öfter und schneller zermürbt waren als sowjetische Bürger. Natürlich kann jeder von Angst ge-
plagt werden, besonders wenn er sich in einem unbekannten Land mit übler Reputation aufhält und

einer Geheimpolizei in die Hände fällt, deren Ruf noch schlechter ist. Aber das Rechtsbewußtsein sollte nicht von der geographischen Lage des Betroffenen abhängen, und die Menschenrechtsdeklaration gilt für die ganze Welt. Darüber hinaus ist nicht von zufällig oder vor Furcht ausgeplauderten Informationen die Rede. Nein, ich meine umfassende Schuldgeständnisse, die schriftlich bekräftigt, bei Gegenüberstellungen im Kreuzverhör, vor Gericht und manchmal sogar im Moskauer Fernsehen wiederholt wurden. Ein bei der Einfuhr (oder Ausfuhr) »verbotener« Literatur ertappter Ausländer erzählt gewöhnlich nicht nur, wer ihm diese Literatur übergeben hat und wem er sie überbringen soll, sondern räumt auch ein, dadurch ein Verbrechen gegen die UdSSR begangen zu haben (Agitation mit dem Ziel der Untergrabung oder Schwächung der Sowjetmacht). Von seltenen Ausnahmen abgesehen, erinnert sich keiner an die Menschenrechtsabkommen oder die Vereinbarungen von Helsinki. Der Trick, mit dem das KGB diese Ausländer fast unweigerlich hereinlegt, ist noch lächerlicher.

»Wie können Sie behaupten, nichts vom kriminellen Charakter Ihrer Handlung gewußt zu haben«, sagt irgendein kaum des Lesens und Schreibens kundiger Major, »während Sie sich selbst wie ein Verschwörer benahmen und die Sachen versteckten? Sie wollten doch unbemerkt bleiben!«

Ungefähr 95 Prozent beratschlagen mit ihrem Rechtsbewußtsein und stimmen zu. Dabei benötigt man keine umfassenden juristischen Kenntnisse, um sich klarzumachen, daß jede Hausfrau ihr Geld vor Dieben versteckt und die Tür nachts abschließt, ohne dadurch ein Verbrechen zu begehen. Für einen Menschen, der von der Rechtmäßigkeit seines Tuns überzeugt, der mit dem Bewußtsein seines Rechts aufgewachsen ist, dürfte nicht einmal ein Schatten eines Zweifels auftauchen. Wie kommt es nur, daß sich diese Leute so schnell an die sowjetischen Normen anpassen, kaum daß sie den Fuß auf unseren Boden gesetzt haben?

Wer in der Sowjetunion lebt, bemüht sich immer, irgendeine vernünftige Erklärung für die unterschiedlichen Fakten des westlichen Lebens zu finden, die auch bei uns bekannt werden. Im Extremfall führt man alle Widersprüche darauf zurück, daß die Informationen unvollständig sind. Die Berichte darüber, mit welcher Bereitwilligkeit legal gewählte Regierungen den Launen von Terroristen, die Geiseln genommen haben, nachkommen, hat bei uns immer tiefes Unverständnis hervorgerufen. Irgend etwas mußte uns entgangen sein. Schließlich hat eine Regierung in solchen Fällen nicht einmal das Recht, Verhandlungen aufzunehmen, weil sie dadurch diese Banditen in den Rang von Ebenbürtigen erhebt. Wozu führt man überhaupt allgemeine Wahlen durch, wenn der Wille der ganzen Nation von der Gnade jedes bewaffneten Wahnsinnigen abhängig ist? Die Macht ist schließlich nicht irgendein Gegenstand, den man vorübergehend einem Nachbarn übergibt: »Halten Sie mal bitte, ich komme gleich zurück.«

Aber wer im Westen gelebt und die Einstellung der Wähler zu den Wahlen gesehen hat, wundert sich über nichts mehr. Fast die Hälfte von ihnen geht überhaupt nie zur Wahl, weil sie ihnen gleichgültig ist. Ein gewisser Teil wählt aus politischer Verpflichtung, beinahe wie in der UdSSR. Die übrigen stimmen nicht für das, woran sie glauben, sondern gegen das, was sie fürchten: für die »Rechten«, damit die »Linken« nicht an die Macht kommen; für die »Linken«, damit die »Rechten« nicht an die Macht kommen. Und welchen Sinn hat es schon, seine Stimme für die kleinen Parteien abzugeben, da sie ohnehin keine Chance haben, die Regierung zu übernehmen?

Über Demokratie und den Fetisch, »links« zu sein

Das Recht, für seine Interessen, seine Prinzipien zu kämpfen, ist das wesentliche Element der Demokratie. Ungerechtigkeit und Unterdrückung können in jeder Gesellschaft vorkommen, doch nur in der Demokratie kann einen niemand hindern, gegen sie zu kämpfen. Man verfasse Appelle, klebe Plakate an, halte Demonstrationen ab, suche Gleichgesinnte (und man wird sie finden), man wende sich an die Zeitungen (und sie werden einem Platz geben, wenn auch vielleicht nur aus Interesse an der Neuigkeit), man wende sich an berühmte Persönlichkeiten (und eine von zehn wird bereit sein zu helfen), man übe Druck auf die Politiker aus (und wenigstens einer wird sich der Kampagne anschließen, weil er Wählerstimmen benötigt). Der gesamte Mechanismus der Demokratie unterstützt den Kämpfer, spornt ihn sogar an, Lärm zu schlagen und Forderungen zu stellen.

In Wirklichkeit ist das Ergebnis stets mehr oder weniger das gleiche, welche Torheit man auch verteidigt, welche alberne Forderung man auch erhebt. Der Mechanismus der Demokratie ist neutral, er kann nicht selektiv funktionieren. Für ihn sind nur zwei Faktoren wichtig: das *Problem* und die *Forderung*.

Demonstration und Petitionen richten nichts mehr aus – es gibt Zehntausende von ihnen –, deshalb muß die »unterdrückte« Minderheit, wenn sie genug Energie hat, zu effektvolleren Methoden greifen, zum Beispiel zur Geiselnahme oder zur Explosion von Bomben in Gaststätten.

Ich weiß, daß noch viele »Reaktionäre« bei dem Wort »Geiseln« die Nase rümpfen, dabei ist diese Methode seit langem anerkannt. Sie wird nicht nur von Extremisten praktiziert, sondern auch vollkommen respektable Gewerkschaften nehmen Geiseln, zum Beispiel die Kinder in britischen Krankenhäusern oder Zehntausende ebensolcher Arbeiter und Angestellten wie sie, die nach Frankreich in Urlaub gefahren sind. Wenn man gründlicher darüber nachdenkt, ist jeder umfassende Streik in unserer Zeit auch eine Geiselnahme. Dem Reisenden ist gleichgültig, ob Terroristen sein Flugzeug entführen oder ob streikende Fluglotsen es zurückhalten: Die einen wie die anderen erpressen Geld von jemandem, den zu kennen sie nicht die Ehre haben.

Erstaunlich, nicht wahr, wie leicht sich »Unterdrückte« in »Unterdrücker«, Ausgebeutete in Ausbeuter verwandeln? Art Buchwald schrieb einmal ein sehr interessantes Feuilleton darüber, daß es bei den jetzigen »positiven Diskriminierungen« in der Industrie am schwersten geworden ist, einen Arbeitsplatz für einen jungen, weißen, gesunden Mann zu finden, der keine Vorstrafen oder Drogenprobleme hat. Der Unternehmer erhält von der Regierung keine Prämie, wenn er einen solchen Arbeiter anstellt. Das ist kein Witz, denn schon werden Prozesse über die Diskriminierung von Weißen geführt. Und die Gewerkschaften? Während sie gestern noch das Recht zu ihrer Gründung erobern mußten, machen sie heute diejenigen arbeitslos, die sich ihnen nicht anschließen wollen. Das Streikrecht ist kaum durchgesetzt, und schon beklagen sich Tausende von Briten bei ihren Parlamentsmitgliedern, weil sie sich ohne geheime Abstimmung fürchten, einen der vielen Streiks abzulehnen. Über den Terror politischer Minderheiten brauche ich nichts hinzuzufügen; er wird ganz offen abgehalten und zielt häufig auf die Zerstörung der Demokratie.

Einen Moment. Das alles klingt gefährlich vertraut: Terror einer Minderheit gegen die Mehrheit, Zensur, Zwangsmitgliedschaft in den Gewerkschaften und gleichzeitig in politischen Organisationen (die Stimmen der Gewerkschaftsmitglieder werden zum Beispiel in Großbritannien und Schweden automatisch der sozialistischen Partei zugerechnet). Das ist doch unsere prächtige Sowjetunion in all ihrem Glanz. Nur hat bei uns eine terroristische Minderheit in einer Krise die Macht ergriffen. Das weitere folgte von ganz allein: Terror im Rahmen eines ganzen Landes, eine eingeschüchterte »schweigende Mehrheit«, schwacher, desorganisierter Widerstand der Armee und wieder Terror. Das Land ist groß, die Kommunikationslinien sind unterbrochen, an einem Ende weiß man nicht, was am anderen vorgeht: Zerrüttung, Hunger, Aufruhr, Plündereien, ein solches Chaos, daß auch im Westen die brutalsten Maßnahmen der Zentralregierung für gerechtfertigt gehalten werden. Ich bin davon überzeugt, daß keine einzige europäische Demokratie die Krise überlebt hätte, wie sie in Rußland am Ende des Ersten Weltkriegs entstand.

»Erlauben Sie«, wird ein weiser Historiker sagen, »Sie vergessen die Traditionen, die Kultur ... Im Westen existiert die Demokratie Hunderte von Jahren, während es in Rußland nie eine gegeben hat!«

Wenn man für jeden Menschen schon zu Lebzeiten einen Nachruf schreiben kann, läßt sich auch für jedes Land eine völlig überzeugende Entstehungsgeschichte des dortigen Totalitarismus verfassen. Wo, abgesehen von England, Holland, der Schweiz und Skandinavien, existierte die Demokratie denn schon mehrere Jahrhunderte lang ohne Unterbrechung? In Amerika? Dort wurde die Sklaverei zwei Jahre später beseitigt als in Rußland die Leibeigenschaft. Dazu geschah dies bei uns auf friedlichem Wege, durch einen Beschluß des Herrschers, während in Amerika aus diesem Anlaß ein mehrjähriger Bürgerkrieg tobte, weil fast die Hälfte des Landes gegen diese Maßnahme war.

Andererseits sind junge Demokratien ohne jede »Traditionen« zum Beispiel in Japan oder Deutschland entstanden und haben sich schon mehr als dreißig Jahre gehalten. Die andere Hälfte Deutschlands – gleich nebenan, man braucht nur über einen Stacheldraht zu klettern – ist faschistisch geblieben und hat lediglich die Farbe geändert.

Mir scheint, daß wir geneigt sind, die Bedeutung von Traditionen zu überschätzen. Welchen Einfluß kann der Glaube der älteren Generation auf die Bildung unserer Ansichten ausüben? Höchstens einen negativen, da die neuen Generationen die Tendenz haben, aufzubegehren, die Überzeugungen ihrer Väter zurückzustoßen. Zum Beispiel war ich nach allem, was ich über die Bewegung der westlichen Jugend in den sechziger Jahren, über all diese Hippies, Beatniks usw. gehört hatte, überrascht vom eher konservativen Äußeren und den Stimmungen der heutigen Studenten. Im Gespräch mit einem jungen Mann in meinem College, der besonders steif aussah und neben Anzug und Krawatte immer auch eine Weste mit Uhrkette trug, erkannte ich plötzlich, daß die Lebensweise seiner Eltern ihn schwer bedrückte. Er erzählte, daß sie bei seiner Schulabschlußfeier erschienen waren, und beschrieb sehr witzig, wie er sich vor diesem seltsamen Paar in abgerissenen Jeans und mit ungekämmten Haaren versteckt und so getan hatte, als kenne er sie nicht. Sie hätten ihn fürchten lassen, daß sie sich ihm nähern, ihm lässig auf die Schulter klopfen und vorschlagen könnten: »Na, Alter, rauchst du 'nen Joint mit uns?«

Etwas Ähnliches, wenn auch vielleicht nicht ganz so Drastisches, geschah mit dieser ganzen Generation. Insgesamt sind die Studenten heute unpolitisch und konzentrieren sich ernsthaft auf ihr Studium, was für die westlichen Universitäten fast unvorstellbar ist.

Ich glaube, daß jede neue Generation die Tradition überprüft. Die einzige Grenze in dieser Dialektik bildet wohl der Nationalcharakter, sofern dieser Ausdruck heutzutage noch etwas bedeutet. Aber auch von diesem Gesichtspunkt aus sind die Osteuropäer für den Totalitarismus nicht geeigneter. Wir sind ungehorsam, eignen uns die Einschränkungen der Disziplin nur mit Mühe an, und die Obrigkeit hat bei uns nie besondere Achtung genossen. Wenn etwa die Forderungen des Regimes in sowjetischen Gefängnissen und Lagern strikt eingehalten worden wären, hätten wir schwerlich überlebt. Sagen wir, daß der wachhabende Gefängnisaufseher die Häftlinge in einer Zelle alle zwei Stunden zählen soll. Nachts soll er das Licht periodisch einschalten und sogar die Türen öffnen. Natürlich ist er zu faul, und das Licht brennt die ganze Nacht hindurch, was auch unangenehm ist, woran man sich aber gewöhnen kann. In den Gefängnissen der DDR wird diese Anweisung, wie man sich erzählt, mit typisch deutscher Pedanterie befolgt, und die Nacht wird zu einer Tortur für die Häftlinge. Überhaupt hat uns unsere legendäre Schlamperei vor vielen Nöten bewahrt.

Was die Traditionen der Demokratie betrifft, so bezweifle ich stark, daß sie auch nur theoretisch existieren. Die ganze Geschichte des antiken Griechenland bestand daraus, daß Demokratie und Tyrannei einander ablösten. Platon war sogar der Meinung, daß die eine unvermeidlich die andere hervorbringe. Außerdem, wenn die Bedeutung einer solchen Tradition anerkannt wird, so folgt daraus, daß man die Menschen Freiheit und Demokratie – wie Mathematik – lehren muß. Dieser Idee liegt ein Fehlschluß zugrunde: Aus Mangel an Erziehung kann man nicht direkt von der Tyrannei zur Freiheit übergehen. Wie aber erhält man eine solche Erziehung in der Unfreiheit?

All diese Gedanken über Traditionen hätten einen Sinn, wenn ein Volksgedächtnis die Ereignisse der Vergangenheit festhielte. Aber auch davon kann keine Rede sein. Nach den Nationalfeiertagen der demokratischen Länder zu urteilen, besteht ihre Geschichte ausschließlich aus Siegen und humanen Akten. Diese Feiertage spiegeln nichts als nationale Eitelkeit wider. Die traurigen Ereignisse, die nicht mehr als dreißig oder vierzig Jahre alt sind, werden schon aus der Erinnerung getilgt. Die amerikanische Fernsehserie »Holocaust« löste einen Sturm aus. Nicht nur die Jugend, sondern auch Menschen der älteren Generation waren vollkommen fas-

sungslos, als wenn die Tatsachen über die Massen-
vernichtung der Juden durch die Nazis eine Neuigkeit darstellten. Es schien, als habe es die Nürnber-
ger Prozesse, Tausende von Büchern und Filmen
nie gegeben. Fängt man nicht immer noch von Zeit
zu Zeit Naziverbrecher irgendwo in Lateinamerika?
Ist heute von den Menschen, die den Konzentrationslagern die Freiheit gebracht haben oder die
dort eingesperrt waren, niemand mehr am Leben?
Jedes Schulkind hat doch von alldem gehört.

Where is the Life we have lost in living?
Where is the wisdom we have lost in knowledge?
Where is the knowledge we have lost in informa-
tion? *

Die einzige Folge des Faschismus und des Zweiten
Weltkriegs ist eine unreflektierte Neigung »nach
links«, was dieses »links« auch bedeuten mag.
Links zu sein ist zu einem Fetisch geworden, und
jeder Politiker rechts von den Sozialisten sieht sich
schon als »Faschist« tituliert. Deshalb ist die Welt
heute dem »roten Faschismus« näher als das Europa der Vorkriegszeit dem »braunen«. Soviel zu den
Traditionen.

Es mag paradox erscheinen, doch die Völker Osteuropas besitzen ein weit besseres historisches Gedächtnis. Wir leben überhaupt mehr in der Vergangenheit, weil es keine Gegenwart gibt und die Zukunft nicht abzusehen ist. Unsere Völker haben sowohl den faschistischen Einmarsch wie die kommunistische Herrschaft erlebt; deshalb können Ideologien uns kaum mehr beeinflussen. Jeder antifaschi-

* T. S. Eliot, *The Rock*.

stische Film, jedes antifaschistische Buch wird bei uns als antisowjetisch interpretiert (und manchmal sogar von der Zensur verboten). Alles in allem liest man bei uns erheblich mehr. Sogar die ärmlichste Arbeiterfamilie nennt ein Regal mit Büchern ihr eigen, und kultiviertere Familien besitzen ganze Bibliotheken, die von einer Generation an die andere weitergegeben werden. Die Auflagen der Bücher sind gewaltig, und seltene oder verbotene Ausgaben werden heimlich auf dem Schwarzen Markt verkauft. Hier dagegen interessieren sich offenbar nur mehr Spezialisten für die Klassiker. Das Durchschnittsalter eines Buches beträgt bestenfalls ein Jahr. Als ich im Jahre 1978 in Cambridge eine Unterkunft suchte, betrat ich Hunderte von Häusern und sah fast nirgends Bücher, vom Telefonbuch abgesehen. Und das in Cambridge, nicht in irgendeinem Dorf.

Natürlich trifft dies nicht nur auf Großbritannien zu. Ich halte mich seltener in anderen Ländern auf, kenne das Leben in ihnen weniger gut, doch zufällige Episoden zeigen ein ähnliches Bild. In Amerika zum Beispiel kauft man Bücher weniger, um sie zu lesen, als sie aufs Regal zu stellen. *Solschenizyn* ist beinahe in jedem Haus vertreten – es gehört zum guten Ton, seine Bücher zu besitzen. Ich war neugierig, wie die Amerikaner seine Werke beurteilten, und fragte jeden, ob er die bei sich auf dem Regal stehenden Bücher gelesen habe.

»O ja«, antwortete man mir in den meisten Fällen, »aber nicht persönlich.«

Ich begriff nicht, wie man Bücher »nicht persönlich« lesen kann, bis ein Russe mir erklärte, daß die Mehrheit die Rezensionen in den Zeitungen liest und sich damit begnügt. Das reicht aus, um nicht als Ignorant zu erscheinen und gegebenenfalls das Gespräch aufrechtzuerhalten.

Vor relativ kurzer Zeit war ich in Marseille und bat natürlich, mich zum Château d'If zu fahren. Meine Freunde lachten im Chor. Wie sich herausstellte, ist dies die Bitte, die alle Russen zuerst vorbringen. Es gibt auch Interessenten aus anderen Ländern, nur Franzosen gehören nicht zu ihnen. Die französischen Kinder lesen Dumas nicht!

Zur Ehre der kleinen Länder muß gesagt werden, daß man in ihnen viel mehr liest. Vor allem Island ist dafür berühmt. Aber in den meisten Ländern ist die Situation einfach alarmierend. Es heißt, daß das Fernsehen die Lesegewohnheit abgetötet habe. Ich bin mir nicht sicher, aber jedenfalls glaube ich, daß der Philosoph recht hatte, der verkündete, daß man sich nur gestohlenes Wissen aneignen kann. Für uns ist das Lesen eine Art Droge, eine Flucht vor der grauen Wirklichkeit. Nach den Plänen unserer Führer sollen wir nichts von unserer Vergangenheit wissen und von der Weltkultur abgeschnitten sein. Deshalb genießen wir die gestohlenen Früchte. Hier dagegen werden jedes Jahr Tausende neuer Bücher über alle möglichen Themen veröffentlicht. Wann haben die Menschen also Zeit, in die Vergangenheit zurückzublicken?

Millionen von Menschen heben ihr eigenes Grab aus

Wenn es nicht an der Toleranz, dem Rechtsbewußtsein und den Traditionen liegt, was ist es dann, was die Menschen hier frei macht? Aber die Sache ist nicht so einfach. Wir sind so daran gewöhnt, Gemeinplätze über die Freiheit hier und die Unfreiheit dort zu wiederholen, daß wir beginnen, den Sinn dieses Begriffes einzubüßen. Die in der Umgangssprache unvermeidliche Vereinfachung hat zu einer Absolutierung, einer Externalisierung geführt. Die Freiheit wurde zu einer Sache, einer Ware, die in dem einen Geschäft zu haben ist und in dem anderen nicht. Man braucht nur noch ihren Preis zu bestimmen. Die Sprache ist unser Feind, sie strebt immer danach, uns jeder Verantwortung zu entledigen, Ursache und Wirkung umzukehren. Und plötzlich sagte man nicht mehr: »Ich bin frei«, sondern: »Ich bin in Freiheit.« Daran gewöhnt man sich so leicht, daß man beginnt, mit dem Begriff »Freiheit« wie mit einer geographischen Bezeichnung umzugehen: Die Grenze wird von der Berliner Mauer markiert. Bestenfalls unterscheiden wir die »äußere Freiheit« als Institution von der inneren Freiheit, das heißt von der Freiheit der Wahl. Schon völlig verwirrt, fragen wir uns, ob der GULag aus der Unfreiheit hervorging oder ob die Unfreiheit ihrerseits eine Folge des GULag ist. Eines Tages wollte jemand von mir wissen, um wieviel freier ich mich hier fühlte. Welch seltsame Frage. Mein Leben ist zweifellos leichter, ungefährlicher, aber freier?

Unter jenen recht harschen Verhältnissen, in denen ich 34 Jahre meines Lebens verbrachte, war ich genauso frei wie jetzt. Mehr noch, alle, denen ich begegnete, waren es auch. Bei uns gab es eine Zensur, die aber nur dazu führte, daß der Stil der Schriftsteller raffinierter und das Auge der Leser schärfer wurde. Dies brachte letzten Endes den Samisdat hervor. Natürlich wurde (und wird) man dafür ins Gefängnis gesperrt. Aber reicht das aus, um die Freiheit des Wortes verschwinden zu lassen?

Die Worte werden einfach wertvoller, und das Gefühl der Freiheit geht tiefer. Selbstverständlich gab es auch Menschen, die die Sicherheit vorzogen. Aber auch sie waren in ihrer Entscheidung frei!

Ja, dort saßen wir im Gefängnis. Doch wer behauptet, daß es im Gefängnis keine Freiheit der Wahl gibt? Man kann sich die Freilassung um den Preis des Verrates erkaufen, man kann einen Fluchtversuch machen, man kann sich für ein Almosen erniedrigen, und man kann Widerstand leisten. Und schließlich kann man im Gefängnis die Freiheit erringen.

Für diejenigen, die innerlich unfrei sind, die sich selbst überzeugen wollen, daß es keine Wahl gibt, existiert eine Vielzahl von Alibis, die immer vernünftiger und humaner klingen als die Argumente der Freiheit. Eines davon vermag sogar das Gewissen des Henkers zu beruhigen: »Wenn nicht ich, dann tut es eben irgendein anderer. Es ist besser, wenn ich es bin, weil ein anderer grausamer sein könnte.«

Wie oft hörte ich dieses Argument von den Aufsehern, den Untersuchungsrichtern, den Gefängnispsychiatern. Und ich hörte es auch im Westen, von einem westdeutschen Geschäftsmann: »Wenn ich der Sowjetunion keine Röhren verkaufe, dann tut es mein Konkurrent. Aber in meiner Fabrik sind 1 500 Arbeiter beschäftigt, die ihre Stellung verlieren würden.« Dagegen weigerten wir uns, im Gefängnis zu arbeiten, weil wir meinten, daß es eine Schande wäre, das System der allgemeinen Unterdrückung durch unseren Einsatz zu unterstützen. Natürlich brachte uns dieses Verhalten den Karzer, die Einzelzelle, ein, doch jeder von uns wußte: »Wenn ich es nicht tue, wer dann? Wenn nicht heute, wann sonst?« Wer von uns war in diesem Moment freier?

Im Gefängnis hat man immer etwas zu verlieren. Sogar in der Einzelzelle, wo es weder Licht noch Luft, noch ein Bett, noch Bücher und nur jeden zweiten Tag Wassersuppe gibt, kann deine Haftstrafe noch verlängert werden, wenn du den Widerstand fortsetzt. Offensichtlich ist der Westen noch weit von den Einzelzellen in Wladimir entfernt, aber auch er stellt sich schon gehorsam darauf ein, den Herrn Gefängnisdirektor nicht zu verärgern. Die hiesigen Politiker haben sich selbst keinen Ausweg aus der Falle gelassen, in die das sowjetische Regime sie gezwungen hat: entweder Krieg oder Sklaverei. Die Politik unüberlegter Zugeständnisse hat schon dazu geführt, daß das sowjetische Diktat fast in ganz Europa zu spüren ist. Die französische Regierung, zum Beispiel, verbat dem Fernsehen, zum Zeitpunkt von *Breschnews* Besuch einen »antisowjetischen« Film zu zeigen. Der Besucher könnte erzürnt sein! Sobald jemand im Kreml die buschigen Augenbrauen zusammenzieht, beeilt sich die ganze Blüte der westlichen Politik, Freundschaftserklärungen abzugeben.

Und es geht nicht nur um die Politiker! Millionen von Menschen – hier wie dort –, von derselben Furcht gefesselt, heben ihr eigenes Grab aus. Sind sie frei? Ja, gewiß. Aber es ist so schwierig, *die Freiheit zu wählen*, so schrecklich, für alle Konsequenzen verantwortlich zu sein. Man würde lieber sanft vorgehen, unmerklich . . .

Die diensteifrige Phantasie verhilft schon zu Rechtfertigungen, die hier wie dort fast identisch sind:

»Was kann ich allein denn tun?«

»Wenn nicht ich, dann ein anderer ...«

»Es ist besser, nichts zu tun, sonst wird alles noch schlimmer.«

»Jede Obrigkeit ist autoritär. Dann schon besser diese als eine andere ...«

»Es ist nicht möglich, daß sie den Krieg wollen. Sie sind schließlich auch Menschen.«

»Die Hauptsache ist, nichts zu tun. Die Zeit wird alles ins Lot bringen.«

Es gibt Hunderte dieser Rechtfertigungen, und ihr Sinn ist immer derselbe: nichts zu tun, gefügig zu sein. Wie der Weg in die Hölle mit guten Vorsätzen gepflastert ist, so ist der Weg in die Sklaverei mit Selbstrechtfertigungen gepflastert.

Sind wir mehr wert? Sind wir weniger wert? Weder das eine noch das andere. Ich mustere die Gesichter der Passanten und erkenne ohne besondere Mühe vertraute Typen. Dieser wäre Beamter, still und verschüchtert, jener wäre Sekretär eines Parteikomitees. Dieser wäre ein Spitzel, jener ein Häftling. Bekannte Persönlichkeiten. Sie sind nur besser angezogen, und ihr Blick, ihre Bewegungen verraten noch nicht, daß sie ihre Fähigkeiten, ihre Rollen *kennen*.

Die größte Entdeckung besteht darin, daß die Menschen überall ungeheuer ähnlich sind. Es ist eine optimistische Entdeckung, wenn man sich sagt, daß eines Tages auch bei uns alles so sein wird wie bei ihnen. Doch sie ist pessimistisch, wenn man sich sagt, daß es auch bei ihnen so sein könnte wie bei uns. So laut man auch schreit, hier läßt sich nichts erklären. Wir wissen es eben schon und sie noch nicht.

Der sozialistische Mythos

»... Ich glaube immer noch, daß Gleichheit, metaphysisch betrachtet, eine leere Idee ist und daß sich soziale Gerechtigkeit auf die Würde jeder einzelnen Person und nicht auf Gleichheit stützen muß.«

N. Berdjajew, Selbsterkenntnis

»Gleichheit, Bruder, schließt Brüderlichkeit aus. Das muß man begreifen.«

I. Brodskij, Rede über
verschüttete Milch, 1967

Für jeden Menschen ist die plötzliche Übersiedlung in ein anderes, ihm wenig bekanntes Land ein Schritt ins Ungewisse, der viele Schwierigkeiten mit sich bringt. Für einen Emigranten aus der UdSSR ist es ein Sprung in den Abgrund ohne Fallschirm. Dieser kühne Auswanderer fährt nicht einfach in ein anderes Land, zu unbekannten Menschen mit unbekannten Bräuchen und einer unverständlichen Sprache, sondern stürzt sich unwiderruflich in eine *andere Welt*, in der alles sich von seiner eigenen unterscheidet.

»Welcher Teufel hat ihn nur geritten?« fragen seine Freunde mißbilligend. »Das ist schließlich nicht so wie bei uns, wo man sich nicht zu rühren braucht und trotzdem bezahlt wird.« Und der Emigrant sieht die ganze Unbedachtheit seiner Anwandlung ein und wundert sich über seine eigene Kühnheit, wenn er seine Entscheidung getroffen hat. In unserem schläfrigen sowjetischen Reich dient die offizielle Arbeit nämlich nur als Gegenstand endloser Witze. Wer nimmt sie ernst? »Wir geben vor zu arbeiten, und sie geben vor, uns zu bezahlen.«

Kurz, wenn wir die sowjetische Grenze überschritten haben, glauben wir, in eine Welt geraten zu sein, in der man tüchtig arbeitet und tüchtig verdient, in der Millionen Geschäfte telefonisch, ohne jede Umstände, abgeschlossen werden, in der ein Mann, wenn er seine Million verdient hat, ganz unabhängig ist, zum Gevatter des Königs und zum Schwager eines Ministers wird.

Versuche, den Kapitalismus zu entdecken

»Ach, was auch kommen mag, ich werde mich irgendwie einleben. Kann sein, daß ich schwitzen muß, aber wenigstens beginnt das wirkliche Leben ohne diese ewige sowjetische Gespaltenheit, ohne diese träge, hoffnungslose Existenz. Von nun an wird es ernst, ist alles real.«

Wir glauben also, in die Welt des Kapitalismus geraten zu sein.

Aber das erste Entzücken, die erste Begeisterung sind vergangen, das Leben beginnt sich zu normalisieren, wird zur Routine. Der Warenüberfluß oder die Höflichkeit der Bedienung überrascht uns nicht mehr, und es wird zur Gewohnheit, die örtlichen Zeitungen zu lesen. Man fängt an, das zu bemerken, was einem vorher entgangen war. In den großen Geschäften wissen die Verkäufer nicht, was sie vorrätig haben und wieviel es kostet; die Angestellten riesiger Unternehmen (zum Beispiel in Italien) schlagen die Zeit genauso tot wie ihre sowjetischen Kollegen: indem sie Bücher lesen, sich unterhalten und das Ende des Arbeitstages abwarten. Aus meinem Fenster kann ich beobachten, wie gegenüber ein Haus gebaut wird; die Arbeiter beeilen sich nicht, machen Zigarettenpausen, sind nicht schneller als Bauarbeiter in der Sowjetunion. Aber sie verdienen fünf-, sechsmal so viel!

Auf den ersten Blick ist das Leben hier gut organisiert und komfortabel. Alles scheint seinen festen Platz zu haben. Aber das gilt nur, solange man nicht plötzlich irgend etwas Ungewöhnliches benötigt.

Ich zog mitten im Winter in mein Haus ein und hatte aus Unwissenheit nicht gemerkt, daß das Öl für meine Heizung verbraucht war. Zu meinem Verdruß war es sehr kalt geworden. Ich beeilte mich, Heizölfirmen anzurufen, doch ohne Erfolg. An wen ich mich auch wandte, überall erfuhr ich, daß man zu viele Bestellungen habe und mir vor der nächsten Woche keine Lieferung verprechen könne.

»Aber ich bin bereit, für eine sofortige Lieferung einen Aufschlag zu bezahlen«, sagte ich in aller Unschuld.

»Aber, Sir, wie können Sie nur? Das wäre doch Bestechung«, wurde mir höflich erwidert.

Bestechung? Wo bin ich denn eigentlich? Etwa nicht in einem kapitalistischen Land, wo es im Prinzip eine Marktwirtschaft geben sollte? Es ist zum Lachen. In der sozialistischen UdSSR wäre ich auf die Chaussee hinausgegangen und hätte den ersten besten Tankwagen angehalten, und der Fahrer hätte mir für zehn Rubel jede beliebige Menge Öl verkauft.

Betrachten wir British Leyland, ein ständig von Krisen geschütteltes Unternehmen am Rande des Ruins. Es versucht dauernd, Autos abzusetzen, die niemand kaufen will, während sich gleichzeitig zwei seiner Modelle – »Range Rover« und »Jaguar« – gewaltiger Nachfrage erfreuen. Aber gerade diese beiden Modelle kann British Leyland aus irgendeinem Grunde nie in ausreichender Zahl liefern. Sowohl in Großbritannien selbst wie im Ausland gibt es für sie lange Wartelisten, und man muß mindestens ein Jahr Geduld haben. Auf dem Schwarzmarkt wird systematisch mit diesen Autos spekuliert, und man kann seinen Platz auf der Warteliste illegal weiterverkaufen. Genauso wie in der UdSSR, wo der »Shiguli« auf dem Schwarzmarkt gehandelt wird! Der Vorstandsvorsitzende von British Leyland versichert der Öffentlichkeit, daß wichtige technische Gründe das Werk hinderten, die Nachfrage zu befriedigen. Aber wenn wir in einem kapitalistischen Land leben, in dem »das Angebot von der Nachfrage bestimmt wird«, darf es solche Gründe einfach nicht geben!

Vielleicht reichen vier Jahre nicht aus, doch bis jetzt habe ich den Kapitalismus hier noch nicht entdecken können. Natürlich verbietet einem niemand, seinen eigenen Laden aufzumachen, aber das ist auch in Polen oder Jugoslawien nicht untersagt. Sogar in der UdSSR kann man eine private Schuhmacherwerkstatt betreiben. Das bringt jedoch weder hier noch dort etwas ein. Die überwältigende Mehrheit der Neureichen kommt aus der Unterhaltungsindustrie: Sänger, Musiker, Schriftsteller, Schauspieler, Fußballspieler, dazu ihre Agenten und Anwälte, Kunst, Kunsthändler und Verkäufer von Luxusartikeln, Eigentümer von Sportanlagen und Buchmacher. Die erzeugende Industrie ist schon seit langem den Pechvögeln überlassen, die einerseits vom Staat, mit Vorschriften und Steuern, andererseits von den Gewerkschaften bedrängt werden. Es gibt sie kaum noch, diese Privatunternehmer, diese Kapitalisten. Die Industrie ist entweder nationalisiert oder befindet sich in der Hand anonymer Gesellschaften. Das eine wie das andere hat etwa die gleichen Folgen wie in der UdSSR: »kollektive Verantwortungslosigkeit«, vollkommenes Desinteresse der Angestellten, fehlende Rentabilität und Inkompetenz.

Meine Kenntnis dieser Fragen ist, wie sich versteht, begrenzt. Es handelt sich um Eindrücke, die ich hauptsächlich wärend meines Lebens in England gewann. Ich bin weit davon entfernt, eine ernsthafte Wirtschaftsanalyse mit Tabellen und Diagrammen durchführen zu wollen, zumal ich davon nicht sehr viele halte. Mir scheint es viel wichtiger, die psychologische Atmosphäre nachzuempfinden. Auch die Mediziner fertigen häufig Fieberkurven, Druckkurven, Analysen an, und alles scheint in Ordnung, die kleinen Abweichungen haben keine wissenschaftliche Ursache. Unterdessen geht es dem Kranken schlechter und schlechter. Jeder Laie sagt sich: »Der macht's nicht mehr lange.« Tatsächlich, kurz darauf ist der Patient gestorben.

Ein Trauma:
Verleger, Übersetzer und Lektoren

Das umfangreichste Material für meine Beobachtungen sammelte ich, als mein Buch in neun verschiedenen Ländern herauskam. Zuerst hatte ich nicht die geringste Lust gehabt, es zu schreiben. Es ist immer unangenehm, die Vergangenheit aufzurühren, besonders eine Vergangenheit wie die meine. Am liebsten hätte ich alles vergessen und ohne Umschweife ein neues Leben angefangen, als wäre ich gerade zur Welt gekommen. Außerdem schreibe ich nicht gern, mein ganzer Organismus lehnt sich dagegen auf. Auch war ich damals zu Tode erschöpft. Nach sechs Jahren im Gefängnis und einer halbjährigen fieberhaften Hetze durch die ganze

Welt will man sich endlich ausruhen. Ein Freund überredete mich schließlich: »Bevor du nicht ganz genau erzählst, was du erlebt hast, wirst du sowieso keine Ruhe haben. Man wird dich dauernd mit Fragen belästigen. Du kannst so viel mit Journalisten reden, wie du willst, es bleibt immer etwas ungesagt, so daß ihre Neugier angestachelt wird. Wenn du alles aufschreibst, kannst du dich hinter dem Buch wie hinter einem Schild verstecken. Wenn man dir Fragen stellt, brauchst du nur das Buch vorzuweisen.«

Die Verträge wurden rasch unterzeichnet. Die Verleger hatten es eilig und wiesen zu Recht darauf hin, daß das Interesse hier nie lange anhält. Für ihre kommerziellen Zwecke muß alles so schnell wie möglich publiziert werden. So ergab es sich, daß ich das Buch innerhalb von dreieinhalb Monaten schreiben mußte. Ich hätte es schwerlich schaffen können, wenn mir meine englischen Freunde, die *Churchills,* nicht ein Häuschen auf ihrem Besitz zur Verfügung gestellt und mir völlige Abgeschiedenheit garantiert hätten.

»Wenn du wirklich ganz schnell mit dem Buch fertig werden willst«, sagte *Winston,* »mußt du dich vollständig isolieren. Laß niemanden wissen, wo du bist, ruf niemanden an und gib keinem deine Telefonnummer. Tauche unter. Wir sorgen für dein Essen und alles, was sonst nötig ist.«

Ich stimmte zu. Meine Gastgeber überließen es mir selbst, mich um meine »Quarantäne« zu kümmern, und ich hielt sie ein, so gut ich konnte, da ich wußte, wie berechtigt *Winstons* Ratschlag gewesen war. Vor allem fürchtete ich, das Buch nicht in der festgesetzten Frist zu beenden, die Verleger zu enttäuschen. Ich wollte auf keinen Fall »geschäftsuntüchtig«, unzuverlässig erscheinen. Schließlich heißt es, daß alle Russen so seien, daß man mit ihnen keine Geschäfte machen könne. Dies war meine erste Begegnung mit der »Geschäftswelt«, und all unsere sowjetischen Legenden über den Kapitalismus hatten bei mir noch einen sehr starken Eindruck hinterlassen.

Manchmal glaubte ich, verrückt zu werden. Schon nach mehreren Wochen konnte ich kaum noch schlafen und hatte den Appetit verloren. Alles war auf den Kopf gestellt: Ich schrieb aus irgendeinem Grunde nachts, bis 8 oder 9 Uhr morgens, schlief tagsüber und machte mich abends wieder an meine Zwangsarbeit. Es war ein Chaos, in dem Realität und Phantasie, Vergangenheit und Gegenwart, Tag und Nacht miteinander verflossen. Meine liebenswürdigen Gastgeber sah ich fast nur beim Abendbrot, das, streng genommen, mein Frühstück war. Ich muß ihnen seltsam, halb wahnsinnig vorgekommen sein. Ich weiß nicht, ob ich eine Ausnahme bin oder ob es die Regel ist, jedenfalls durchlebe ich die Ereignisse, die ich beschreibe, viel intensiver als in Wirklichkeit.

In der Realität versuchen wir unbewußt, unsere Empfindungen und Gefühle zu dämpfen, uns von ihnen zu distanzieren, allem einen komischen Aspekt abzugewinnen, um nicht allzu weit in die Zukunft blicken zu müssen. Die Zeit wird komprimiert, zieht sich zusammen wie das Quecksilber eines Thermometers bei Frost – Vergangenheit und Zukunft existieren an einem einzigen Tag, sogar in einem einzigen Moment nebeneinander. Die Schutzreaktion des Organismus besteht darin, nicht allzu gründlich nachzudenken, die Geschehnisse nicht ernst zu nehmen und niemals auf einen glücklichen Ausgang zu hoffen. Dadurch erscheint alles nicht ganz so schlimm, gibt es immer etwas, worüber man sich freuen kann. Wenn man später die Knäuel der Erinnerung entwirrt, muß man auf diese rettende Anästhesie verzichten, wie nach einer Operation, wenn die Nerven von neuem reagieren. Außerdem muß man vieles verschweigen, wenn man über wirkliche Ereignisse, wirkliche Menschen schreibt, um ihnen nicht zu schaden. Gerade die lebendigsten Episoden müssen häufig ausgelassen werden. Es ist unvermeidlich, daß man viele Beweggründe übergeht oder vereinfacht, denn nicht alles läßt sich beschreiben – dazu würde man unzählige Seiten benötigen. Kurz, es war wirklich Zwangsarbeit. Ich wurde genau zum gesetzten Termin fertig.

Dann aber verging mehr als ein Jahr, bevor die ersten Verleger das Buch herausbringen konnten. Ich habe nie verstanden, weshalb mir so unglaubliche Anstrengungen abverlangt wurden. Warum waren die Verleger so saumselig, obwohl sie mir selbst erklärt hatten, daß das Interesse rasch nachläßt? Alles in allem war ich erstaunt über ihre Trägheit, ihren Mangel an Initiative und das Fehlen jedes Berufsinteresses.

Überhaupt ist die Herstellung von Büchern hier sehr kompliziert, wovon ich schon gesprochen habe. Einen Band von mehr als 250 Seiten nimmt der heutige Leser nur ungern in die Hand, was sich natürlich auf die Qualität der Bücher auswirkt – schließlich läßt sich bei diesem Umfang nicht alles erzählen, nicht alles unterbringen. Da hier erstaunlich wenig gelesen wird, muß man den Käufer eines Buches irgendwie ansprechen, seine Aufmerksamkeit erwecken. Als leidenschaftlicher Leser weiß ich, daß man sich in einem Tatsachenbericht unbedingt die Illustrationen, die Fotografien ansehen möchte, bevor man es kauft. Wenn keine vorhanden sind, ist mindestens die Hälfte des Interesses schon verschwunden, weil das Gefühl der Wahrhaftigkeit, der Authentizität fehlt. Aber soviel ich auch mit meinen Verlegern diskutierte, es nützte nichts. Von allen neun Ausgaben erschienen nur in der französischen auch Fotografien.

Selbst der Titel und sogar die Konzeption des Buches riefen endlose Diskussionen, die reinsten Schlachten hervor. Es geht hier nicht um unterschiedliche Geschmäcker oder einfach darum, daß den meisten meiner Herausgeber, wie mir schien, jeder Geschmack fehlte. Sie wollten vielmehr, daß alles in chronologischer Abfolge erzählt werden und das Buch entweder den Titel »Mein Leben« oder »Meine Erinnerungen« oder – noch widerlicher – »Erinnerungen eines Dissidenten« tragen solle. Die Amerikaner, mit denen ich mich am häufigsten streiten mußte, ersannen den Titel »Gedanken eines Mannes in Handschellen« und waren über meine Unzufriedenheit verblüfft.

Ich konnte mich nicht zwingen, alles in chronologischer Folge zu erzählen und so zu beginnen: »Ich wurde am 30. Dezember 1942 geboren ...« Dazu war ich physisch nicht in der Lage. Nach dieser Zeile hätte ich nichts mehr hinzufügen können, als wäre das Thema damit erschöpft. Höchstens noch: »... und starb am ...« Das Buch ist keineswegs ein Memoirenband geworden. Übrigens ist es ja auch unmöglich, mit 35 oder 36 Jahren seine Memoiren zu schreiben.

Erstaunlich war, daß die Amerikaner die größten Schwierigkeiten machten. Ihre berühmte Leistungsfähigkeit (»efficiency«), die wir für bare Münze nehmen, ist nur eine Pose, eine Art Mimikry. So muß man eben in Amerika wirken, um nicht allzu sehr aufzufallen. Der große Verlag, ein riesiger Konzern, mit dem ich zu tun hatte, drängte mich nicht nur stärker als alle anderen, sondern gab das Buch auch als letzter heraus. Er wies alle Fotografien zurück, weil sie den Handelspreis zu sehr erhöhen würden, ließ am Ende aber eine langweilig aufgemachte Schwarte zu einem beträchtlichen Preis (mehr als siebzehn Dollar) erscheinen. Darüber hinaus bemühten sich die Amerikaner ständig, meinen Text zu korrigieren.

All diese Umstände waren nicht auf eine böse politische Absicht zurückzuführen. Der große Konzern erinnert, wie ich mich überzeugen konnte, frappierend an einen sowjetischen Betrieb mit seiner Unbeweglichkeit, der Gleichgültigkeit der Angestellten und jenem bürokratischen Teufelskreis, bei dem einer dem anderen die Verantwortung zuschiebt. Sosehr man sich auch müht, es gelingt nicht, den Zuständigen zu finden. Ich konnte lange nicht begreifen, weshalb die Lektoren so hartnäckig bald die eine, bald die andere Änderung vorschlugen; manchmal waren diese Vorschläge völlig absurd und betrafen nur einzelne Absätze oder Satzteile, die umgestellt werden sollten. Es war ein endloser Kampf gegen die unsichtbaren Kräfte der Entropie, die jede Geschlossenheit zerstören, jeden Sinn verwischen, alle kleinen Knötchen und Falten, die in einer literarischen Erzählung unvermeidlich sind, auflösen und glätten wollten. Ich hatte das Gefühl, mit einem nicht programmierten Computer zu kämpfen. Erst mit der Zeit wurde mir bewußt, daß dies wahrscheinlich der Fall war. Die gewaltige

Maschinerie mußte irgend etwas tun, irgendwie ihre Existenz rechtfertigen. Während sie mein Buch verdaute, versuchte sie natürlich, es zu ihrem Ebenbild zu machen – zu einem Knäuel verworrener Absurditäten.

Zur Zeit dieses Kampfes begann auch noch mein Universitätsstudium, und man kann sich denken, welche Wut mich packte, wenn ich wieder einmal eine Sendung Druckfahnen erhielt, die ich aufmerksam lesen und mit dem Original vergleichen mußte, wie ein Archäologe, der eine Vase anhand weniger Scherben rekonstruiert. Endlich bekam ich die letzte Version der Fahnen, die ich mehrere Male gelesen und korrigiert hatte und die nun gedruckt werden sollten. Auf dem Titelblatt stand mit Großbuchstaben:

»To build a castle – my life as a deserter« (statt »dissenter«).

Im Westen sind die Dinge höchst seltsam geregelt: Ich mußte überall gleichzeitig sein, die Funktionen des Autors, des Korrektors, des Übersetzers, des Werbeagenten und sogar des Vertriebsleiters übernehmen. Wieso eigentlich? Schließlich war ich der Autor, und meine Aufgabe bestand nur darin, das Buch zu schreiben. Fällt es diesem ganzen Apparat wirklich so schwer, das Geschriebene einfach herauszugeben? In einem anderen Land (ich möchte nicht sagen, in welchem) beschloß der Übersetzer plötzlich, das Buch zu »verbessern«, weil ihm schien, daß es schlecht geschrieben sei. Ein solches Urteil ist immer subjektiv, doch selbst wenn es stimmte, war das etwa Sache des Übersetzers? Zum Glück bemerkten meine Freunde, die ich gebeten hatte, auf die Qualität der Übersetzung zu achten, und die aus bitterer eigener Erfahrung niemandem vertrauten, diesen Versuch rechtzeitig und schritten ein.

Hier muß erwähnt werden, daß die Übersetzungen im Westen durchweg schlechter sind als in der UdSSR. Als Übersetzer arbeiten hier in der Regel erfolglose Schriftsteller oder sogar mit der Literatur gar nicht vertraute Personen, die den Ruf haben, »die Sprache zu kennen«. Bei uns dagegen waren die besten Schriftsteller gezwungen, von Übersetzungen zu leben, weil man ihre eigenen Werke nicht druckte. Infolgedessen sind die Anforderungen an die Qualität einer Übersetzung bei uns ungewöhnlich hoch, und eine besondere Übersetzungskultur bildete sich heraus. In der Sowjetunion ist es eine Ehre, Übersetzer zu sein, weil man dort die ausländische Literatur hochschätzt, die den von intellektueller Erstickung bedrohten Menschen des gewaltigen Landes jahrzehntelang ermöglichte, etwas Freiheit zu atmen. Im Westen aber handelt es sich um eine sehr mittelmäßig bezahlte Tätigkeit, zu der ein Schriftsteller, der den Namen verdient, sich kaum je hergibt.

Wie sich erwies, war es praktisch unmöglich, den Übersetzer zu wechseln. Sie bildeten einen Clan, eine Mafia. Unter vier Augen räumte jeder von ihnen ein, daß die Übersetzung mißlungen sei, aber öffentlich oder in Gutachten an den Verleger behaupteten alle, daß sie ausgezeichnet sei und man sich einfach nichts Besseres vorstellen könne. Einer von ihnen, ein sehr geachteter und wirklich hervorragender Spezialist, gab mir gegenüber offen zu, daß es hier als »unmoralisch« gilt, die Arbeit eines Kollegen zu kritisieren; unter den Übersetzern herrscht eine Art Korpsgeist, ein Gefühl der Solidarität.

»Wie schlecht eine Arbeit auch sein mag, kein professioneller Übersetzer wird dies bestätigen. Auch ich kann es nicht, sonst würden mich die anderen zerreißen.«

Die Lage schien hoffnungslos. Der Verleger glaubte mir nicht, er war der Ansicht, daß ich nur herumnörgeln wolle. Und wie konnte ich ihm beweisen, daß ich recht hatte, da ich die betreffende Sprache selbst nicht beherrschte? Mit großer Mühe gelang es mir, einen Übersetzer zu finden, der nicht zu diesem festgefügten Clan gehörte. Aber die Zeit war unwiderruflich verloren, und das Buch erschien mit großer Verzögerung, erst sechs Monate später. Die ganze Angelegenheit hatte mich sehr viel Nerven gekostet.

Später konnte ich mich davon überzeugen, daß solche »Mafias« keine Ausnahme, sondern die Regel bei den verschiedenen »Spezialisten« sind. Einen echten Konkurrenzkampf trifft man kaum noch irgendwo an. Es regiert das Gesetz des geringsten Widerstandes. Selbstverständlich ist es viel leichter, solche Absprachen zu treffen, als mit großer Anstrengung jeden Auftraggeber für sich einzunehmen. Doch was mich am meisten verblüffte, war die unüberwindliche Stagnation im Verlagswesen selbst. Mein englischer Herausgeber, ein sehr wohlwollender, angenehmer und mir gewogener Mann, sagte einmal stolz zu mir: »Alles läuft bestens. Sie werden sich freuen zu hören, daß mit einer großen Auflage zu rechnen ist: 7 500 Exemplare!«

Mir klappte der Kiefer herunter. 7 500 Exemplare für ganz Großbritannien und das Commonwealth? Für wen hatte ich dieses Buch nur geschrieben und so viele schlaflose Nächte auf mich genommen?

Man erklärte mir, daß die Auflagen in Großbritannien von den Buchhändlern bestimmt werden: So viele Bücher, wie sie insgesamt bestellen, ohne das Buch gelesen zu haben und oft auch ohne irgend etwas über den Autor zu wissen, so viele Exemplare läßt der Herausgeber drucken. Natürlich bestellen die Buchhändler bei dieser seltsamen Methode – schließlich kaufen sie die Katze im Sack – aus Vorsicht nur wenige Bücher, manchmal nur zwei oder drei für ein großes Geschäft. Jemand verkündete wiederum voller Stolz, daß sogar eine bekannte Buchhandlung fünf Exemplare bestellt und drei davon ins Schaufenster gestellt habe. Die erste Auflage wurde recht schnell verkauft, aber die westlichen Leser sind anders als die sowjetischen. Sie machen kein Aufsehen und verlangen keine neuen Exemplare. Man kauft hier Bücher wegen der hohen Preise hauptsächlich als Weihnachts- oder Geburtstagsgeschenke und hält sich an das, was vorrätig ist. Man muß schon ein außergewöhnliches Interesse an einem Buch haben, um es speziell anfordern zu lassen (auf eine Bestellung muß man in Großbritannien vier bis sechs Wochen warten).

Also deckten mich die Leser schon nach knapp einem Jahr mit Briefen ein und erkundigten sich, wo sie mein Buch kaufen könnten. Nun war es so weit gekommen, daß ich sogar noch den Vertrieb übernehmen sollte. Es war ein Witz: Genau wie in Moskau bildeten die Leser eine Schlange und gaben das Buch von einem zum anderen weiter, was sie mir in ihren Briefen stolz mitteilten. Die Engländer sind manchmal ganz rührend. Wenn irgend etwas ihr Mitgefühl erweckt, ruhen sie nicht, ist ihnen kein Zeitaufwand, keine Anstrengung zu schade. Ein älterer Mann aus London ließ mich wissen, daß er mein Buch, da es in den Buchhandlungen nicht greifbar gewesen war, in einer Bibliothek entliehen und Fotokopien für sich, seine Freunde und Bekannten gemacht habe. Das ist also die Nachfrage, die das Angebot bestimmt!

Zum zweiten – und das ist absurder als alles andere – werden die Bücher im Westen in zwei Kategorien geteilt: »Hardcovers« und »Paperbacks«. Ich habe nie verstanden, was der Sinn dieser Tradition sein soll, welche kommerzielle Idee sie hervorgebracht hat, aber es ist eben Tatsache: Zunächst gibt man ein Buch hier mit hartem Einband, in einer sehr kleinen Auflage und zu einem unanständig hohen Preis heraus. Die überwältigende Mehrheit der potentiellen Leser kann sich einen solchen Luxus nicht leisten und wartet auf das Paperback – es ist billig und erscheint in hoher Auflage –, das rund eineinhalb Jahre später herauskommt (wenn überhaupt).

Nach einer so langen Zeit erinnert sich kaum noch jemand an den Autor und sein Buch, denn alle Rezensionen, die Werbung usw. beziehen sich auf die Hardcoverausgabe. Im Verlaufe von zwei Jahren ereignet sich so viel in der Welt, werden so viele neue Bücher gedruckt und angepriesen, daß man von den Lesern ein so übermenschliches Erinnerungsvermögen nicht erwarten darf. Das Interesse an jeder Sache ist meist vergänglich, und bei der relativen Gleichgültigkeit, die man hier Büchern gegenüber empfindet, beschränken die meisten sich darauf, Rezensionen zu lesen.

Ob ein Buch als Paperback herauskommt, hängt theoretisch davon ab, wie gut sich die Hardcoverausgabe verkauft, was, wie ich dargelegt habe, überhaupt nichts mit den Qualitäten des Buches zu tun hat. Ich eile den Ereignissen voraus, wenn ich sage, daß weder in Großbritannien noch in Amerika eine Paperbackausgabe meines Buches erschienen ist (und wohl auch nicht erscheinen wird). Die Gründe sind rein zufälliger Art: In Großbritannien waren die Rechte von »Penguin« erworben worden; der Verlag geriet in geschäftliche Schwierigkeiten und wechselte den Eigentümer, der fast alle vorher geplanten Publikationen strich. In Amerika haben der Cheflektor, der Lektor, der Justitiar und sogar der Vertriebsleiter den Verlag gewechselt, und ihre Nachfolger haben beschlossen, ganz von vorne anzufangen. Die Rechte zurückzuerhalten ist äußerst schwierig. Es erfordert ausgedehnte juristische Prozeduren, vielleicht sogar einen Prozeß. Dazu reicht meine Geduld nicht aus.

Aber dieser Unsinn interessierte mich sehr. Ich beschäftige mich überhaupt gern mit bürokratischen Absurditäten, weil sie gewöhnlich den Charakter des Systems widerspiegeln. Also beschloß ich, die Ursache der Situation im Verlagswesen zu untersuchen, soweit chronischer Zeitmangel und das Fehlen von Spezialkenntnissen es gestatteten. Warum packt man die Sache nicht genau umgekehrt an: Könnte man nicht zuerst die billige Paperbackausgabe mit der hohen Auflage erscheinen lassen, möglichst viel Werbung machen, so viele Exemplare wie möglich verkaufen und dann, wenn man Erfolg hatte, die teure Geschenkausgabe herausbringen? Diese »Märkte« überschneiden sich schließlich nicht; wer es zu seinem Hobby gemacht hat, teure Bücher zu sammeln, wird ohnehin abwarten. Andererseits gedulden sich auch die Leser, die sich keine teuren Bücher leisten können, bis die Taschenbuchausgabe erscheint.

»Wie kommen Sie denn darauf?« fragten meine Verleger erstaunt. »Wer wird denn eine Paperbackausgabe rezensieren? Das widerspricht der Tradition.«

Unglaublich! Man druckt also Bücher für die Rezensenten, nicht für die Leser! Zum Teufel mit den Kritikern! Wir können auch ohne sie auskommen. Für die Kritiker würde ich gar nicht erst die Feder in die Hand nehmen. Um ehrlich zu sein, die Mehrheit der Rezensionen in England überraschte mich durch ihre mangelnde Professionalität, ihre Inkompetenz und zuweilen durch ihre politische Feindseligkeit. Ich bin sicher, daß zahlreiche Kritiker sich nicht einmal die Zeit genommmem hatten, mein Buch gründlich zu lesen, sondern es nur »diagonal« überflogen. Welche Dummheiten da zusammengeschrieben wurden!

Alles in allem konnte ich recht leicht voraussagen, welche Rezension in welcher Zeitung erscheinen werde, und ich wußte auch, daß man in Großbritannien von den »Linken« weder Mut noch Ehrlichkeit erwarten kann. Sie haben sich angewöhnt, als »Maulwürfe« zu leben. Rezensionen sind für sie ein günstiges Genre, weil es ungebräuchlich ist, sie zu beantworten oder sich über sie aufzuregen. Und vom guten Willen solcher Kritiker hängt der Erfolg eines Buches ab!

Allmählich begriff ich, daß die Probleme nicht nur von Kritiken und Traditionen geschaffen wurden. Eine Erstausgabe muß nämlich alle Unkosten dekken, die sie verursacht hat. Diese Unkosten sind gewaltig, und man nimmt mit der Veröffentlichung eines Buches ein großes Risiko auf sich. Deshalb geschieht im Verlagswesen das gleiche wie im Verkehr: Nachlässige Unternehmer tragen selbst dazu bei, daß der Markt zusammenschrumpft. Je weniger Konsumenten, desto geringer wird die Auflage; je höher der Preis, desto weniger Konsumenten.

Ungefähr so verhielt es sich mit den britischen Eisenbahnen oder mit dem Luftverkehr. Die Kosten wachsen ständig infolge der übrigen Wirtschaftsfaktoren (Inflation, Lohnanstieg usw.). Wie ich mich später oft überzeugen konnte, liegt die Hauptursache dafür, daß Waren und Dienstleistungen verschwinden, in der Unfähigkeit von Unternehmern, die wie gelähmt sind, jedes Risiko fürchten und sich an veralteten Konzeptionen festklammern. Der Unternehmer muß heutzutage ein Revolutionär sein, um zu überleben. Aber Revolutionäre schlagen hier gewöhnlich keine Unternehmerlaufbahn ein, sie ziehen es vor, Banken auszurauben und Bomben in Gaststätten explodieren zu lassen.

Es ist traurig, aber wahr: Wenn im Verlagswesen nicht schnellstens etwas geschieht, werden wir es bald mit einem westlichen Samisdat zu tun haben. Die literarische Kultur könnte untergehen – in Moskau überlebt sie durch den Enthusiasmus der Bücherliebhaber, der sich durch das kommunistische Verbot verzehnfacht hat. Dies ist ein Prinzip, das mir evident vorkommt, obwohl ich mein ganzes Leben in einem »sozialistischen« Land verbracht habe, aber diejenigen, die im »Kapitalismus« geboren wurden und aufgewachsen sind, wollen es nicht begreifen.

Der Gerechtigkeit halber muß ich hinzufügen, daß es auch im Verlagswesen Ausnahmen gibt. Meinen italienischen Verlegern gelang es, ein kleines, attraktives Buch zu einem niedrigen Preis herauszubringen, und sie wurden dafür belohnt. Die beste Ausgabe meines Buches wurde jedoch in Frankreich hergestellt. In diesen beiden Ländern gibt es keine Tradition des »Hardcovers«, und man läßt als erstes einen weit billigeren Band mit hoher Auflage erscheinen. Die Franzosen verwendeten auch Fotografien und widmeten sich dem Text mit großer Sorgfalt; die Auflage wird bei ihnen nicht von den Buchhändlern bestimmt. Das Buch wurde zu einem Bestseller. Später erschienen mehrere Auflagen mit hartem Einband und danach auch eine ganz billige Taschenbuchausgabe – alle mit unverändertem Erfolg.

Offensichtlich rentieren sich Initiative, Erfindergeist und Risikobereitschaft nicht nur im Verlagswesen, sondern auch auf jedem anderen Gebiet. Manche Unternehmer, zum Beispiel, haben ihre großen Betriebe in kleinere mit nicht mehr als vier- bis fünfhundert Beschäftigten aufgeteilt; sie sind bemüht, die Arbeit schöpferischer zu gestalten, und setzen verschiedene Zerstreuungen als Stimulus ein. Einer erzählte mir sogar, daß er für seine Arbeiter ein Schwimmbad gebaut habe, das sie während ihrer Arbeitszeit benutzen könnten. Und das Ergebnis? Die Arbeitsproduktivität ist gestiegen.

Ich werde später noch auf meine Beobachtung oder, besser gesagt, auf meine Hypothese eingehen, daß sich im Bewußtsein der Menschen ein Umschwung vollzogen hat. Das Geld bietet aus vielen Gründen nicht mehr den mächtigen Anreiz von früher. Der Mensch hat begonnen, Freizeit, Muße, Zerstreuung viel höher zu schätzen. Damit ist es an der Zeit, auch das Motivationssystem in der Industrie umzugestalten. Es gebührt mir nicht, Urteile abzugeben oder Ratschläge zu erteilen, denn ich bin nur ein außenstehender Beobachter, aber ich kann mit Bestimmtheit sagen, daß Stagnation schädlich ist. Meiner Meinung nach wird es niemandem gelingen, nach alter Sitte weiterzuleben. Solange die Mehrheit weiterhin an diesen alten Sitten festhält, können die Verhältnisse sich nur verschlechtern. Unternehmer mit Initiative sind nicht die Regel, sondern die Ausnahme. Es fällt ihnen sehr schwer, das Labyrinth der staatlichen Vorschriften und die allgemeine Trägheit zu überwinden. Und darunter leiden alle: die Verbraucher, die Arbeiter, das ganze Wirtschaftssystem.

Sicherheit *vor* Freiheit: der westliche Weg in den Sozialismus

Ich reiste von Anfang an häufig in die Vereinigten Staaten. Im Jahre 1977 besuchte ich vierzehn Städte, vor allem die großen Industriezentren. Da ich Gast der amerikanischen Gewerkschaften war, begegnete ich in erster Linie Arbeitern, Lehrern und Studenten. Meine Gastgeber machten sich zur Regel, mir fast in jeder neuen Stadt die ärmsten Slumgebiete und die reichsten Bezirke zu zeigen, damit ich die »Kontraste des amerikanischen Lebens« zu Gesicht bekäme. Während die wohlhabenden Stadtbezirke jedoch großen Eindruck auf mich machten, erschütterten die Slums mich nicht im geringsten. Der Grund war nicht, daß es sich nach sowjetischen Maßstäben um völlig normale Behausungen von mittlerer Qualität handelte – es wäre nicht fair, sowjetische Normen auf Amerika zu übertragen, schließlich ist alles relativ –, sondern es lag an der psychischen Einstellung, die in den Slums vorherrschte. Da ich selbst in einem Slumgebiet aufwuchs, weiß ich genau, daß echte, »ehrliche« Not sich nicht in malerischen, mitleiderregenden Lumpen ausdrückt, sondern in sorgfältig geflickter Kleidung, einem gequälten Lächeln und dem verzweifelten Bemühen, so »wie alle« auszusehen. Bei uns können zwölf Familien in einer Baracke leben, nur von Sperrholzwänden getrennt, aber sie pflanzen Blumen an und streichen die Tür.

In den Vereinigten Staaten jedoch zeigt jede kleinste Einzelheit, daß die Bewohner ihre Lebensqualität gar nicht erhöhen wollen. Denn einen Hauseingang zu reparieren oder statt einer zerschlagenen Fensterscheibe wenigstens eine Holzplatte einzusetzen erfordert nur wenig Geld, und den Schmutz zu beseitigen kostet gar nichts. Nein, ich spürte in allem eine bewußte Herausforderung. Je schlechter, desto besser, denn die Gesellschaft ist an allem schuld, und sie muß sich um alles kümmern. Man mag mich für grausam, sogar unmenschlich halten, aber ich vermochte weder diesen Menschen noch dieser Gesellschaft gegenüber Mitleid oder auch nur Mitgefühl zu empfinden.

Sogar während wir jahrelang in unserer Gefängniszelle saßen, gaben wir uns Mühe, den Fußboden sauber zu halten, besorgten uns einen Lappen, schnitten einen Kalender aus einer Zeitung aus und hängten ihn an die Wand. Allen ging es schlecht, aber jeder stopfte seine Kleidung. Manchmal wurden wir nur für zwei Tage in eine unaufgeräumte Zelle verlegt, aber wir versuchten trotzdem, sie wohnlich zu machen. Schließlich mußten wir darin leben! Die Bewohner der amerikanischen Slums jedoch sitzen nur da und warten darauf, daß die Gesellschaft sie aus Schuldbewußtsein bedient.

Gut die Hälfte der westlichen ökonomischen Probleme wird von dieser parasitären Konsumentenhaltung verursacht. In Italien erzählte man mir zum

Beispiel, daß die Regierung, um die Armut im Süden des Landes zu bekämpfen und den wirtschaftlichen Rückstand auszugleichen, ein spezielles Förderungsprogramm für die Industriellen in Angriff genommen habe, die im Süden Unternehmen aufbauen. Astronomische Summen wurden investiert, neue Betriebe wurden gebaut, doch die Bevölkerung wollte nicht in ihnen arbeiten. Fast wäre es so weit gekommen, daß man Arbeitskräfte aus dem Norden importieren mußte.

Im Nordosten Englands, wo sich viele Bergwerke konzentrieren, sind Arbeitslosigkeit und Armut am stärksten ausgeprägt. Die Ursache ist ganz einfach: Die Kohlevorräte gehen zu Ende, die Gruben werden geschlossen, und es gibt keine Arbeit mehr. Die Regierung versucht, Umschulungskurse abzuhalten, und den Teilnehmern wird sogar eine besondere Unterstützung angeboten. Man bemüht sich also mit allen Kräften, die Arbeiter in andere Wirtschaftsbereiche oder andere Gebiete des Landes zu locken.

Es sind fruchtlose Bemühungen. Die Arbeitslosen wetzen sich jahrelang die Hosen in der Kneipe ab und wiederholen hartnäckig: »Warum, zum Teufel, soll ich denn den Beruf wechseln? Mein Großvater war Bergmann, mein Vater war Bergmann, und ich bleibe auch Bergmann.«

Über die Konsequenzen des Sozialismus

Ich weiß nicht, wie *Marx* zu dem Schluß kam, daß Arbeiter revolutionär gesinnt seien, daß das »Proletariat nichts zu verlieren hat als seine Ketten«. Im Gegenteil, meiner Ansicht nach ist diese Gesellschaftsschicht die unbeweglichste, bedenkenlos be-

reit, ihre Freiheiten gegen soziale Sicherheit einzu-
tauschen.

Die Arbeiterbewegung, die sehr stürmisch begann, trug zur Erschaffung eines »Wohlfahrts-
staats« bei, in dem die Güter gleichmäßig verteilt
sind und ein ganzes System sozialer Garantien besteht. Das heißt, praktisch ist der Sozialismus hier
schon in dem Maße verwirklicht, wie man ihn überhaupt in der menschlichen Gesellschaft verwirklichen kann. Aber dies hatte einige negative Folgen.
Erstens wirkte es sich auf die Effektivität der Wirtschaft, die Qualität der Arbeit, der Waren und
Dienstleistungen, auf die Stabilität des ganzen Wirt-
schaftssystems aus. Die Arbeit als solche, besonders wenn sie in der industriell entwickelten Gesellschaft zum sinnlosen Automatismus wird, ist
durchaus kein Vergnügen. Die Einführung erheblicher Elemente des Sozialismus und sozialer Garantien machte jeden Anreiz zunichte. Ob man gut
oder schlecht oder überhaupt nicht arbeitet, der Lebensstandard verändert sich kaum.

Zweitens ist Gleichheit ein künstlicher Zustand,
der ständig auf künstliche Art bewahrt werden
muß. Die Menschen sind von Natur aus nicht
gleich. Deshalb kostet dieser Zustand einerseits ungeheuere Summen, die alle Fähigen und Arbeitswil-
ligen schwer belasten. Andererseits verdirbt er die
Faulenzer noch mehr, schafft das Klima des Parasitismus, von dem ich schon gesprochen habe. Um
diese Gleichheit aufrechtzuerhalten, ist eine organisierte Kraft erforderlich, und diese Kraft tendiert
dazu, die Gesellschaft zu beherrschen, unkontrol-
lierbar zu werden. Dies gilt für die zügig wachsende
Bürokratie im allgemeinen und die Bürokratie der
Gewerkschaften im besonderen.

Wir vergessen, daß der Sozialismus seinen Prinzipien zufolge nicht an den Rechten des Individuums, sondern an den Rechten der Kollektive, der »Klassen«, der Bevölkerungsgruppen interessiert ist. Die Interessen des Individuums müssen dem allgemeinen Vorteil sogar zum Opfer gebracht werden. Wenn die westlichen Gewerkschaften auch vom Staat unabhängig sind, kann man sie trotzdem nicht als frei bezeichnen, weil der Mensch schon nicht mehr selbständig entscheiden kann, ob er sich einer Gewerkschaft anschließen soll. Es wird geradezu gefährlich, gegen einen Streik zu stimmen, der von der Gewerkschaftsführung vorgeschlagen wurde. Kurz gesagt, der Mensch tauscht seine Freiheit immer stärker gegen Sicherheit ein.

Paradoxerweise erhält er so weder Sicherheit noch Stabilität. Im Gegenteil, dieses System ist äußerst instabil. Die Wirtschaft wird immer weniger leistungsfähig, der Lebensstandard sinkt. So kommt es dazu, daß ein Unternehmen, dem Druck von zwei Seiten ausgesetzt, zuerst Bankrott macht und dann, um Arbeitsplätze zu retten, verstaatlicht werden, das heißt in den Zustand chronischer Inkompetenz und Unrentabilität überführt werden muß. Dem Staat bleibt nichts anderes übrig, als die Steuern zu erhöhen und damit die vorläufig noch rentablen Betriebe weiter zu gefährden.

Vielleicht trifft mein Eindruck nicht zu, vielleicht sieht alles gar nicht so schlecht aus. Wir wollen es hoffen. Aber ich habe im Westen eine verdächtige Ähnlichkeit mit dem sowjetischen Wirtschaftssystem vorgefunden. Ich glaube, daß dieser Prozeß sich bei uns, unter der Führung der Kommunisten, einfach rascher entwickelt hat. Sie benötigten nur zwanzig Jahre, um die Wirtschaft vollkommen zugrunde zu richten und sie zu einem solchen Absurdum werden zu lassen, daß es die ganze Welt zur Kenntnis nehmen muß. Hier zieht sich dieser Prozeß vielleicht über ein ganzes Jahrhundert hin. Bei uns wurde er gewaltsam durchgeführt, unter Terror und physischer Ausrottung der Kräfte, die zum Widerstand fähig waren.

Im Westen setzt sich der gesunde Teil der Gesellschaft noch zur Wehr. Ist dies vielleicht der einzige Unterschied zwischen dem sowjetischen und dem westlichen Sozialismus? Eines scheint mir unzweifelhaft: Während der Sozialismus im Westen noch im Anfangsstadium ist und die Menschen sich ihm noch nicht völlig angepaßt haben, so herrscht bei uns, den Zeitungen zufolge, die Periode des »entwickelten Sozialismus«. Sie bringt unausweichlich einen »Schwarzen Markt«, einen illegalen Kommunismus und eine stark ausgebildete Konkurrenzfähigkeit bei einem erheblichen Teil der Gesellschaft hervor.

Mancher Leser mag den Eindruck haben, daß ich all diese »Ismen« ernst nähme, den Kapitalismus verteidigte, ihn für ein Allheilmittel hielte. Das trifft natürlich nicht zu. Ich beobachte nur in meiner Umgebung, daß der Sozialismus große Sympathien genießt, als etwas Gutes angesehen wird. Im Grunde weiß niemand genau, was der Sozialismus ist. Es gibt genauso viele Sozialismen wie Sozialisten, und mich erzürnt, daß so viele Menschen auf der Welt glauben, man könne alle Probleme durch eine einfache Umgestaltung der gesellschaftlichen Strukturen lösen.

Was den Kapitalismus betrifft, so habe ich ihn nie gesehen und weiß nicht einmal, ob er möglich ist.

Jedenfalls existiert er im Westen nicht. Das erklärt sich nicht nur aus der Übermacht sozialistischer Vorurteile, sondern es gibt offensichtlich tiefergehende Ursachen. Vor allem hat der Gang der technischen Entwicklung selbst zur Fließbandarbeit geführt, bei der jede Operation in einfache, stereotype Handreichungen geteilt wird und dadurch das schöpferische Element der Arbeit abtötet. Es ist schwierig, von einem Menschen besonderen Enthusiasmus zu erwarten, wenn er acht Stunden am Tag immer die gleiche Schraube anziehen muß. Zudem bringt diese Produktionsweise unausweichlich eine industrielle Konzentration mit sich, und die Konkurrenz läßt gewaltige, unbewegliche Konzerne entstehen, deren Personal alles gleichgültig geworden ist.

Es fällt mir schwer, ein Urteil abzugeben, da ich erst seit vier Jahren im Westen bin, doch mir scheint, daß es noch einen weiteren Grund für den jetzigen Verfall gibt.

Ich nehme an, daß sich irgendwann in den sechziger Jahren in der Mentalität der Menschen eine wichtige Änderung vollzog. Nicht zufällig entstanden damals die Massenbewegungen gegen das Konsumententum, die Anhäufung von Kapital, den Kult um materielle Dinge und die ständige Hetze nach einem höheren Lebensstandard. Ich habe das Gefühl, daß es sich um eine Revolte des Menschen gegen den Materialismus handelte.

Was ist das für ein Leben, das aus einer unaufhörlichen Jagd nach Geld besteht? Die ganze Existenz wird darauf reduziert, Geld zu verdienen und es auszugeben. Vielleicht war es besser, sich mit weniger zufriedenzugeben, dafür aber einfach zu leben, solange man noch Zeit hatte. Braucht denn der

Mensch wirklich so viel? Und Zehntausende junger Leute warfen alles hin, zogen von einem Land ins andere, klimperten auf der Gitarre, genossen das Leben und bewiesen – zum Neid ihrer Eltern –, daß der Mensch mit sehr wenig auskommen kann. Ich habe den Verdacht, daß diese seltsame Bewegung der sechziger und siebziger Jahre nicht ohne Folgen für die ganze Welt geblieben ist. Die Werte haben sich verschoben. Muße und Zerstreuung wurden zur Grundlage des Lebens. Daher rührt die nie dagewesene Blüte der Vergnügungsindustrie, daher hat das Interesse an der Religion so plötzlich zugenommen.

All das hat eine gewisse Berechtigung. Der Mensch verdient wirklich ein besseres Schicksal, als sich sein ganzes Leben in einer Tretmühle abzumühen. Aber mit der Verschiebung der Werte sind die Probleme nicht verschwunden. Muße und Zerstreuung kosten auch Geld, und es muß auch verdient werden. Unglücklicherweise ist die Zeit, die wir haben, das Geld, das wir nicht verdienen. Oder umgekehrt.

Den Kampf aufzugeben ist eine große Versuchung, die uns als einfachster Weg zum Sieg erscheint. Zur Hölle mit eurem Gedränge, mit eurer ewigen Quälerei! Ihr Dummköpfe reibt euch auf, aber ich bin klüger, halte mich fern und sitze in der Sonne.

Das Problem ist nur, daß wir aus unlöslichen Widersprüchen bestehen. Wenn wir allein sind, empfinden wir Langeweile, wenn wir mit anderen zusammen sind, wird es uns zu eng. Und wir können nichts mit einem Sieg anfangen, den niemand zur Kenntnis nimmt: Sobald wir nicht mehr allein sind, kämpfen wir von neuem um unseren Vorrang. Erst wenn wir andere beobachten, können wir uns selbst verstehen. Wie soll der Mensch sich verwirklichen, wenn nicht im Kampf?

Man kann das Geld abschaffen, alle nutzlosen Gegenstände vernichten, Nahrungsmittel und Bedarfsgegenstände streng rationieren, man kann alle zwingen, in vollkommen einheitlichen Baracken zu leben, die Ehepartner durch das Los zu bestimmen; kurz, es ist möglich, die Menschheit auf irgendeinen tierischen Zustand zu reduzieren, um Gleichheit zu erreichen. Aber der Fehlschlag ist unvermeidlich. Der Mensch wird immer einen Weg finden, um sich hervorzutun, immer einen Wert entdecken, der nicht allen gleichermaßen eigen ist und so ihre Ungleichheit bestimmt. Das einzige Ergebnis eines so radikalen Experiments wäre die Entstehung beispielloser Ungleichheit und Korruption, denn unter solchen Bedingungen würde das kleinste Privileg als gewaltiger Reichtum empfunden werden. Von Brüderlichkeit wäre nicht die Rede. Man würde eine unübersehbare Zahl von Geheimpolizisten benötigen, um diese Gleichheit aufrechtzuerhalten.

Im Westen zieht man es vor, über das sowjetische Beispiel nicht allzu gründlich nachzudenken. Es gilt als »unrein«, als verzerrt. Keineswegs. Die sowjetische Führung hat sich immer genau an die Theorie gehalten, immer im Interesse der Arbeiter gehandelt. Unsere Führer waren nur konsequenter als irgend jemand vor oder nach ihnen. Der Mißerfolg entmutigte sie nicht, sondern ermunterte sie im Gegenteil zu noch stärkerer Orthodoxie. Nur die Roten Khmer waren noch konsequenter, aber ihre Herrschaft dauerte nicht lange.

Die in der Sowjetunion erzielten Ergebnisse sind

interessanter. Zum Beispiel ist es im Laufe von 66 Jahren nicht gelungen, in den Menschen den Eigentumsinstinkt auszulöschen, obwohl die Träger dieses Instinkts physisch ausgerottet wurden und werden. Dieses Unterfangen ist genauso schwierig, als wollte man alle stupsnasigen oder blauäugigen Menschen vernichten. Im Gegenteil, der Eigentumsinstinkt ist mit ungeahnter Kraft sogar bei denen wach geworden, die man für immun gehalten hätte.

Das sowjetische Experiment erlaubte eine überraschende Schlußfolgerung: Besitz ist ein Mittel zur Selbstverwirklichung für die überwältigende Mehrheit der Menschen. Man kann nicht erwarten, daß die Mehrheit ihre Bestimmung in Wissenschaft oder Kunst findet, man muß auch für die Verständnis haben, die anderen Interessen nachgehen. Übrigens trifft man auch unter Wissenschaftlern nur selten Fanatiker an, die nichts benötigen, die allein mit der Anerkennung auf ihrem Gebiet zufrieden sind.

Der Sowjetmacht ist es auch nicht gelungen, die »Klassen« zu beseitigen. Die reale Kluft zwischen arm und reich, zwischen Vorgesetzten und Untergebenen ist meist viel tiefer als im Westen. Bestimmte Privilegien sind mit Geld einfach nicht aufzuwiegen. Um wieviel ist zum Beispiel ein Mensch, der ins Ausland reisen darf, »reicher« als einer, dem es nicht gestattet ist? Dabei hat man mit absoluter Gleichheit angefangen.

Nein, es geht hier nicht um das »verdammte Eigentum«, das sich den Menschen hörig gemacht hat, nicht um irgendwelche unsinnigen »Ismen« oder um soziale Ungerechtigkeit. Es geht darum, daß wir nicht zwischen der realen Welt und unse-

ren eigenen Wünschen, unserer falschen Wahrneh-
mung unterscheiden können oder wollen, es geht
um unsere erstaunliche Denkunfähigkeit.

Es ist verzeihlich, wenn man in der Sowjetunion,
wo Bruchstücke von Informationen aus dem Sumpf
der offiziellen Lüge gefischt werden müssen, Mythos und Realität verwechselt. Aber auch im Westen sind die Menschen überzeugt, im Kapitalismus
zu leben, und gut die Hälfte von ihnen führt alle ihre Probleme darauf zurück. Es ist verzeihlich, wenn
wir glauben, daß unser Sozialismus sich von dem
im Westen unterscheide. Aber auch hier halten sogar gut informierte, wißbegierige und intelligente
Menschen dem Sozialismus automatisch alles zugute, was es an Vorteilen gibt. Meist werden diese
Dinge nicht einmal diskutiert, sondern als selbstverständlich hingenommen. Man muß unterstrei-
chen, daß der Sozialismus bei uns zwangsweise eingeführt wurde, während dies im Westen nicht der
Fall ist. Die westlichen Sozialisten haben nicht die
Absicht, »soziale Gerechtigkeit« mit allen Mitteln
einzuführen, aber wird der Sozialismus deshalb etwa zum Synonym für alles, was gut ist?
Ich habe schon mehrere zweifellos negative
Aspekte des Sozialismus erwähnt, aber damit ist die
Liste durchaus nicht vollständig. Eine der übelsten
Konsequenzen des Sozialismus besteht darin, daß
der Mensch angehalten wird, seine Verantwortung
aufzugeben, sich in allem auf den Staat zu verlassen, was mit dem Verzicht auf seine Freiheit gleich-
zusetzen ist. Die Begriffe der Verantwortung und
der Freiheit sind unlöslich miteinander verbunden.
Ein »normaler« Mensch sieht ein, daß er anderen
helfen muß, denen es schlechter geht als ihm.

Wenn man Gleichheit aber zu institutionalisieren trachtet, überläßt man dem Staat diese Funktion, und es ist seine Aufgabe, sich um die Bedürftigen zu kümmern. »Das ist nicht meine Angelegenheit, ich bezahle schließlich Steuern!« Die moralische Pflicht, den Armen zu helfen, hat sich in eine juristische Verpflichtung verwandelt. Dadurch habe ich das Recht verloren zu entscheiden, wem ich helfen will und wem nicht. Das Elend der Menschheit berührt mich erstens nicht mehr, ich habe mich losgekauft. Zweitens warten die Bedürftigen jetzt nicht mehr auf Hilfe, sondern fordern das, was ihnen zusteht, was allen gehört, also niemandem. Die Zahl derjenigen, die Ansprüche erheben, wächst. Drittens wird meine Teilnahme am Gesellschaftsleben zu einer leeren Formalität, denn ich habe keine Möglichkeit, die Verteilung der Steuergelder zu kontrollieren. Viertens – und das ist am schlimmsten – bläht sich die Bürokratie ungeheuer auf, wird die Rolle des Staates verstärkt, was einen beträchtlichen Teil des Haushalts auffrißt (dadurch wiederum wachsen die Steuern).

Es ist ein unvermeidlicher Zug des Sozialismus, daß die Bürokratie anschwillt. Wir haben gewissermaßen aufgehört, uns selbst Vertrauen zu schenken, wir verlassen uns nicht mehr auf unser Pflichtgefühl, unsere Gerechtigkeit, unsere Fähigkeit, die eigenen Probleme zu lösen. Der Staat, personifiziert durch die Bürokratie, wird zum Schiedsrichter, zum Kontrolleur und letzten Endes zum Unterdrücker. Wie läßt sich denn größere Gleichheit herstellen, mehr Gerechtigkeit erzielen, wenn nicht durch »unparteiische« Personen, die Beamten? Typisch für die Bürokratie ist ihre Tendenz, in geometrischen Proportionen zu wachsen. Es handelt sich um das

Frankensteinsche Monstrum unserer Zeit, das eine eigene Existenz entwickelt, uns unbekannten Gesetzen gehorcht und Ziele anstrebt, von denen wir nichts wissen. Der Beamte ist überall gleich. Ihn interessiert seine Aufgabe nicht im geringsten, sondern er denkt nur an seine eigene Existenz. Daher rühren Unfähigkeit und Korruption, die so weit verbreitet sind. Um den Beamten zur Arbeit und zur »Unparteilichkeit« zu zwingen, muß man »Kontrollorgane« schaffen, das heißt neue Beamte.

Schon *Theodor Mommsen* hebt in seiner »Römischen Geschichte« die Haupteigenschaft aller Kontrollorgane hervor, nämlich die Tendenz, die Kontrollierten zu »decken«. Denn ein Kontrollorgan kontrolliert nicht einfach, sondern ist auch dafür verantwortlich, daß bei den Kontrollierten alles seinen Gang geht. Wenn ernste Mängel zutage treten, werden oft die Kontrolleure dafür verantwortlich gemacht. Also müssen immer wieder neue Kontrollorgane geschaffen werden, die eine Pyramidenstruktur bilden. Der bürokratische Apparat wächst von einem Tag zum anderen, wodurch die Gleichheit und Gerechtigkeit durchaus nicht vergrößert werden. Im Idealfall (wie er in der UdSSR vorliegt) werden alle Angehörigen der Bevölkerung gleichsam zu Beamten, entsteht ein Land mit totaler Bürokratie, wozu im Sozialismus besonders die Verstaatlichungen beitragen.

All das kostet natürlich enorme Summen. Die Steuern, die in erster Linie den gesündesten der Gesellschaft treffen, steigen gewaltig. Darin besteht eben die Gerechtigkeit. Wenn der bürokratische Apparat bestimmte Ausmaße erreicht hat, versucht er, alles und jeden zu kontrollieren. Den Gesetzen der Kybernetik zufolge kann er seine Funktion nicht mehr anders ausüben. Nun hat jeder schon ein starkes Interesse an Korruption, weil er anders einfach nicht überleben kann. Es ist ein Unglück, wenn ein Beamter im Sozialismus unbestechlich ist. Dann wird auch das kleinste Lebensproblem praktisch unlösbar.

Der Gerechtigkeit halber und um die Arbeit des Apparats wenigstens irgendwie zu regeln, erläßt der Staat eine Unzahl von Gesetzen, Vorschriften und Anordnungen, in denen der normale Sterbliche sich nicht mehr zurechtfinden kann. Schon heute muß ein Bürger, um Steuern zu bezahlen, einen Steuerberater beschäftigen, wenn er nicht selbst entsprechend ausgebildet ist. Sonst riskiert er wie in Schweden, 101 Prozent Steuern abführen zu müssen. Der bürokratische Staat bemüht sich, alle zu Bürokraten zu machen. Man muß dauernd Quittungen, Rechnungen, Ausgaben- und Einnahmenbelege sammeln, ständig irgendwelche Anträge stellen, zahllose Formulare ausfüllen, sich stets in der Rolle eines Menschen fühlen, der verdächtigt wird und sich zu rechtfertigen hat. Und weshalb? Weil der Mensch sich zur Erfüllung seiner einfachsten Bürgerpflicht entweder an einen Beamten wenden oder selbst Beamter werden soll? Das alles um der Gerechtigkeit und Gleichheit willen.

Die beschworene soziale Gerechtigkeit hat aus irgendeinem Grunde immer zur Folge, daß das Gute zerstört, nicht das Schlechte verbessert wird. Vielleicht ist es einfacher, zu zerstören als aufzubauen. Wenn jemand ein schönes Haus besitzt, der Nachbar aber ein verkommenes, dann ist es leichter, Gleichheit zu erzielen, indem man das eigene Haus ruiniert, nicht, indem man das Nachbarhaus renoviert. Wenn jemand mehr Geld hat als ein anderer, dann ist es einfacher, ihn in den Bankrott zu treiben, als dem anderen Reichtum zu verschaffen. Eine Übertreibung? Durchaus nicht. In Großbritannien, zum Beispiel, gibt es Privatschulen, die als vorbildlich gelten, und staatliche Schulen, die niemand hoch einschätzt. Und was schlagen die Sozialisten also vor? Daß die vorzüglichen Schulen abgeschafft werden natürlich. Wenn es niemandem gutgeht, dann liegt auch Gleichheit vor. Genauso erzielt man sie schließlich in allen sozialistischen Ländern – um den Preis allgemeiner, gleichmäßig verbreiteter Armut.

Zu Beginn unseres Jahrhunderts war es »fortschrittlich«, an die Entwicklung von Technik, Industrie und Wissenschaft zu denken, und diese Haltung war untrennbar mit dem Humanismus und Sozialismus verbunden. Wer meinte, daß es zu gefährlich sei, das Gleichgewicht der Natur zu stören, galt, wie sich versteht, als Reaktionär und Feind der Menschheit. Heute, mehr als ein halbes Jahrhundert später, ist es »fortschrittlich«, gegen die technische Entwicklung und die Industrie und für die Erhaltung der Natur, der Umwelt zu sein. Und wiederum ist diese Einstellung nicht vom Humanismus und Sozialismus zu trennen. Kaum jemand unter den Mengen von Jugendlichen, die Atomkraftwerke im Namen des Sozialismus stürmen, ahnt, daß der Glaube an das Gleichgewicht der Natur mit der Idee des Sozialismus völlig unvereinbar ist. Diese Idee richtet sich durch und durch gegen die Natur, sie beruht auf dem Glauben an die Fähigkeit des Menschen, die Welt künstlich umzugestalten, die Unvollkommenheit der Natur gleichsam zu beheben. In der UdSSR, wo die Theorie immer wörtlich genommen und vollständig in die Praxis umgesetzt wird, ist die Umgestaltung der Natur zu einer der

Grundlagen für den Aufbau des Sozialismus geworden. Es gibt kaum noch einen großen Fluß, dessen Verlauf nicht geändert worden wäre, an dem man keinen Staudamm, keinen künstlichen Stausee angelegt hätte. Man hat sogar die Begriffe des Klassenkampfes und des Schutzes der Unterdrückten auf die Tierwelt übertragen. Der Wolf wurde mit einem Kapitalisten verglichen, der die Hasen, Rentiere usw. unterdrückt. Also mußten die Wölfe ausgerottet werden! Nachdem man sie ausgerottet hatte, merkte man plötzlich, daß auch Hasen und Rentiere auszusterben begannen. Eine Studie zeigte, daß der Wolf ein »Waldpfleger« ist, der nur kranke, schwache, lebensunfähige Tiere reißt und dadurch Epidemien und Degeneration verhindert. Nun mußte man künstlich Wölfe züchten, um dem Aussterben ihrer Opfer entgegenzuwirken. Alles in der Natur erwies sich als notwendig, sogar die Katastrophen. In Amerika gibt es zum Beispiel eine Vogelart, die sich nur auf dem Gebiet früherer Waldbrände vermehren kann. Durch effektive Bekämpfung ging die Zahl der Waldbrände zurück, und der Vogel begann auszusterben. Um ihn zu retten, mußte man Brände entfachen.

Wieso wenden wir im Namen des Sozialismus unterschiedliche Kriterien auf die Natur und die menschliche Gesellschaft an? Wieso halten wir es für nötig, das Gleichgewicht der Natur zu bewahren, während wir gleichzeitig jenes der Gesellschaft zerstören? In beiden Fällen sind wir überzeugt, human zu handeln. Wieso denken wir nicht ein wenig nach, bevor wir uns über materielle Güter erzürnen, Kraftwerke stürmen und uns über Ungerechtigkeit erregen? Wie die Mathematiker versichern, kann auch Ungleichheit gerecht sein.

Vielleicht sind wir, die wir im Sozialismus gelebt haben, gebrannte Kinder. Vielleicht ist der wirkliche Sozialismus wirklich anders und erzielt andere Ergebnisse. Aber wir konstatieren eine unheilvolle Ähnlichkeit der menschlichen Charaktere, der Irrtümer und Experimente, und unsere Besorgnis wächst ständig. Schließlich ist alles, was den westlichen Sozialisten als Neuheit, als fortschrittliche Idee erscheint, in Rußland schon ausprobiert worden. Wenn man diese Experimente später einstellte, dann nicht deshalb, weil dort der Sozialismus entstellt ist, wie man hier annimmt, sondern deshalb, weil die »Neuerungen« absolut untragbar waren. Es ist auch in einem mehr als sechzigjährigen Experiment nicht gelungen, die menschliche Natur umzuformen. Mittlerweile räumt sogar die Wissenschaft ein, daß das »Sein das Bewußtsein« nur zu ungefähr 25 Prozent »bestimmt«.

Ich bin weit davon entfernt, das Problem selbst zu leugnen. Tatsächlich führt der unbeschränkte Konkurrenzkampf unausweichlich zu Extremen, die die Zivilisation nicht dulden kann. Der Existenzkampf sorgt natürlich für eine Auswahl der Tauglichsten, aber was soll aus den weniger Tauglichen werden? Andererseits führt die künstliche soziale Nivellierung zur Degeneration. Sie ruft Parasitismus hervor. Darauf deutet im gegenwärtigen westlichen Leben alles hin.

Es ist sehr leicht, heutzutage von Unterstützung zu leben, völlig vom Staat abhängig zu sein. Sobald ein Mensch aber versucht, sich auf die eigenen Beine zu stellen, Unabhängigkeit zu erringen, arbeitet alles gegen ihn. Das tausendköpfige Ungeheuer des Staates beginnt ihn zu jagen wie einen Verbrecher, plündert ihn auf Schritt und Tritt aus und ruht nicht, bevor er wieder abhängig geworden ist. Die Rolle unseres KGB wird im Westen teilweise von den gigantischen Steuerbehörden übernommen, mit denen jeder selbständig tätige Mensch dauernd im Krieg liegt. Es geht dabei nicht mehr um Geld oder Reichtümer, sondern es handelt sich um einen Kampf auf Leben und Tod – den Kampf für die Unabhängigkeit, die der Sozialismus nicht duldet.

Ich bin sicher, daß ich schon längst im Gefängnis säße, wenn ich in Schweden lebte. Nach den dortigen Gesetzen wird jede soziale Organisation vom Staat subventioniert, das heißt mit dem Geld der Steuerzahler. In Schweden gibt es ein gutes Dutzend kommunistischer »Wohltätigkeitsorganisationen«, und sie werden von Menschen finanziert, die nichts mit dem Kommunismus zu tun haben wollen. Als Anhänger der Demokratie rufe ich keineswegs dazu auf, die Tätigkeit dieser Organisationen zwangsweise einzustellen. Aber es ist eine Sache, ihre Existenz als unvermeidliches Übel der Demokratie zu dulden, und eine andere, ihre Aktivitäten aus eigener Tasche zu finanzieren. Ich würde mich weigern, dies zu tun, selbst wenn man mir mit der Todesstrafe drohte. Das Prinzip meines Lebens besteht darin, nicht an einem Übel teilzuhaben, wenn es für mich offensichtlich ist. Für dieses Prinzip habe ich in der UdSSR zwölf Jahre abgesessen, und ich fürchte, daß ich gegebenenfalls, um ihm treu zu bleiben, mein Leben in schwedischen Gefängnissen beschließen müßte.

Damit die Bürger nicht mit ihrem Gewissen in Konflikt geraten, müßte der Staat jedem eine Liste der mit Steuergeldern finanzierten Ausgaben zur Verfügung stellen. Jeder sollte das Recht haben, die ihm genehmen Ausgaben zu wählen. Geschützt

durch die Anonymität, die elegant als »Gemein-
wohl« bezeichnet wird, versucht der Sozialismus,
uns alle zu verantwortungslosen Parasiten oder zu
Geächteten zu machen. Im Westen geschieht dies
nur langsamer, unmerklicher als in der UdSSR, und
deshalb ist es gefährlicher.

Der Weg in den Sozialismus
kennt keine Umkehr

Der Sozialismus ist eine modische Idee, die wenig
Sinn hat. Die Menschen verbinden mit diesem Begriff einfach alles, was ihnen gleichzeitig wünschenswert und unerreichbar scheint. Nun behauptet man sogar, daß auch die ersten Christen Sozialisten gewesen seien, weil sie sich für die Gleichheit
ausgesprochen hätten. Ich habe meine Zweifel. Der
Hinweis auf das Christentum kann mich nicht überzeugen. Wenn eine Utopie ihre Bestätigung in einer
anderen sucht und findet, wird sie dadurch nicht ak-
zeptabler. Außerdem ist die Ähnlichkeit, wie einer
meiner Freunde sagt, rein oberflächlich: Die Christen
wollten ihren eigenen Besitz freiwillig verteilen, die
Sozialisten dagegen wollen fremden Besitz zwangsweise verteilen. Weshalb kann man seine Güter nicht
freiwillig verteilen, ohne auf den Sozialismus zu-
rückzugreifen? Dazu würde man keine Bürokratie
benötigen, und die Welt wäre viel besser.
 Es ist mir nie gelungen, die Sozialisten ganz zu
verstehen. Nur wer sich Illusionen hingibt und die
menschliche Natur nicht wirklich beobachtet, kann
glauben, daß die Menschen gleich seien (oder wenigstens Gleichheit erstrebten). Sogar eineiige Zwil-
linge, die zusammen aufwachsen und erzogen wer-

den, sind nicht absolut gleich. Und wozu auch? Wäre es etwa interessant, in einer Welt von identischen Menschen zu leben? Weshalb muß man so gekränkt auf materielle Ungleichheit reagieren?

Woher nehmen die Sozialisten soviel Neid, soviel Kleinkrämerei? Die meisten von ihnen sind schließlich Intellektuelle, die in der Welt abstrakter Ideen leben. Ihre Theorie ist vollkommen unlogisch: Einerseits kritisieren sie ständig das Konsumdenken, den Materialismus und die Habgier, andererseits sind es gerade diese Aspekte des Lebens, die sie am stärksten berühren. Sie wollen den Konsum nivellieren und dadurch Gleichheit erzielen. Glauben sie wirklich, daß alle zu Brüdern würden, wenn man jedem die gleiche Brotration aushändigte? Menschen werden durch gemeinsame Leiden und Hoffnungen zu Brüdern, durch gegenseitige Hilfe und gegenseitigen Respekt für die Persönlichkeit des anderen. Können denn Menschen zu Brüdern werden, die sich ihre Einkünfte eifersüchtig vorzählen und neidisch auf jeden Bissen schauen, den ihr Nachbar hinunterschluckt? Nein, ich möchte keinen Sozialisten zum Bruder haben.

Es wird endlich Zeit zu begreifen, daß keine soziale Umgestaltung uns die Probleme abnimmt, die von unseren natürlichen Besonderheiten, Mängeln und Vorzügen verursacht werden. Es ist an der Zeit, erwachsen zu werden und sich von den kindlichen Illusionen des 19. Jahrhunderts freizumachen. Wir haben das Beispiel für die praktische Umsetzung dieser Ideen vor Augen, und ihre Konsequenzen lassen sich leicht voraussagen.

Zwei Phänomene müssen notwendig früher oder später in einem sozialistischen Land auftauchen: der Schwarzmarkt und der Verlust des Arbeitsvermögens. Ein Teil der Bevölkerung gewöhnt sich die Arbeit einfach ab, weil sie keinen Sinn hat: Die Gleichheit gestattet ihm nicht, mehr als einen bestimmten Betrag zu verdienen, und die Verwaltung erlaubt nicht, ihn zu entlassen oder zur Arbeit zu zwingen. Ein anderer Teil der Bevölkerung hat mehr Initiative und sucht illegale Wege, um sich etwas hinzuzuverdienen. Während der Schwarzmarkt in den Ländern Osteuropas zu einer geachteten und fast akzeptierten Institution geworden ist, hat sich in westlichen sozialistischen Ländern wie Schweden schon ein »Markt der Schwarzarbeit« gebildet. Manche, die ihre offizielle Arbeitszeit abgeleistet haben, lassen sich zum Beispiel abends in einem Restaurant als Kellner beschäftigen und verschweigen dies natürlich in ihrer Steuererklärung. Alles hängt von den Dimensionen ab: Je mehr Sozialismus in einem Land herrscht, desto größer ist der Schwarzmarkt.

Der Staat versucht selbstverständlich, eine solche »antisozialistische« Tätigkeit zu bekämpfen. Der Polizei- und Strafapparat wächst, die Atmosphäre im Lande wird immer drückender. Von Brüderlichkeit ist keine Rede mehr. Der aktivste Teil der Bevölkerung setzt sich allmählich ins Ausland ab, wo der Sozialismus noch weniger stark ausgeprägt ist. Es sind zwangsläufig die besten Spezialisten, die sich davonmachen. Dies wirkt sich zuerst auf die Qualität von Waren und Dienstleistungen aus. Dann nehmen die inneren und äußeren Schulden zu, die Wirtschaft verfällt immer mehr.

Mittlerweile ist der Aufbau des Sozialismus westlicher Machart praktisch beendet. Alles weitere hängt völlig von den Sozialisten ab. Um ihr System funktionieren zu lassen, müssen sie die Grenzen schließen, die Arbeit obligatorisch machen, die Repressionen gegen »antisozialistische Elemente« durch die Schaffung von Konzentrationslagern verstärken, politische Aktivitäten und Oppositionsparteien verbieten sowie die Zeitungen einstellen, die sich allzu unabhängig gebärden. Keine Sorge, all das wird nicht zur Revolution führen. Das Volk wird Verständnis für die Sozialisten haben, denn das Land muß schließlich aus einer kritischen Wirtschaftssituation gerettet werden. Es wird einsehen, daß alles nur im Interesse der Werktätigen geschieht.

Die westlichen Sozialisten sind natürlich viel zu anständig. Sie möchten solche Maßnahmen gar nicht ergreifen. Allerdings würden die Oppositionsparteien versuchen, das Land mit anderen Mitteln zu retten. Hier aber zeigt sich das wichtigste Merkmal des sozialistischen Experiments: *Es ist unumkehrbar.* Man kann die Menschen nicht plötzlich von neuem zur Arbeit erziehen; dazu benötigt man eine ganz andere Generation. Es ist unmöglich, Privilegien abzuschaffen, die den Menschen, wie sie meinen, zustehen. So sind die Menschen eben: Es ist leicht, in den Schulen kostenlos Milch zu verteilen, aber es ist undenkbar, daß man plötzlich wieder darauf verzichtet. Man kann überflüssige oder unfähige Arbeiter nicht einfach entlassen. Leute dürfen zwar angestellt, aber nicht entlassen werden, da Arbeitsplätze bewahrt werden müssen. Die Experten, die das Land verlassen haben, kann niemand mehr zur Rückkehr bewegen. Kredite und Anleihen können nicht zurückgezahlt werden. Es gibt keine Möglichkeit, die Steuern zu senken, der Arbeit Sinn zu verleihen, die Bürokratie zu beschneiden.

Wir haben das britische Beispiel vor Augen, die verzweifelten Versuche der Konservativen, das Land zu retten. Die Bürokratie leistet ihnen unglaublichen Widerstand. Die Regierung kann den lokalen Behörden nicht vorschreiben, daß sie Beamte entlassen und gleichzeitig die Dienstleistungen erhöhen. Sie kann nur den Haushalt kürzen. Alles übrige liegt in der Hand der Bürokratie selbst, und sie wird sich nicht selbst beschränken. Alle müssen Einbußen hinnehmen, nur die Bürokratie bleibt ungeschoren. Sie wächst sogar noch, weil Spezialorgane nötig sind, um die Kürzungen durchzuführen. Nicht einmal Chruschtschow konnte seinerzeit die Bürokratie besiegen. Was er auch unternahm, sie wuchs ständig.

Schickt man sich in Großbritannien an, besser zu arbeiten? Hat man sich geeinigt, weniger Geld zu verlangen? Ich habe nicht den Eindruck. Am Horizont aber wartet *Tony Benn*, eine Art englischer *Suslow*, mit seinem Programm der allgemeinen Verstaatlichung. Die Raben sind schon bereit, sich auf den Kadaver zu stürzen.

Wenn der Sozialismus dem Kommunismus die Tür öffnet

Damit sind wir zu dem letzten »Nachteil« des Sozialismus vorgedrungen: Er schafft in wirtschaftlicher, ideologischer und psychologischer Hinsicht die Voraussetzungen für eine mühelose Machtübernahme durch die Kommunisten. Er öffnet ihnen sozusagen die Tür.

»Ach, mein Lieber, für den Einsamen, der keinen Gott und keinen Meister kennt, ist die Last der Tage fürchterlich. Man muß sich daher einen Meister suchen, denn Gott ist nicht mehr Mode.«[*]

Es ist bemerkenswert, daß die meisten Kommunisten – wie auch die meisten Sozialisten – heutzutage mit den Arbeitern nichts mehr gemein haben. Es handelt sich um Intellektuelle, Menschen der »Mittelschicht«, wie man hier gern sagt, die häufig reich oder Kinder reicher Eltern sind. Je reicher sie sind, desto linker, je linker, desto reicher. Das scheint im Westen zum Gesetz geworden zu sein. Anfangs empfand ich so etwas wie einen ästhetischen Genuß, wenn ich ihre Ausführungen über »die Leiden der Arbeiter« hörte. Haben sie einen Schuldkomplex, ist es eine Pose, Dummheit oder einfach Nervenkitzel?

Besonders in Großbritannien gefallen mir diese Leute ganz und gar nicht. In Frankreich und Italien sind sie zwar zahlreicher, aber man findet unter ihnen mehr naive, aufrichtig irrende Menschen. Mit ihnen kann man wenigstens reden – sie hören zu, argumentieren, beginnen nachzudenken. In England wird die Politik dagegen von einer Klubmentalität bestimmt.

Man erzählt sich folgenden Witz über den englischen Lebensstil. Ein englischer Seemann rettete sich nach einem Schiffbruch auf eine unbewohnte Insel, auf der er zwanzig Jahre verbrachte. Schließlich entdeckte ihn ein zufällig vorbeifahrender Dampfer. Bevor er die Insel verließ, wollte der Seemann seinen Rettern zeigen, wie er sein Leben, seine Arbeit und Freizeit organisiert hatte.

»In dieser Hütte habe ich zwanzig Jahre gewohnt,

[*] Albert Camus, *Der Fall*, aus dem Französischen übertragen von Guido G. Meister (Hamburg, 1957).

in dem Feld dort drüben war mein Klub, wo ich mir abends die Zeit vertrieben habe.«

»Und was ist das für ein Zelt da oben auf dem Hügel?« wollte einer der Retter wissen.

»Das ist der Klub, den ich nicht besucht habe.«

Es handelt sich wahrscheinlich um einen der wenigen Witze, die der Wahrheit entsprechen. Die Klubmentalität ist in England ungewöhnlich stark entwickelt, besonders in der Politik. Die Anhänger verschiedener Parteien können ein ganzes Leben als Nachbarn verbringen, ohne miteinander Bekanntschaft zu schließen oder gar ein offenes Gespräch zu führen. Jeder hat hier seinen Klub, sein Grüppchen, seine Zeitung. Die Gesellschaft ist fast hermetisch abgeschlossen. Wer einmal einer bestimmten Gruppe angehört hat, kann nicht mehr zu einer anderen überwechseln.

Als ich in England eintraf, wurde ich wohlwollend von den Konservativen empfangen, die damals die Opposition bildeten. Mit vielen von ihnen schloß ich Freundschaft. Der Klubmentalität gehorchend, rechneten die Mitglieder des rivalisierenden Zirkels mich zu denen, die man zu ignorieren hat. Lange begegnete ich keinem von ihnen, als gäbe es sie in England gar nicht. Aber die Zeit verging, die Konservativen kamen an die Macht, ihre Gegner bildeten die Opposition, und die Neugier tat das Ihre. Ich wurde nicht mehr vollkommen, nicht mehr hermetisch ausgeschlossen und konnte mich allmählich auch mit Vertretern der anderen Hälfte des englischen Volkes bekanntmachen. Schließlich kann man auch ihre Zeitungen überall kaufen.

Grob gesprochen, lassen sich diese Menschen in zwei Kategorien einteilen. In die erste gehören anspruchsvolle Intellektuelle, Professoren, Spezialisten; sie sind glänzende Gesprächspartner, geistvoll, Literatur- und Kunstkenner. Aber sie haben eine Eigenheit: *Hitler* und *Churchill* waren für sie völlig identisch. Es hat keinen Zweck zu widersprechen. Schon bei den ersten Worten drückt ihre Miene Überdruß aus, und sie wenden den Kopf ab. Was die Sowjetunion betrifft, so haben sie natürlich viel von ihr gehört, über sie gelesen, können sogar mehrere zweitrangige sowjetische Schriftsteller zitieren. Ihre Schlußfolgerung: Hören Sie doch auf, es sieht überall mies aus.

Die zweite, zahlreichere Kategorie besteht aus jungen (oder jugendlichen) Menschen, die sich sorgfältig als Arbeiter verkleiden, obwohl sie im ganzen Leben nie etwas Schwereres als ein Sandwich gehoben haben. All ihre blauen Monturen und ihre bewußt volkstümliche Redeweise können dies natürlich nicht verdecken. Im Gegensatz zur ersten Kategorie zeichnen diese Pseudoproletarier sich jedoch durch gewaltige Ignoranz aus. Wahrscheinlich lesen sie nichts als Propagandabroschüren, denn der ausführlichen Literatur zum Trotz halten sie an ihren Legenden und Vorurteilen fest. Sie wiederholen – wie die neueste Offenbarung – fünfzig Jahre alte Propagandaklischees über die Vollbeschäftigung in der UdSSR oder über das hundertprozentige Analphabetentum im vorrevolutionären Rußland. Mit ihnen zu diskutieren ist langweilig und nutzlos, da sie physisch unfähig sind, ihrem Glauben widersprechende Informationen zu verarbeiten. Es hat keinen Sinn, mit ihnen über die Widersprüche des Marxismus selbst zu reden, weil die meisten von ihnen weder *Marx* noch *Engels*, noch *Lenin* je gelesen haben.

Wie jede Religion kommt der Kommunismus ohne logische Beweise aus und kann durch sie auch nicht erschüttert werden. Im Gegenteil, je unwahrscheinlicher etwas ist, desto stärker wird daran geglaubt, und eine Liste der Fehlschläge kann der Idee selbst nichts anhaben: Wenn ein Priester sündigt, folgt daraus nicht, daß es keinen Gott gibt. Wenn der Sozialismus nicht in der UdSSR existiert, dann auf Kuba; wenn nicht auf Kuba, dann in China oder, im Extremfall, auf der Rückseite des Mondes. Was uns reaktionäre Astronomen und Astronauten erzählen, kann unseren lichten Glauben an die Mondgesellschaft neuen Typs – ohne Inflation, Arbeitslosigkeit, Armut und Konflikte – nicht erschüttern. Jedenfalls ist die Partei der Mondsüchtigen nicht aus der Fassung zu bringen. Gegenteilige Informationen, wenn sie überhaupt zugänglich sind, müssen eine so starke psychische Barriere überwinden, daß sie sich nur unwesentlich auf das Leben auswirken können.

Der Mensch ist eine Maschine, die Konzeptionen hervorbringt. Je vollkommener sie ist, desto leichter kann sie widersprüchliche Fakten in ihre Konzeption einbauen. Ein Arbeiter kann das sowjetische System innerhalb von zwei Monaten besser durchschauen als ein Intellektueller, der dort Jahre verbracht hat. Der Intellektuelle wird immer Rechtfertigungen für alles finden, was er sieht. In den dreißiger Jahren waren praktisch alle Informationen, die in den drei Bänden von *Solschenizyns Archipel GULag* enthalten sind, im Westen zugänglich.

»Was soll's«, sagte man damals, »die Geburt eines Kindes ist immer schmerzhaft. Aber danach wächst ein gesunder Mensch heran.« In den vierziger Jahren wurde alles mögliche mit dem Kampf gegen den Faschismus gerechtfertigt, in den fünfziger Jahren mit Nachkriegsschwierigkeiten. In den letzten fünfzehn Jahren haben die zahlreichen Informationen über die »Dissidenten« und ihre Verfolgung nur eine neue Illusion geschaffen.

»Mag sein, daß die Intellektuellen nicht unter idealen Bedingungen leben, dafür geht es den Arbeitern gut. Wie viele Dissidenten gibt es schließlich? Vielleicht ein paar tausend. Dafür kennt man in der UdSSR keine Arbeitslosigkeit, Inflation und Ausbeutung.«

Schon ist eine ganze Theorie vom Primat der sozio-ökonomischen Rechte über die Bürgerrechte fabriziert worden. Was hat der Arbeiter von der Pressefreiheit, wenn er hungrig ist?

Wie zum Hohn haben die Ereignisse, die im August 1980 in Polen begannen, den unermüdlichen Anhängern der avantgardistischen Theorie ein neues Rätsel aufgegeben. Millionen von Arbeitern zerstreuten nicht nur den Mythos vom sozio-ökonomischen Wohlbefinden auf der anderen Seite des Planeten, sondern bestanden sogar hartnäckig auf Presse- und Religionsfreiheit sowie darauf, daß die »Dissidenten«, die doch angeblich eine unwesentliche Rolle spielten, aus den Gefängnissen entlassen wurden.

Haben diese Ereignisse irgend jemanden eines Besseren belehrt? Ganz und gar nicht. »Sehen Sie! Es war eben doch die *Arbeiterklasse*, die die Avantgarde bildete, nicht irgendwelche Dissidenten. Unsere Konzeption trifft also zu!«

Gewiß, die Zahl dieser Enthusiasten geht von Zeit zu Zeit zurück, und nur die raffiniertesten bleiben ihrem Glauben unverbrüchlich treu – sie sind so intelligent, daß sie einfach alles erklären können. Ein typischer Zug unserer Zeit besteht allerdings darin, daß die realistischen Tendenzen unter jenem Teil der Gesellschaft, der traditionell als »links« bezeichnet wird, merklich zunehmen. Man hegt immer weniger Illusionen, interessiert sich immer mehr für echte Information, wird nüchterner. Dies fällt besonders in Frankreich und Italien auf, wo die kommunistischen Parteien stark genug sind, um ihren Traum zu politischer Realität werden zu lassen. Die Verantwortung für einen solchen Umschwung und seine Unwiderruflichkeit zwingen viele, auf den Boden der Tatsachen zurückzukehren. Für wie lange?

Ein Freund von mir, der seit langem in Paris lebt, erzählte, daß 1956, nach den Geschehnissen in Budapest, die ganze Seine von Parteibüchern übersät war und daß sich das gleiche 1968, nach den Ereignissen in der Tschechoslowakei, wiederholte. Aber schon zwei Jahre später hatten die Erbauer der leuchtenden Zukunft ihre Reihen wieder aufgefüllt. Man wird in Frankreich wenige Menschen finden, die in ihrer Jugend nicht zu ihnen gehört und sich, älter geworden, von ihnen abgewandt hätten. Aber jede neue Generation bleibt davon unbeeindruckt.

In gewissem Maße gründet sich dieser Enthusiasmus auch auf chauvinistische Arroganz: Bei uns wird es anders sein, wir sind schließlich keine Asiaten. Ich fürchte, daß diese Arroganz nicht gerechtfertigt ist, denn die allmähliche, doch unerbittliche Sozialisierung des Westens verwandelt hochentwickelte in rückständige Länder. Dies ist die historische Mission des Sozialismus. Die geringe Mitgliederzahl der meisten kommunistischen Parteien Europas ist ein äußerst schwacher Trost – in Rußland gab es im Jahre 1917 unter 70 Millionen Einwohnern nur 40000 Bolschewiken. Der Glaube an eine spezielle europäische »Zivilisiertheit« ist einfach naiv.

Die Geschichte hat bewiesen, daß die Europäer sich untereinander genauso bereitwillig die Kehle durchschneiden wie die Asiaten, wenn sich ein hinreichender Vorwand finden läßt.

Wenn unsere Furcht vor jeder Verantwortung, unser Streben nach sozialer Sicherheit zu Illusionen führen und die Illusionen zum Sozialismus, wenn der Sozialismus dem Kommunismus die Tür öffnet, dann wird der Kommunismus ebenso unvermeidlich sowjetische Panzer ins Land rollen lassen. Es ist niemandem je gelungen, diese Tür später wieder zu schließen. Unterdessen öffnet sie sich immer weiter.

Über die Furcht

»Sei überzeugt, daß das Geheimnis des Glücks die Freiheit, das Geheimnis der Freiheit aber der Mut ist.«

Perikles

Ich habe heute endlich gehört, was an jenem Morgen bei dem Treffen von *Nixon* und *Chruschtschow* im Kreml geschah. *Chruschtschow* schlug einen harten Ton an. Er wisse, daß *Nixon* ein Feind des Kommunismus, der Sowjetunion, ein glühender Verteidiger des Kapitalismus sei.

Nixon antwortete, er sei tatsächlich ein Verteidiger des Kapitalismus, aber er sei als armer Junge auf einer kleinen Farm in Kalifornien aufgewachsen, wo er auch die schwierigsten Arbeiten erledigt habe.

Chruschtschow erklärte, daß auch er als einer der Ärmsten der Armen begonnen habe. Er sei barfuß gegangen und habe Mist geschaufelt, um sich ein paar Kopeken zu verdienen.

Nixon gab zurück, daß auch er arm gewesen, barfuß gegangen sei und Mist geschaufelt habe.

Chruschtschow unterbrach: Welche Art von Mist habe *Nixon* geschaufelt? Pferdemist, antwortete *Nixon*. Das sei gar nichts, meinte *Chruschtschow*. Er selbst habe Kuhmist geschaufelt. Das sei viel schlimmer, stinke, klebe an Füßen und Zehen fest.

Nixon: Ich mußte auch Kuhmist schaufeln. *Chruschtschow* schien skeptisch. Vielleicht habe *Nixon* ein- oder zweimal Kuhmist geschaufelt. Aber tierischer Dung sei eine Sache, er jedoch habe menschliche Exkremente schaufeln müssen. Das sei viel schlimmer.

Nixon versuchte nicht mehr, *Chruschtschow* zu übertreffen. Er verließ den Kreml wie im Schock.«[*]

Der Westen: auf dem Rückzug wie im Schock

Chruschtschow hatte offensichtlich recht, denn es ist unmöglich, die amerikanische Armut mit jener zu vergleichen, die in der Sowjetunion herrscht. Was den Mist betrifft, so kann man sich nur schwer einen besseren Experten vorstellen als den sowjetischen Staatschef: Seine Aufgabe besteht nämlich genau darin, den menschlichen Auswurf zu sortieren. Im Sozialismus werden wir alle wohl oder übel zu Spezialisten, was die verschiedenen Nuancen dieses Stoffes angeht. Wenigstens in dieser Hinsicht kann jemand wie *Nixon* uns nichts voraus
haben!

Dieser Dialog zwischen den Häuptern von zwei sich gegenüberstehenden Welten scheint mir äußerst symbolisch, besonders sein Resultat – *Nixons* rascher Rückzug »wie im Schock«. So endeten vorläufig fast alle Begegnungen der beiden Welten. Das Wetteifern um Gemeinheit und »schmutzige Tricks« hat dem Westen noch kein einziges Mal Erfolg gebracht.

Es ist überhaupt sehr schwer für eine Demokratie, mit einem totalitären Staat zu wetteifern, dessen unbeschränkte Macht ihm zum Beispiel gestattet, alle gigantischen Ressourcen des Landes auf den Wettbewerb zu konzentrieren, das ganze Leben des Volkes dieser Frage unterzuordnen. Die Menschen

[*] aus: Harrison E. Salisbury, »My Nixon File«, *Esquire* (September 1980).

mögen hungrig und in Lumpen gekleidet sein, einfachster Komfort und alle Gebrauchsgegenstände mögen fehlen, aber die Armee wird nach dem letzten Stand der Technik ausgerüstet, und mehr als die Hälfte des Budgets wird für subversive Tätigkeit und die Stärkung der Verbündeten ausgegeben. Kann etwa ein demokratischer Staat seine ganze Gesellschaft, Presse, Kirche, Diplomatie, Kunst, Sport usw. zwingen, den Zielen von Propaganda, Falschinformation, Spionage und Endsieg um jeden Preis zu dienen? Kann man sich etwa eine so umfassende Zensur und Geheimhaltung, wie sie seit Jahrzehnten bei uns existiert, in einer Demokratie vorstellen? Während des Vietnamkrieges wurde die Entsendung jedes amerikanischen Bataillons nach Saigon schon am selben Tag ausführlich in den Zeitungen diskutiert. Bei uns dagegen explodierte eine riesige Militärfabrik im Ural, und Gerüchte davon drangen erst mehrere Jahre später in den Westen durch.

Menschen, die unter unseren Bedingungen aufwachsen, sind an ganz andere Vorstellungen, Reaktionen und Normen gewöhnt. In einem totalitären Staat existiert der Mensch für einen bestimmten Zweck, sogar wenn er selbst nicht daran glaubt; in der Demokratie lebt der Mensch zu seinem eigenen Vergnügen. Deshalb kann man ihn nicht veranlassen, für abstrakte Ziele Opfer zu bringen. In den Jahren des Vietnamkriegs verloren die Amerikaner rund 50000 Menschen, das heißt etwa so viele, wie alljährlich bei Autounfällen ums Leben kommen. Die amerikanischen Verluste verursachten eine das ganze Volk umfassende antimilitaristische Hysterie, beinahe eine Revolution. In einem Kriegsjahr in Afghanistan verloren die sowjetischen Truppen

tausend Mann, und darüber wird nicht einmal gesprochen. Bei uns herrschen andere Maßstäbe, andere Kriterien, und solange die Verluste nicht nach
Millionen zu zählen sind, wird die Bevölkerung
passiv bleiben.

Das Leben im Westen ist zu angenehm, zu komfortabel, als daß man irgendwo am Ende der Welt
im Dschungel umkommen oder auch nur die Unbequemlichkeit des Militärdienstes in Friedenszeiten
auf sich nehmen will. *Carter* brauchte nur anzudeu-
ten, daß die Wehrpflicht wieder eingeführt werden
könne, als schon Tausende junger Leute mit Plakaten demonstrierten: »Es gibt keine Werte, für die es
sich lohnt zu sterben.«

Gleichzeitig tritt jeder sowjetische Junge, der das
achtzehnte Lebensjahr erreicht hat, ohne zu murren
seinen Dienst in einer Armee an, deren Disziplin
und allgemeine Bedingungen sich mit denen der
amerikanischen Armee gar nicht vergleichen lassen. Niemand fragt ihn, ob er Lust hat zu töten oder
getötet zu werden. Niemanden interessiert, ob er
die Handlungen seiner Regierung für richtig hält.
Er kann den Dienst nicht verweigern, wenn er nicht
in ein Lager geschickt oder (zu Kriegszeiten) wegen
»Vaterlandsverrates« erschossen werden will. Und
das alles erstaunt oder empört schon seit langem
niemanden, es wird als selbstverständlich hingenommen.

Die westliche Welt ist besser und humaner, sie
findet sich mit der Unvermeidlichkeit von Opfern
schwerer ab. Eine auf den ersten Blick unbedeuten-
de Einzelheit in den Berichten über den erfolglosen
amerikanischen Versuch, die Geiseln im Iran zu retten, überraschte mich. Nachdem er über den Tod
von acht seiner Soldaten informiert worden war,

setzte der Oberst, der die Operation kommandierte, sich hin und brach in Tränen aus. Ich vermag mir einfach nicht vorzustellen, daß ein sowjetischer Oberst bei der Ausführung eines militärischen Auftrags weinen könnte, so hoch seine Verluste auch gewesen sein mögen. Diese Offiziere jagten im Zweiten Weltkrieg mit Maschinengewehren Hunderttausende unbewaffneter und unausgebildeter Jugendlicher gegen deutsche Panzer vor und damit in den sicheren Tod, um ein Loch in der Front zu stopfen, und kein einziger von ihnen weinte. So wurde dieser Krieg gewonnen: Auf einen gefallenen Deutschen kamen etwa zehn Russen.

Wie würde das amerikanische Oberkommando reagieren, wenn zum Beispiel eine Atombombe in New York explodierte? Das Pentagon würde wahrscheinlich von Tränen überschwemmt, der Potomac würde über die Ufer treten, und die Einwohner Washingtons müßten vor der Flut gerettet werden. Der Leser möge mir dieses grausame Beispiel verzeihen, doch nur so kann man die Psyche der sowjetischen Führung, ihre Einschätzung des Westens, ihre Mentalität erklären. In sowjetischen Augen ist der westliche Mensch ein Weichling, der nicht kämpfen kann und will. Nur die Amerikaner sind naiv genug zu glauben, daß eine wunderbare Technik – unsichtbare Flugzeuge, undurchdringliche Panzer und nicht zu versenkende Schiffe – für sie kämpfen wird. Die Sowjetbürger, die zwei Weltkriege und einen Bürgerkrieg auf ihrem Territorium erlebt haben, wissen, daß die Technik zwar nützlich ist, daß es jedoch die Menschen sind, die Krieg führen und über seinen Ausgang entscheiden.

Das bedeutet nicht, daß die Sowjetunion danach dürstet, einen Weltkrieg anzuzetteln. Durchaus nicht. Keine der beiden Seiten will die gegenseitige Vernichtung, aber dieses »Nichtwollen« ist ganz unterschiedlich. Im Falle gegenseitiger Erpressung (oder eines Bluffs) siegt derjenige, der sich weniger vor der Niederlage fürchtet (oder den Anschein erweckt, sich weniger zu fürchten). Die Experten diskutieren ausgiebig, ob die UdSSR bereit sei, den ersten Atomschlag auszuteilen. Natürlich arbeitet jeder Generalstab Alternativpläne für alle Fälle aus. Ich riskiere es, den Experten zu widersprechen, und wage zu behaupten, daß die Sowjetunion nicht als erste zuschlagen wird (wenigstens nicht, solange die Chance zu einem effektiven Gegenschlag besteht). Weshalb sollte sie ein so ungerechtfertigtes Risiko auf sich nehmen? Es ist viel vernünftiger, den Gegner ständig vor die erschreckende Wahl zu stellen, ob er auf den Knopf drücken soll oder nicht, während sie selbst die »Befreiungsbewegungen« in die Tiefe Asiens, Afrikas und Lateinamerikas vortreibt. Wenn der Gegner sich entscheidet, auf den Knopf zu drücken, wird er vom Gegenschlag getroffen und von der öffentlichen Meinung verdammt; wenn nicht, ist es noch besser.

Also baut die UdSSR gigantische Unterseeboote und Flugzeugträger, vergrößert ihre Landungstruppen und bereitet sich auf Operationen in der Ferne vor. Fast die ganze Welt ist ihr quasi unbewaffnet ausgeliefert. Werden die Amerikaner etwa die Zerstörung des Erdballs für Thailand, Namibia oder sogar für die Schweiz auf sich nehmen? Schließlich waren sie auch für Angola, Äthiopien und Vietnam nicht dazu bereit.

Während vom westlichen Standpunkt aus jeder Krieg schlecht ist und man deshalb Konflikten ausweichen, Gegensätze glätten und versuchen muß, einen Ausgleich zu erzielen, gibt es für die sowjetischen Führer »gerechte« und »ungerechte« Kriege (solche, die im Interesse der Kräfte des Sozialismus sind, und solche, die diesen Interessen widersprechen). Die Atmosphäre der Konflikte, der Widersprüche und der Instabilität ist für sie so wichtig wie der Schutz der Dunkelheit für den Dieb. Schon ihrem Charakter nach ist der eine ein Räuber, der andere sein Opfer; der eine ist dauernd offensiv, der andere defensiv.

Aus diesem und vielen anderen Gründen, von denen später die Rede sein wird, hat die Sowjetunion stets die Initiative. Sie entscheidet, wo und wann ein Konflikt zu entfachen ist, wie und wann eine Entspannung vorgeschlagen werden darf. Die Initiative ist in jedem Spiel ein ungewöhnlich wertvoller Faktor. Ein Schachspieler, zum Beispiel, wird erklären, daß die Initiative eine Figur wert ist, wenn nicht sogar zwei. Im Krieg ist sie einer zusätzlichen Armee vergleichbar, in der Politik ist sie mehr wert als ein treuer Verbündeter. Derjenige aber, dem die Initiative aufgedrängt wird, kann nichts mehr unternehmen, was nicht schädlich für ihn ist.

Wir zerbrechen uns heute den Kopf darüber, wie es der Sowjetunion gelingt, sich so geschickt in »strategisch wichtige« Gebiete der Welt vorzuschieben. Dabei merken wir jedoch nicht, daß die Frage falsch gestellt ist. Denn jedes Gebiet wird sofort strategisch wichtig, wenn die Sowjetunion dorthin vorgedrungen ist. Von diesem Standpunkt aus ist ihre Strategie erstaunlich einfach: Sie belegt alles mit Beschlag, was »unbesetzt« ist, füllt jedes Vakuum, das sich durch die Unvorsichtigkeit ihrer Gegner gebildet hat. Solche Vakuen sind zahlreich. Wie Wölfe, die eine Viehherde angreifen, suchen die Sowjetführer sich die schwächste, jüngste, hilfloseste Beute aus. Währenddessen überlegen wir: Was ist nur ihr strategischer Plan? Welches sind die nächsten Ziele?

Man muß zugeben, daß sich der Westen in dieser Situation weit unklüger als eine Viehherde verhält. Die Rinder wissen wenigstens, daß ein Wolf frisches Fleisch braucht, daß es keinen Zweck hat, einen Wolf im guten von seinen Gewohnheiten abbringen zu wollen. Ihnen ist klar, daß in einer so gefährlichen Lage alle zusammenstehen müssen, daß sich keiner entfernen darf und daß man besonders die Schwachen und Unerfahrenen schützen muß, die mit den Wölfen spielen wollen. Und schließlich wissen sie, daß sie sich rundum verteidigen müssen, nicht nur an der Seite, wo die Wölfe zu sehen sind, denn einer von ihnen könnte plötzlich aus dem Hinterhalt angreifen. Die Hauptsache aber ist, daß sie von dem Augenblick an, in dem die Wölfe auf ihren üppigen Weiden erschienen sind, auf viele Dinge verzichten müssen, um zu überleben.

Aber was dem einen recht ist, ist dem anderen noch lange nicht billig. Der Mensch will einfach nicht einsehen, was sogar Tiere begreifen. Rinder sind simple Geschöpfe und werden bei Anblick eines Wolfes von Furcht ergriffen. Der Mensch dagegen denkt sich sofort tausend Theorien aus, die beweisen, daß der Wolf entweder nicht existiert oder keine Gefahr bedeutet (daß er ein Kalb gerissen hat, ist nur auf seinen Hunger zurückzuführen, auf nichts anderes) oder daß, wenn wir schon gefressen werden müssen, der Wolf langsam und mit Appetit abbeißen, uns nicht gierig verschlingen wird.

Im Unterschied zu den Tieren haben wir es mit

folgenden Naturkatastrophen zu tun: a) mit Diplomaten; b) mit Professoren der politischen Wissenschaften (was das wohl sein mag, fragt der Leser bedrückt) und Sowjetologen; c) mit Handelspolitikern oder Politikhändlern (wer kennt sich da schon aus?), kurz, mit den Kräften des Friedens; d) mit einer großen Zahl von Schlauköpfen, die es für sehr progressiv halten, von den Wölfen gefressen zu werden. Es gibt eben alle möglichen Zeitgenossen! Als Ergebnis ihrer gemeinsamen Bemühungen ist dem normalen Sterblichen bisher noch nicht bewußt geworden, daß er in tödlicher Gefahr ist und daß er all seine übrigen Probleme und Problemchen hinter das eine zurückstellen muß: Wie kann ich überleben?

Der Kreml: vorwärts
unter dem Banner der Ideologie

Dies ist eine so traurige Geschichte, daß man gar nicht weiß, womit man anfangen soll. Vielleicht hat sie auch gar keinen Anfang. Ihre Wurzeln reichen einerseits in historische Tiefen, andererseits weit hinab ins menschliche Unterbewußtsein. Sie in kurzen Zügen zu umreißen hieße, sie absichtlich zu vereinfachen und damit angreifbar für die Kritik zu machen. Es ist unmöglich, sie in allen Einzelheiten zu erzählen, denn heutzutage liest niemand mehr lange Geschichten. Das 20. Jahrhundert ist durch eine ganz neues Phänomen gekennzeichnet, dem gegenüber wir noch keine Verhaltensweisen entwickelt haben. Der Versuch, in der Historie Parallelen zu finden, verwirrt die Lage noch mehr. Die Hauptschwierigkeit der westlichen Diplomatie besteht ja gerade darin, daß ihre Konzeptionen im 19. Jahrhundert entwickelt wurden. Diese Konzeptionen waren nicht in der Lage, uns vor den Katastrophen des 20. Jahrhunderts zu retten, zumal da Psychologie und Moral der Gesellschaft des 19. Jahrhunderts sie geradezu vorbereiteten.

Die klassische Diplomatie stützte sich auf die Prinzipien der Stabilität und des Kompromisses. Jeder Nachbarstaat sollte anerkannt werden, wenn die dort etablierte Regierung stabil genug war. Das Ziel diplomatischer Beziehungen bestand darin, den Frieden und die Zusammenarbeit zu stärken. Die sich ergebenden Widersprüche sollten mit Hilfe von Kompromissen gelöst werden. Dieser Pragmatismus unserer Vorfahren gründete sich auf die »Anerkennung der Realität«, nicht auf die Schaffung der Realität: Wenn die »stabile« Regierung in einem Nachbarstaat den Kannibalismus legalisiert hätte, wäre dies natürlich bedauerlich gewesen, hätte die Ziele der Diplomatie aber in keiner Weise beeinflußt. Die Souveränität des Nachbarn mußte respektiert werden, jede Einmischung in seine innere Angelegenheiten war unzulässig. Sogar im Verhältnis zu den unruhigsten Nachbarn war ein unsicherer Frieden dem handfesten Streit vorzuziehen.

Aber nachdem von einer Ideologie beherrschte, totalitäre Regime entstanden waren, erwiesen sich diese scheinbar vollkommen logischen Prinzipien, die aus Weisheit und Vernunft hervorgegangen waren, als geradezu unheilvoll. Ebenso wie in der Natur unter extremen Bedingungen nicht vorhersehbare Anomalien auftreten, die auf den ersten Blick unlogisch, sogar paradox sind, so kann es auch in den menschlichen Beziehungen zu solchen Unwägbarkeiten kommen. Wenn man zwei Ziffern addiert, multipliziert oder dividiert, erhält man stets eine neue Ziffer. Dies gilt für jede Ziffer, von Null bis in die Unendlichkeit. Wenn wir aber Null oder die Unendlichkeit in unsere Berechnungen einbeziehen, verschwindet jede Logik. Das Resultat bleibt immer gleich. Aber man kann sich von Null noch irgendeine Vorstellung machen, während die Unendlichkeit mit unserer Phantasie nicht zu vereinbaren ist.

Noch schwieriger ist es, sich einen totalitären Staat vorzustellen. Je normaler ein Mensch ist, je rationaler er sich zu urteilen bemüht, desto schlimmer, denn ein solcher Staat ist seinem Charakter nach irrational, weil er aufgerufen ist, eine absolute Idee zu verwirklichen. Die Tatsache, daß niemand – von den Führern bis zum einfachen Soldaten – dort noch an diese Idee glaubt, ändert nichts. Die Idee (oder, genauer, die Ideologie) existiert in der Sowjetunion nicht im Geist der Menschen, sondern ist nach fünfzigjähriger Aufwallung der Leidenschaften in den Strukturen von Staat und Institutionen, im Alltagsleben, in den psychologischen Reaktionen, wie es scheint, sogar in der Atmosphäre selbst erstarrt. Es ist wie in manchen Werken der Science Fiction, in denen die Idee sich von ihren Trägern trennt, sich materialisiert und eine ganz unabhängige Existenz führt.

Niemand hat das Recht, an der Ideologie zu rütteln, nicht einmal der Chefideologe, denn sie ist die per definitionem einzig richtige. Man kann denken, was man will, doch jeder, der die Ideologie offen in Zweifel zieht, wird sofort unschädlich gemacht. Seine Häscher werden Mitleid mit ihm haben und ihm zum Trost antisowjetische Witze erzählen. Der Richter wird ihn noch mehr bedauern und ihm auf jegliche Art seine Sympathie ausdrücken. Der Parteifunktionär, der alle übrigen kontrolliert, wird ihm heimlich die Hand drücken und flüstern: »Toller Bursche!« Aber trotzdem wird das Opfer für lange Jahre verschwinden. Und wenn dies den Generalsekretär stört, so wird es morgen eben einen anderen Generalsekretär geben. Je höher der Rang eines Parteifunktionärs ist, desto stärker haßt er die Ideologie. Aber was kann er unternehmen? Es ist ganz unwesentlich, wenn ein Geistlicher nicht an Gott glaubt – die Kirche wird dadurch nicht einstürzen. Es spielt keine Rolle, daß alle Gemeindemitglieder nur so tun, als schlügen sie das Kreuz, wenn es im Dorf trotzdem gebräuchlich ist, zur Morgenmesse zu gehen, die Kinder taufen, sich trauen zu lassen und Beerdigungszeremonien durchzuführen.

Die Schöpfer dieses surrealistischen Staates haben den Sinn seiner Existenz ein für allemal festgelegt, und es gibt kein Mittel, um sein Ziel zu ändern, das vorsieht, »absolute Gleichheit« auf der ganzen Welt durchzusetzen, daß heißt, das eigene System über den ganzen Erdball zu verbreiten. Es handelt sich eigentlich nicht um einen Staat, sondern um eine Militärbasis, ein Unterwanderungszentrum. Die ganze Struktur ist auf diese Aufgabe ausgerichtet, und das System kann nur im permanenten Kriegszustand existieren. Im Westen spricht man gern vom »Eisernen Vorhang«, aber wenn jemand die UdSSR mit einer undurchdringlichen Haube zudeckte, würde das System von einem Moment zum anderen zusammenbrechen. Dieses System benötigt, um überleben zu können, extreme Spannung, die durch eine grandiose Aufgabe geschaffen wird. Es wird instabil, unfähig zu überleben, wenn es aller Feinde beraubt ist.

Jede Ideologie braucht ihre Dämonen. Für die sowjetische Ideologie wird diese Funktion von der nichtkommunistischen Welt übernommen. Dabei ist belanglos, daß niemand mehr an Dämonen glaubt, denn der einzelne weiß ja nicht, daß auch alle übrigen nicht mehr an sie glauben. Selbst wenn er es erführe, würde sich nichts ändern.

Was sollen die sowjetischen Führer nun unternehmen, die ihr Volk gezwungen haben, ungeheuere Opfer zu bringen, die sogar einen großen Teil der Bevölkerung geopfert haben und weiterhin neue Opfer für ein mythisches Ziel verlangen? Wer sich einmal auf den Tiger gesetzt hat, kann nicht mehr hinuntersteigen. Das geringste Zögern, das kleinste Zeichen von Schwäche könnte sich in diesem unter der Oberfläche brodelnden Bürgerkrieg für die Regierung als fatal erweisen. Deshalb bleibt ihr nichts anderes übrig, als ihre Macht weiter auszudehnen, als neue Siege zu erringen.

Unglücklicherweise sind die westlichen Menschen so normal, daß sie das Wirken dieser Schizophrenie nicht durchschauen können.

Ein alter Diplomat erzählte mir: »Ich habe viel mit den Russen zu tun gehabt und kann Ihnen überhaupt nicht zustimmen. Sie sind Menschen wie wir, guterzogen, höflich, gebildet. Und sie wollen wie wir den Frieden stärken, eine nukleare Katastrophe verhindern.«

Ein geachteter Politiker, früherer Premierminister eines europäischen Landes, sagte mir: »Es ist nicht unsere Sache, das sowjetische System zu ändern. Wir haben die Pflicht, uns mit ihnen zu verständigen, das Gleichgewicht in der Welt aufrechtzuerhalten.«

Ein angesehener Universitätsprofessor, er ist Rußlandexperte: »Sowjetrußland ist ein Land wie jedes andere. Seine internationalen politischen Abenteuer sind nur ein Überbleibsel aus den Ambitionen der Kolonialzeit.«

Wie kann ich ihnen klarmachen, daß sie sich auf nicht wiedergutzumachende Weise irren? Wie soll ich diesen normalen Menschen verdeutlichen, daß sie es mit einem wahnsinnigen Staat zu tun haben, in dem das Individuum nichts bedeutet, sogar wenn es Staatschef ist? Wie soll ich beweisen, daß es unmöglich ist, das beschworene Gleichgewicht herzustellen und aufrechtzuerhalten, bevor sich das Sowjetsystem geändert hat? Die Vergangenheit spielt hier überhaupt keine Rolle.

Welche nationalen russischen Interessen stehen in Angola oder in Vietnam auf dem Spiel? Würde ein Kolonialist des klassischen Typs jeden Tag mehrere Millionen Rubel an Kuba zahlen, das 12 000 Kilometer von ihm entfernt ist, an der anderen Seite des Erdballs liegt? Wie kann man sich vorstellen, daß die Unendlichkeit, wenn man die Unendlichkeit von ihr subtrahiert, immer noch unendlich bleibt?

Es ist leicht vorauszusehen, was geschehen wird, wenn man versucht, die Methoden und Konzeptionen der klassischen Diplomatie auf einen totalitären Staat anzuwenden. So wie die Anerkennung der »Realität« für den Bürger dieses Landes bedeutet, daß er direkt oder indirekt an den Verbrechen der Machthaber mitwirkt, so ist diese Anerkennung für einen anderen Staat der Weg zur Abhängigkeit und Komplizenschaft. Man braucht schließlich keine Partner, sondern Satelliten, ebenso wie man nicht Bürger, sondern Sklaven benötigt.

Schon die Anerkennung eines totalitären Staates

durch ein demokratisches Land ist ein großer Fehler (zu vergleichen mit der Bereitschaft, mit Terroristen zu verhandeln). Die Anerkennung stärkt den Totalitarismus, gibt ihm einen Anstrich von Legitimität in den Augen des versklavten Volkes und dämpft die Wachsamkeit der Demokratie. Sie veranlaßt andere Staaten, dem eigenen Beispiel zu folgen.

Das wichtigste aber: Sie öffnet die Tür zur »Kooperation«, die den Totalitarismus kräftigt und die Demokratie schwächt, denn er wird weiterhin einen verdeckten Krieg (manchmal nicht allzu verdeckt) führen, während die Demokraten, die den Traditionen der klassischen Diplomatie folgen, loyal und friedliebend bleiben. Der totalitäre Staat mischt sich in die inneren Angelegenheiten westlicher Länder ein, strebt danach, ihre Stabilität in jedem Fall zu erschüttern, ohne daß etwas dagegen unternommen werden könnte. Es ist schwierig, den einmal begangenen Fehler zu korrigieren, denn Beziehungen aufzunehmen ist weniger problematisch, als sie wieder abzubrechen.

Jeder demokratische Staat ist sehr verletzlich, wenn man seine Stabilität gefährden will. Ständig gibt es irgendwelche ungelösten Probleme, über Gott weiß was empörte Minderheiten, oppositionelle Grüppchen aller Schattierungen. Und schließlich ist es unter den Bedingungen der Demokratie unmöglich, dem totalitären Nachbarn einfach zu verbieten, daß er aus seinen Agenten Organisationen bildet und offen für sich selbst Propaganda treibt. Der demokratische Staat dagegen hat keine Möglichkeit, dem Nachbarn mit gleicher Münze heimzuzahlen. Das läßt sich in einem solchen Staat nicht unmerklich anstellen, und offene Gegenpropaganda wird man nicht gestatten, wie könnte man auch?

Es handelt sich schließlich um einen »unfreundlichen Akt«. Also kommen von Anfang an ungleiche, doppeldeutige Beziehungen zustande.

Sofort nach Aufnahme dieser »Kooperation« entstehen die ersten Konflikte. Die klassische Diplomatie ist aufgerufen, sie mit Hilfe von Kompromissen zu lösen. Nun stellt sich heraus, daß »Kompromiß« im Wörterbuch des totalitären Nachbarn fast ein Schimpfwort ist. Wie könnte es auch anders sein? Für die Ideologie ist ein Kompromiß mit dem Teufel ein Verbrechen. In der Praxis geht der Totalitarismus natürlich auf Kompromisse ein, aber nur auf solche, die für ihn günstiger sind. Wer Kompromisse vorschlägt, wird vom Totalitarismus für rückgratlos und schwach gehalten – man kann also noch höhere Forderungen an ihn stellen.

Der Unterschied ist von Anfang an ganz wesentlich: Die eine Seite sucht aktiv nach Kompromissen, die andere läßt sich nur manchmal huldvoll zu ihnen herab. Die westlichen Menschen sind von Kindheit an gewöhnt, Kompromisse als wünschenswert zu betrachten, ihre Kompromißbereitschaft als Erfolgsgarantie anzusehen. Aber in den Beziehungen zu totalitären Staaten ist alles genau umgekehrt. Die Demokratie ist prinzipiell prinzipienlos, wenn man sich so audrücken kann: Vor die Alternative »Leben oder Prinzip« gestellt, wird die Mehrheit im Westen sich für das Leben entscheiden. Daher rührt die uns verblüffende Bereitschaft, der Ölerpressung nachzugeben, Verhandlungen mit Terroristen zu führen.

Das geht bis ins Absurde: Die New Yorker Polizei, zum Beispiel, empfiehlt den Bewohnern der Stadt, auf der Straße immer zehn Dollar bei sich zu haben, falls sie einem Räuber begegnen; wenn der Räuber nämlich kein Geld findet, könnte er sein Opfer aus Ärger verletzen. Natürlich wächst die Zahl der Räuber ständig, da ihnen nun eine Beute garantiert ist. Ich kann mir eine solche Empfehlung, solchen Gehorsam unter sowjetischen Bedingungen nicht vorstellen. Ein solches Verhalten hätte bei uns als unauslöschliche Schande gegolten. Überhaupt sind die Begriffe Ehre und Schande im Westen offenbar nicht mehr in Mode, werden als veraltet angesehen.

Das alles stärkt natürlich nur den sowjetischen Glauben an die Schwäche des Westens, und die »kompromißlose Leninsche Politik« wird in ihrer Unfehlbarkeit bestätigt. Was sollen die westlichen Partner tun? Wenn sie schon eine »Realität« anerkannt haben, können sie doch auch eine zweite anerkennen? Um so mehr, als sich mit den Jahren die für die sowjetischen Machthaber äußerst günstige Reputation erhärtet hat, daß sie »auf Druck von außen unempfindlich« seien (so sind die Russen eben!).

Außerdem hat die Sowjetunion den »Zeitfaktor« auf ihrer Seite, sie braucht sich nicht zu beeilen. Ihre Führer haben eine Ewigkeit vor sich, während jeder westliche Politiker sich mit lächerlichen vier, fünf Jahren zufriedengeben muß. Im Westen ist man der Meinung, daß eine konkrete politische Linie, wenn sie nicht rasche Resultate bringt, geändert werden müsse. Das ist für totalitäre Regime sehr bequem. Wenn ihnen irgendein Politiker oder irgendeine Politik nicht gefällt, brauchen sie nur auf die nächste Änderung zu warten. Auf diese Weise haben sie stets die Initiative (die, wie wir gehört haben, beim Schachspiel zwei Figuren wert ist).

Aber das ist noch nicht alles. Die fruchtbare Zusammenarbeit hat ja erst begonnen. Nun muß man noch Handelsbeziehungen knüpfen. Der Handel ist, wie der Leser zweifellos weiß, ein echtes Instrument des Friedens und der guten Nachbarschaft. Auf diesem Gebiet kann es keine Tricks, keine einseitigen Vorteile geben. Wir liefern Technologie, sie liefern uns Holz. Wir verkaufen ihnen Autos, und sie verkaufen uns Wodka. Wir bauen ihnen ein Automobilwerk, sie schicken uns schwarzen Kaviar. Aber dies sind neue Zeiten, der Handel wird auf Kredit abgewickelt, man muß dem Partner vertrauen. Also liefern wir ihnen Technologie, Autos, Fabriken, und sie geben uns eine Quittung. Wer von wem abhängig ist – der Schuldner vom Gläubiger oder der Gläubiger vom Schuldner –, ergibt sich daraus, wer über die stärkeren Nerven und die größere Unverschämtheit verfügt.

Der Handel erschließt unbekannte Möglichkeiten, um sich in die inneren Angelegenheiten des demokratischen Nachbarn einzumischen. Man kann einem Land (oder einer bestimmten Firma) einen vorteilhaften Auftrag geben oder nicht, wodurch sich die Arbeitslosigkeit des Landes (oder eines bestimmten Gebietes) verringert oder nicht. Man kann die Aufträge nach einer langen »fruchtbaren Zusammenarbeit« plötzlich in einem günstigen Moment einstellen, und die Arbeitslosigkeit steigt an. Es gibt auch ganz kuriose Fälle: Zum Beispiel erhielt eine große Firma einen gewaltigen sowjetischen Auftrag *durch Fürsprache der örtlichen Kommunistischen Partei* (und wohl nicht wegen der schönen Augen des Firmenchefs). Man errichtet ein Werk im Ausland, und die Produktion dieses Werkes wird zu Dumpingpreisen an die Erbauer abgesetzt.

Der Sozialismus hat im Westen viel Terrain erobert, doch die kommerzielle Freiheit ist noch groß. In ein paar Jahren wird nicht mehr zu unterscheiden sein, wem was gehört, wer von wem abhängt. Man glaubt, es mit einer geachteten alten Firma zu tun zu haben, dabei haben die Sowjets sie schon in der Tasche.

Der Handel ist nur schwer zu beschränken. Was man nicht direkt beziehen kann, läßt sich über Scheinfirmen in dritten Ländern kaufen. Auf diese Weise gelangen strategisch wichtige Geräte und Waffen in die UdSSR. Laut *Anthony Sutton* von der Stanford University baute allein Deutschland vor dem Zweiten Weltkrieg (in den zwanziger und dreißiger Jahren) siebzehn Artilleriefabriken, alle sowjetischen Unterseeboote sowie Luftwaffen- und Panzerfabriken in der UdSSR*. Es handelt sich um eine äußerst interessante Untersuchung, besonders für den russischen Leser.

Plötzlich erfährt er, daß buchstäblich alle Industriezentren und großen Betriebe in der Sowjetunion von ausländischen Gesellschaften (manchmal sogar mit ausländischen Arbeitskräften und auf Kredit) gebaut wurden, das heißt all das, was als Errungenschaft des Sozialismus betrachtet und jedem Schulkind als Beispiel vor Augen gehalten wird. Im Jahre 1927 – zu Beginn der Kollektivierung, die mehrere Millionen Bauern vernichtete und das Land in die Hungersnot trieb – wurden 85 Prozent der Traktoren von Ford geliefert. Die Kohleindustrie (insbesondere die Kohlebecken von Kusnezk und Donez), die großen Stahlgießereien und Walzwerke, die Autofabriken von Gorki und Moskau

---

* Anthony Sutton, *Western Technology and Soviet Economic Development*, Hoover Institution Press, Stanford University, Stanford, Calif., Vol. 1–2, 1968–71.

(SIL), das Dnjepr-Kraftwerk, das Kombinat von Magnitogorsk, sogar der von *Lenin* entwickelte Elektrifizierungsplan – das alles wurde von westlichen Firmen entworfen, erstellt und ausgerüstet. Irgendeine deutsch-schwedische Firma stellte sogar die berühmten »Lenin-Glühbirnen« her (anfangs in Jaroslawl, dann in Moskau, Leningrad und Nishnij-Nowgorod).

Im Unterschied zum westlichen fallen dem russischen Leser natürlich zwei entscheidende Umstände auf:

1. Bei all diesen Bauarbeiten übernahmen Häftlinge die schwerste Last;

2. diese gigantischen Projekte auf den Gebieten von Energieversorgung, Metallurgie und Maschinenbau schufen die Grundlage der sowjetischen Militärmacht.

Wir sehen wiederum, daß die beiden Aspekte des Totalitarismus – Unterdrückung im Inneren und Aggressionen nach außen – Hand in Hand gehen, dazu noch mit dem Segen der demokratischen Länder des Westens.

Über pragmatische Politik und andere Übel

Muß man sich wirklich beeilen, um solche »Realitäten« anzuerkennen? Vielleicht verdient nicht jede »Stabilität« Anerkennung? Ist es uns wirklich gleichgültig, ob man in einem Nachbarstaat Kannibalismus praktiziert? Ist ein schlechter Frieden vielleicht doch nicht besser als eine gesunde Auseinandersetzung?

Pragmatismus ist schließlich nur eine höfliche Bezeichnung für Prinzipienlosigkeit. Deshalb erscheint er auf den ersten Blick so verlockend. Pragmatiker arbeiten sich in allen Regimen an die Spitze vor, sie sind für jede Regierung akzeptabel, weil sie immer die Macht unterstützen – gleichgültig, was diese Macht darstellt. Aber gerade deshalb sind sie verhaßt, oft sogar verhaßter als die Henker. Der Tag mag kommen, an dem die Henker selbst hingerichtet werden, aber die Pragmatiker werden sich immer aus der Schlinge ziehen.

Der unheilvolle Charakter der pragmatischen Politik gegenüber totalitären Ländern ist nur eine Seite der Medaille. Während der Haß auf die Pragmatiker unter gewöhnlichen Umständen ohnmächtig bleibt, schafft dieser Haß in unserer Epoche der globalen ideologischen Auseinandersetzung die Voraussetzungen für den Erfolg des Gegners, bereitet den Boden für seine Propaganda. Tatsächlich kann nicht überraschen, daß die USA, ein demokratisches und seinem Charakter nach nicht aggressives Land, das um ein Vielfaches mehr Entwicklungshilfe leistet als die UdSSR, als Belohnung für ihre Mühen nur ständig wachsenden Haß ernten. Die Sowjetunion dagegen, aggressiv wie sie ist, genießt weiterhin einen positiven Ruf. Woher führt dieser einmütige Antiamerikanismus?

Auf diese Frage kann es natürlich keine einfachen Antworten geben. Die Bevölkerung der Entwicklungsländer ist, was sich durch ihre wirtschaftlichen Belastungen erklärt, besonders anfällig für die »linke Kinderkrankheit«. Die geschickte sowjetische Propaganda stellt die schüchternen amerikanischen Verteidigungsversuche als Streben nach Weltherrschaft hin. Dazu kommt die Neigung der europäischen Sozialisten, dem Reichen immer am

Zustand des Armen die Schuld zu geben. Und schließlich gründen sich der Pragmatismus und die erstaunliche Ungeschicklichkeit der amerikanischen Politiker und Bürokraten auf ein Paradoxon: Einerseits neigen die USA traditionell und ihrem Charakter nach zum Isolationismus, andererseits zwingen die Umstände (in erster Linie die globale sowjetische Bedrohung) sie in die Führungsrolle der demokratischen Welt – eine Rolle, zu der sie überhaupt nicht taugen. Deshalb ist ihre Teilnahme an der internationalen Politik nicht energisch und umfassend genug, um die Welt wirksam zu verteidigen, aber stark genug, um negative Reaktionen hervorzubringen. Die Zwiespältigkeit ihrer Position führt zu halbherzigen Entscheidungen, die ihrerseits zum Mißerfolg führen.

Das Szenarium dieser Mißerfolge ist deprimierend eintönig. In Anlehnung an ihre pragmatische Konzeption beeilen sich die USA, »stabile« autoritäre Regime anzuerkennen und mit ihnen zusammenzuarbeiten. Natürlich traten die Pragmatiker für bessere Beziehungen zu China ein. Leider hört man nicht immer auf sie. Wenn man es täte, müßte man auch Kuba schnellstens anerkennen, denn Castro hat eine stabile Position, und die kubanischen Truppen stabilisieren die Lage in Angola. Wahrscheinlich wäre die ganze Welt bald überaus stabil, wenn solche Pragmatiker immer Gehör fänden.

Die Menschen, die unter der Gewalt eines »stabilen« Diktators aufgewachsen sind, begreifen all das nicht und sind in ihrem revolutionären Eifer auch gar nicht fähig, es zu begreifen. Die eigene Erfahrung ist immer am überzeugendsten, und diese Erfahrung zeigt ihnen ein präzises schwarzweißes Bild: Auf der einen Seite stehen die »schlechten«

Amerikaner, auf der anderen die »guten« sowjetischen Kommunisten. Früher oder später sieht sich der »stabile« Diktator, von den »Guten« bedrängt, am Rande des Bankrotts. Und wieder haben die Pragmatiker es mit einem unlösbaren Dilemma zu tun: Einerseits darf man einen Verbündeten, der in Not ist, nicht im Stich lassen – das würde sich negativ auf die übrigen Verbündeten und Bündnisse auswirken, und schließlich ist das neue »stabile« Regime, welches das vorhergehende abgelöst hat, allzu feindselig; andererseits müßte man sich in einen gegen das Volk gerichteten, für Amerika widernatürlichen Krieg hineinziehen lassen, der von vornherein zum Scheitern verurteilt ist. Man müßte seine eigenen Truppen entsenden, und dann würden »American boys« fallen, was zu Hause niemand dulden würde.

Ein weiterer Nachteil der Amerikaner ist ihre unfähige Bürokratie. Meine Freunde und ich begegneten einmal einem früheren südvietnamesischen Offizier, der inzwischen im Exil lebte, und wir fragten ihn: »Wie konnten Sie den Krieg nur verlieren? Schließlich hatten Sie amerikanische Truppen und die beste Bewaffnung der Welt auf Ihrer Seite. Wußten Sie etwa nicht, was das Land im Falle einer Niederlage erwartet?«

»Das wußten wir genau«, erwiderte er bitter, »aber wie sollten wir siegen, wenn die Amerikaner uns nicht nur Hilfe leisteten, sondern uns auch ständig vorschrieben, wohin wir zu schießen und wo Bomben abzuwerfen hatten. So kann man nicht Krieg führen. Die Amerikaner wußten ja nichts über unser Land.«

Später, als ich mich enger mit dem Stil der amerikanischen Bürokratie vertraut gemacht hatte, wurde mir klarer, was dieser Vietnamese meinte. Aus Platzmangel will ich nur ein einziges unbedeutendes, doch sehr anschauliches Beispiel anführen: die Arbeit von Radio Liberty. Nach dem Zweiten Weltkrieg, auf dem Höhepunkt des sogenannten »kalten Krieges«, sahen die Amerikaner endlich ein, daß sie irgendwie auf die sowjetische Propaganda reagieren mußten. Man wollte der Bevölkerung der UdSSR und der Länder Osteuropas wenigstens eine von der sowjetischen Zensur nicht kontrollierte Informationsquelle verschaffen. Statt diese sehr wichtige Angelegenheit jedoch von Beginn an völlig offen abzuwickeln, wurde »für alle Fälle« beschlossen, dies als Operation des Nachrichtendienstes zu betrachten. Der Sender wurde von der CIA finanziert, die diesen Sachverhalt natürlich empört leugnete. Weshalb man sich verstecken mußte, werde ich wohl nie begreifen. Es heißt, daß Senat und Kongreß die Mittel sonst nicht bewilligt hätten, da es sich um einen »unfreundlichen Akt« gegenüber der Sowjetunion gehandelt habe. Gleichzeitig gaben die Sowjets, ohne sich zu zieren, Milliarden für antiamerikanische Propaganda – offene wie geheime – aus.

Was ist denn daran auszusetzen, wenn durch den Kommunismus verdummte Menschen informiert werden? Wie dem auch sei, der Sender wurde heimlich finanziert. Wo es aber in Amerika Geheimnisse gibt, dort gibt es auch Enthüllungen. Solche Enthüllungen haben immer den Beigeschmack von etwas Illegalem, fast Verbrecherischem. Selbstverständlich lassen große Schlauköpfe und Friedensliebhaber wie Senator *Fulbright* die Chance nicht aus, hartnäckig die Schließung des Senders zu verlangen, weil er die Herstellung freundschaftlicherer

Beziehungen zum sowjetischen Partner störe. Die Existenz des Senders war ständig bedroht, bis endlich jemandem einfiel: Weshalb sollen wir ihn nicht offen finanzieren? Genau das wird seit kurzer Zeit getan, zum nicht geringen Mißfallen aller amerikanischen Fulbrights.

Aber die Atmosphäre wird von Verboten vergiftet, insbesondere von der Zensur. Das Washingtoner Rundfunkbüro (die Organisation, die den Sender offiziell leitet) veröffentlicht regelmäßig »politische Direktiven«. Diese »Direktiven« grenzen ans Absurde. Der Tonfall des Sprechers darf nicht zu erbittert sein, es empfiehlt sich nicht, auf die sowjetische Propaganda zu antworten, sie zu widerlegen, man soll die Menschen nicht zur Flucht aus der UdSSR anstacheln (das heißt, der Westen darf nicht allzusehr gelobt werden, damit niemand Lust bekommt zu fliehen), sie nicht zur Rebellion gegen die Behörden aufwiegeln, und wenn es unglücklicherweise zu einer solchen Rebellion kommt, so muß man versuchen, die sowjetische Bevölkerung zu beruhigen und ihr auf keinen Fall Ratschläge zu geben.

Wie in Vietnam schreibt die Bürokratie also jedes Detail der Kampfführung vor. Wenn diese Instruktionen wirklich von den Mitarbeitern befolgt würden, so würden sich die Sendungen von Radio Liberty kaum von denen Radio Moskaus unterscheiden. Genau das geschah auf dem Höhepunkt der »Entspannung«, denn der Sender mußte den verschlungenen Pfaden der amerikanischen Politik getreu folgen. Es ist paradox, daß ein Rundfunksender mit dem Namen »Freiheit«, der den armen Russen Demokratie beibringen sollte, selbst der politischen Zensur unterworfen war. Im Kampf für die Demokratie zeigen die Amerikaner also wenig Vertrauen zu den Prinzipien der Demokratie. Und das ist noch das geringste Übel.

Dann geschah das, was anscheinend mit allen staatlichen Einrichtungen der Amerikaner geschieht: Das bürokratische Personal begann über alle Maßen zu wachsen, während die Zahl der arbeitsfähigen echten Journalisten katastrophal zurückging. Wie in der guten alten Zeit der »Illegalität« rekrutierte sich dieses Personal hauptsächlich aus gescheiterten Diplomaten, aus CIA-Mitarbeitern, die ihre Unfähigkeit auf anderen Gebieten bewiesen hatten, oder aus anderen Funktionären. Der Sender wurde zur letzten Zuflucht für inkompetente Beamte, die man nicht ohne Aufsehen entlassen konnte und die deshalb befördert und an einen anderen Platz versetzt wurden. Das Budget des Senders wuchs proportional zur Verschlechterung seiner Arbeit.

Nach eigenen Berechnungen des Senders verringerte sich die Zahl der Hörer in der UdSSR. Es kam zu Diskriminierungen wie in der Kolonialzeit: Die aus der UdSSR emigrierten Experten erhielten weit niedrigere Gehälter als die amerikanischen Funktionäre. Zur Zeit erreicht das Budget die astronomische Höhe von 94 Millionen Dollar im Jahr (damit könnten vier Bomber finanziert werden), und diese Mittel reichen für den effektiven Betrieb des Senders nicht aus. Wenn der amerikanische Kongreß den Emigranten nur den fünften Teil dieses Budgets bewilligte, würde die Sowjetunion in ihren Fugen erzittern. Aber genau davor fürchten sich die Amerikaner wahrscheinlich, weil sie die Stabilität nicht gefährden wollen! Und schließlich kann man Experten doch nicht ohne Kontrolle arbeiten lassen!

Ich weiß nicht, wie gerechtfertigt es wäre, dieses

Beispiel auf umfassendere amerikanische Initiativen zu übertragen, aber es enthält etwas Typisches. Einerseits will man dem Weltbanditen entgegentreten, andererseits will man mit ihm zusammen Gleichgewicht und Stabilität aufrechterhalten. Die Amerikaner wissen offenbar nicht, was sie wollen.

Dafür wissen die sowjetischen Machthaber dies sehr gut. Sie weiten ihren Einfluß in der Dritten Welt zügig aus, indem sie den geringsten Fehler der Vereinigten Staaten nutzen. Kein Land kann sich ihren Klauen entwinden, um seine Nachbarn wissen zu lassen, daß der »Amerikanische Imperialismus« im Vergleich mit der »Befreiung« durch die Sowjets ein Kinderspiel ist.

In Rußland erzählt man sich folgendes Gleichnis: In einer eiskalten Winternacht flog ein Spatz von einem Heuschober zum anderen. Er hatte aber seine Kräfte überschätzt, erstarrte vor Kälte und fiel zu Boden. Eine Kuh kam vorbei, hatte mit dem armen Vogel Mitleid und bedeckte ihn mit einem großen warmen Kuhfladen. Der Spatz erwärmte sich, taute auf, steckte den Kopf nach draußen, blickte sich um und merkte, daß er in einer nicht sehr reputierlichen Lage war. »Hilfe! Rettet mich!« schrie er empört. »Eine Gemeinheit! Man hat mich in den Dreck geworfen!« Eine Katze lief herbei und schnurrte: »Ach, du armer Kerl, was hat man mit dir gemacht! Aber keine Sorge, ich ziehe dich sofort heraus.« Sie tat es und fraß den Spatzen auf. Diese Fabel birgt drei Lehren:

1. Nicht jeder, der dich in den Dreck steckt, ist ein Feind.
2. Nicht jeder, der dich aus dem Dreck zieht, ist ein Freund.

3. Wenn du in den Dreck geraten bist, sitz still und zwitschere nicht.

Aber wie *Chruschtschow* so weise bemerkte, gibt es für den Menschen Schlimmeres als Kuhfladen.

Wenn man alle angeführten Fakten berücksichtigt, kann man sich nur wundern, wie gefestigt die Demokratie noch ist. Aber wenn jemand fähig ist, sie in den Bankrott zu treiben, dann sind es die Professoren der politischen Wissenschaften und die Sowjetologen. Besonders in Amerika hegt man ungewöhnliche Ehrfurcht vor der »Bildung« und vor akademischen Titeln. Man hat einen höchst eigentümlichen Begriff von dem, was Wissen ist: ein Instrument, dessen man sich anstelle seines Hirns bedient. Das heißt, je gebildeter jemand ist, desto weniger braucht er seine eigene Vernunft und Intuition zu bemühen. Es ist tragisch, daß diese Professoren nach irgendeinem ungeschriebenen Gesetz häufig in führende Staatsämter gelangen – wohl als Tribut an die erwähnte Ehrfurcht.

Der Respekt vor Spezialisten ist überhaupt typisch für die Amerikaner, und sie haben Spezialisten für alle Lebensbereiche. Wenn sich ein Amerikaner zum Beispiel verliebt, schickt er nicht Stoßseufzer zum Mond hinauf oder schreibt Gedichte, sondern geht zu einem Spezialisten für Liebesangelegenheiten. Kurz, sobald jemand ein »Problem« hat, wendet er sich an den entsprechenden Spezialisten, der die Lösung liefern soll. Daß auch die Sowjetunion ein »Problem« ist, begreifen die Amerikaner trotz allem noch. Deshalb übt die »Sowjetologengemeinschaft« außergewöhnlich starken Einfluß auf die Zielrichtung der amerikanischen Politik aus, was diese so wichtige Frage betrifft.

Diese Professoren, die oft nicht einmal die russische Sprache lesen können und sich bestenfalls ein paar Jahre in der künstlichen Atmosphäre der amerikanischen Botschaft in Moskau herumgetrieben haben, sollen die Konzeptionen und Theorien entwickeln, von denen Präsidenten und Minister sich leiten lassen. Manche von ihnen nehmen sehr hohe Posten ein und setzen ihre Theorien in die Praxis um.

Wie so oft ist es schwierig zu sagen, wer letzten Endes auf wen Einfluß ausübt, denn die herrschenden Theorien und Konzeptionen entsprechen auf verblüffende Weise den Interessen dieser oder jener Gruppe des Establishments. Worauf das zurückzuführen ist, will ich hier nicht untersuchen. Ob die Theorien auf Befehl entwickelt oder deshalb akzeptiert werden, weil sie solchen Interessen entsprechen, ist für uns hier zweitrangig. Aber die Tatsachen bleiben bestehen, wie *Lev Navrosov* in seinem glänzenden Artikel »Was die CIA über Rußland weiß«* gezeigt hat.

Wie auch immer, diese Mischung von Ignoranz, Dogmatismus und egoistischen Erwägungen, pseudowissenschaftlich formuliert und überzeugend dargelegt, ist zur führenden Konzeption geworden und erweist sich als so destruktiv, daß sie den Westen auch der letzten Überlebenschancen berauben kann. Sogar in den seltenen Fällen, in denen man irgendwie auf die Gegenseite einwirken könnte, wird diese Möglichkeit auf Empfehlung unserer »Experten« sorgsam gemieden.

Hier ist ein unwesentliches Beispiel, das mir aber recht charakteristisch erscheint. Im Februar 1972 besuchte Präsident *Nixon* China, wo er sich unter vier Augen mit dem Vorsitzenden *Mao* unterhielt. Das

---

* In: *Kontinent* (deutsch), Nr. 14, S. 37 ff.

Foto dieser beiden Politiker, die heimlich hinter verschlossenen Türen flüsterten, wurde in der Weltpresse gezeigt und löste bei den sowjetischen Machthabern kaum verhohlene Panik aus. Sogar für uns, die wir im Gefängnis saßen und nur Zugang zur sowjetischen Presse hatten, war offensichtlich, daß Furcht und Verwirrung im Kreml groß waren und daß unsere Führer zu erheblichen Zugeständnissen bereit wären, um nur rasch ein ebensolches Foto von *Breschnew* und *Nixon* herstellen zu lassen. Dies war ein Moment, in dem man ganz einfach, ohne besondere Anstrengungen und ohne Risiko, nur mit Hilfe der Diplomatie vieles von der »unzugänglichen« sowjetischen Regierung bekommen hätte.

Die Initiative lag in *Nixons* Händen, und je hartnäckiger er gewesen wäre, desto mehr hätte er durchsetzen können. Ein geschickter Spieler hätte sogar versuchen können, die Beziehungen zwischen den Blöcken ganz anders zu gestalten, denn die Angst vor China ist in der UdSSR gewaltig. China ist vielleicht die einzige Gefahr, die man wirklich fürchtet.

Und was geschah? Schon drei Monate später war *Nixon,* ohne irgendeine Forderung gestellt zu haben, in Moskau und ließ sich von *Breschnew* umarmen. Die von den Sowjets gewünschte Fotografie kam ohne Gegenleistung zustande. Wir zerbrachen uns den Kopf, ergingen uns in Vermutungen. Die Optimisten meinten, daß die Sowjetunion wohl doch irgendwelche geheimen Zugeständnisse gemacht habe. Schließlich konnten die Amerikaner nicht so dumm sein, ihre Trümpfe aus der Hand zu geben! Wie sich aus *Nixons* Memoiren ergibt, konnten sie es doch.

Zu *Nixons* Ehre sei gesagt, daß er unschlüssig war;

seine Intuition riet ihm zu einer anderen Handlungsweise. Vor der Ankunft der hohen Gäste führten die Behörden eine Kampagne durch, um Moskau von Dissidenten zu säubern, von denen viele diesen seltsamen Besuch mit der Freiheit bezahlten, was die Gäste zweifellos wußten, da es von der ausländischen Presse weithin verbreitet wurde. Aber sie versuchten nicht einmal, dies zu verhindern, denn sie waren voll von anderen, imposanteren Plänen. Das einzige, was sie erreichten, war die Unterbringung im Kreml – eine große Ehre, die seit *Napoleons* Zeiten niemandem erwiesen worden war.

Über Entspannung und andere Träumereien

Wie für *Napoleon* war der Weg nach Moskau übersät mit Hindernissen. Die Entspannung, die mit einem falschen Ton begonnen hatte, konnte zu nichts anderem führen. Die Entspannungsdoktrin selbst ist das beste Beispiel dafür, wie prominente Politologen den Westen so rasch und wirksam wie möglich in den Abgrund treiben. Die vier Grundsätze dieser Doktrin sind erstens falsch und zweitens in sich widersprüchlich. Es handelt sich nicht einmal um Grundsätze, sondern nur um schöne Phrasen.

1. *Die UdSSR ist ein Staat wie die westlichen Länder. Sie will den Frieden genauso wie wir.*

Ich habe schon ausgeführt, wie weit diese Behauptung von der Wahrheit entfernt ist; sie ist schon auf den ersten Blick falsch, was jeder Analphabet erkennen müßte. Aber die Professoren sind da, um uns beschränkte Zeitgenossen zu erleuchten. Ganze Bibliotheken sind mit Büchern gefüllt worden, um uns das Verständnis dieser paradoxen Situation zu erleichtern.

2. *Beide Seiten haben heute keine andere Alternative als die Entspannung. Es gibt nur folgende Wahl: entweder Krieg (und damit die Vernichtung der Welt) oder Entspannung.*

Es ist eine eindrucksvolle und kategorische Aussage, doch der Mann von der Straße kratzt sich bedrückt am Hinterkopf: Was ist aus den sonstigen Alternativen geworden? Schließlich existiert die Sowjetunion schon seit mehr als sechzig Jahren. Was hat sich plötzlich ereignet, das alle Alternativen auslöscht? Wenn man in der UdSSR den Frieden genauso will wie bei uns, wieso ist dann ohne Entspannung ein Krieg unvermeidlich? Wird diese fatale Entwicklung vielleicht nur dann unvermeidlich, wenn man sie akzeptiert, das heißt, wenn man sich in die Entspannung einbeziehen läßt?

3. *Die Entspannung trägt zur Liberalisierung des Sowjetregimes bei.*

Einen Moment. Weshalb benötigt die UdSSR denn eine Liberalisierung, wenn sie ein Land wie jedes andere ist?

4. *Man darf nicht zu großen Druck auf die Russen ausüben, man darf von ihnen nicht zuviel verlangen.*

Das ist nun vollends unbegreiflich. Wenn die UdSSR den Frieden genauso will wie wir, wenn sie sogar keine andere Wahl hat als die Entspannung, wieso muß man sich dann auf einen vorsichtigen Dialog mit ihr beschränken? Und was heißt »zuviel«? Wie und von wem wird die Grenze gezogen?

In der Praxis bedeutet dies doch, *daß man überhaupt keinen Druck ausüben, überhaupt nichts fordern darf, weil es keine Alternative gibt.* Wie soll man diesen Widerspruch verstehen? Wenn wir einen Vertrag mit der UdSSR unterzeichnen, wissen wir im voraus, daß sie ihn vielleicht nicht erfüllen wird (man darf nicht »zuviel« von ihr verlangen) und daß wir verpflichtet sind, ihn zu erfüllen (man darf nicht allzu »starken Druck« auf sie ausüben). Aber das macht nichts, denn sie sind genauso wie wir. Wir sind Gentlemen, und sie sind Gentlemen.

In Wirklichkeit ist die Entspannung durchaus nichts Neues, sondern ein Fehler, den der Westen systematisch wiederholt. Jedesmal, wenn die nicht lebensfähige sowjetische Wirtschaft das System in eine Sackgasse treibt, vergessen die sowjetischen Führer ihre Aggressivität, werden versöhnlich und schlagen großzügig vor, »die Beziehungen zu normalisieren«, »die internationale Lage zu entspannen« und – natürlich – den Handel auszuweiten. Und jedesmal nehmen die westlichen Politiker dies für bare Münze, werfen sich »den Russen« mit ausgebreiteten Armen entgegen und rufen freudig: »Da seht ihr's! Wir haben doch gesagt, daß sie genau solche Menschen sind wie wir, daß sie den Frieden wollen.« Man hält unzählige pathetische Reden über die Friedensliebe und die Verantwortung für die Zukunft der Menschheit. »Diesmal meinen die Russen wirklich, was sie sagen.« »Der russische Bär ist vielleicht ein etwas grobes, aber völlig gutmütiges Tier.« Die Euphorie führt dazu, schon von allgemeiner Abrüstung, gegenseitigem Vertrauen und einem Himmel voller Friedenstauben zu träumen. (Dabei dient diese Periode den Strategen des Kreml nur dazu, ihre Taktik zu ändern: Um einen Eisendraht zu brechen, muß man ihn ständig hin und her biegen.)

Und die Wirtschaft? Sie ist wieder einmal runiert. Aber »der ideologische Kampf hört deshalb nicht auf«. Paradoxerweise sprach *Breschnew* diese Worte in aller Öffentlichkeit aus (genauso wie vor ihm *Lenin*, *Stalin* und *Chruschtschow* zu verschiedenen Zeiten der »Entspannung«), aber niemand will ihn ernst nehmen. Sofort versichern einige Sowjetologen, daß die Äußerung nur eine »Konzession der Tauben an die Falken in der sowjetischen Führung ist«.

Seht, sie sind eben wie wir, sie haben auch Falken und Tauben. Folglich ist der gute *Breschnew* (*Lenin*, *Stalin*, *Chruschtschow*) zweifellos eine Taube; er täuscht seine Parteigenossen um der Freundschaft mit dem Westen und des Weltfriedens willen.

All diese Phrasen richten sich nur an die breite Öffentlichkeit, an die Laien. In Wirklichkeit ist eine solche Periode für den Westen ein neuer Versuch, sich loszukaufen, einem Räuber den Frieden abzukaufen. Vielleicht gelingt es diesmal? Kann es nicht sein, daß unsere Hilfe wirklich benötigt wird? Feilschen wir also nicht lange, und stimmen wir zu. Ein satter Kommunist ist besser als ein hungriger. Vielleicht beruhigen sie sich endlich. Dies ist die typische Opfermentalität, die in Durchgangsgefängnissen oft zu beobachten ist.

Gewaltverbrecher rauben irgendeinen naiven Häftling aus, und er beteuert: »Was ist denn, Leute? Ich habe doch gar nichts dagegen. Hier, nehmt, ich will euch doch helfen.«

Also plündert man ihn aus, schneidet ihm zum Spaß fast die Kehle durch und zwingt ihn, unter seiner Pritsche zu schlafen. Danach dient er allen Zelleninsassen als Prügelknabe.

Die gleiche Mentalität besitzt auch irgendein heimlicher Millionär, der vom KGB verhaftet worden ist.

»Glaubst du etwa, daß die sich für dich interessieren, du alter Trottel? Die wollen dein Geld. Wenn du es ihnen gibst, lassen sie dich frei«, flüstert ein Spitzel, den man ihm in die Zelle gesetzt hat.

Der Untersuchungsrichter macht ähnliche Andeutungen. Darf man nicht hoffen, daß sich mit der Sowjetmacht ein günstiger Vergleich schließen läßt? Das sind schließlich auch Menschen. Das Ergebnis: Der Millionär wird erschossen, der Spitzel begnadigt, und der Untersuchungsrichter erhält eine Prämie.

Sogar beim KGB gibt es Falken und Tauben. Das ist eine uralte Methode nicht nur bei Verbrechern, sondern auch bei den Tschekisten. Ein Ermittler spielt den Falken, der andere die Taube.

»Du wirst gestehen, du Lump, oder ich mache dich fertig!« brüllt der eine.

»*Iwan Iwanowitsch*, beruhige dich, reg dich nicht auf«, schaltet sich der zweite ein. »Du gehst zu weit. Was soll man denn von uns halten? Wir sind doch keine wilden Tiere. Schnapp etwas Luft, *Iwan Iwanowitsch*, und ich werde mich schon mit ihm verständigen. Wir wollen ihm doch nichts antun.«

Die ganze sowjetische Politik beruht auf dieser sorgsam geplanten Heuchelei. Im Außenministerium sitzen die Pazifisten, in der Komintern (heute ist ihr Äquivalent das Zentralkomitee) die Aggressoren. Das ist eine ehrwürdige Methode, und man behaupte nicht, daß sie im Westen unbekannt sei. Das ständige Wechselspiel von »Entspannung« und »kaltem Krieg« ist nichts anderes als die Tschekisten-Komödie mit den Falken und Tauben. Aber die

Welt ist eben so beschaffen, daß es in ihr immer gemeine Verbrecher und naive Zeitgenossen geben wird, und jeder spielt weiterhin seine Rolle.

Wer glaubt denn ernsthaft, daß Auslandslieferungen zur Liberalisierung der Wirtschaft beitragen können? Jedes Kind kann sich doch an den Fingern abzählen, daß es genau umgekehrt ist: Der Mangel an Auslandshilfe zwingt dazu, Reformen durchzuführen. Wer glaubt ernsthaft, daß *Breschnew* oder *Andropow* ihre Genossen um des Westens willen täuschen wollen. Sie würden keinen einzigen Tag überleben, wenn sie sich auf solche Tricks einließen. Wer glaubt ernsthaft, daß der Kreml ein Hühnerhof ist?

Die norwegischen Psychiater, die in Honolulu unerwartet gegen eine Resolution stimmten, in der die sowjetischen Mißbräuche der Psychiatrie verurteilt wurden, erklärten mir, wie es dazu kam. Die tschechische Delegation überredete sie zu diesem Sinneswandel.

»Wenn die Resolution angenommen wird«, versicherten die Tschechen, »wird die sowjetische Delegation offiziell aus dem Weltverband der Psychiater austreten, und wir werden ihrem Beispiel folgen müssen. Doch wir wollen lieber mit Ihnen zusammenarbeiten.«

Natürlich dachten die sowjetischen Vertreter – ebenso wenig wie die Tschechen – gar nicht daran, aus dem Verband auszutreten, nachdem die Resolution trotzdem angenommen worden war*.

»Die Schurken haben uns reingelegt«, sagten die Norweger amüsiert. »Na, beim nächstenmal sind wir klüger.«

---

* Inzwischen hat die UdSSR den Weltverband der Psychiater verlassen.

Selbstverständlich war hier die traditionelle Methode – das Wechselspiel von »Falken« und »Tauben« – ins Spiel gebracht worden. Wenn irgend jemand jetzt noch Zweifel hat, rate ich ihm, sich an einen Psychiater zu wenden.

Aber kehren wir zur Entspannung zurück. In der heutigen Atmosphäre grenzenloser Träumereien wird jede Aktion der UdSSR positiv bewertet. Die Sowjets setzen das Wettrüsten fort? Das tun sie nur aus Angst! Wir haben die Armen früher (?) so eingeschüchtert, daß sie nun unter Verfolgungswahn leiden. Sollen sie uns gegenüber doch einen Vorteil gewinnen, dann werden sie keinen Grund mehr haben, sich zu fürchten. Niemand macht sich die Mühe zu überlegen, vor wem die Sowjets solche Angst haben.

Vielleicht vor Großbritannien, das sich anschickt, einseitig abzurüsten? Vor Amerika, das fast alle militärischen Projekte auf die lange Bank geschoben hat? Vor Japan, das keine Armee besitzt? Jeder normale Mensch ohne akademische Ausbildung wäre erstaunt darüber, daß Generale, die einen Weltkrieg gewonnen haben, so eingeschüchtert sein sollen, daß sie sich bis heute – 35 Jahre später – »gefährdet« fühlen. Kommt es schließlich darauf an, ob man uns aus Furcht oder aus Berechnung besetzt? Aber die Professoren brauchen nicht nachzudenken, sie beschränken sich darauf, ihr einmal erworbenes Wissen anzuwenden.

Dann verschlechtert sich die Situation immer mehr. Die Verträge werden nicht eingehalten, die sowjetische Expansion verstärkt sich, immer neue Länder fallen ihr zum Opfer. Doch all das ist nicht so wichtig. Die »Experten« lehren uns, daß es darauf ankomme, den Sowjets eine »goldene Brücke«

für den Rückzug zu bauen, damit sie nicht »ihr Gesicht zu verlieren« brauchten. Der Krieg ist noch in vollem Gange, das afghanische Volk leistet Widerstand, und die westlichen Staatsmänner eilen nach Moskau, um den Schein zu wahren. Sie beunruhigt nicht, daß ein ganzes Land von der Weltkarte verschwunden ist, sondern daß die Entspannung zerbrechen könnte. Die Besetzung von Afghanistan? Es handelt sich nur um eine »russische Tradition«, das uralte Streben, zu den warmen Meeren vorzudringen. Den armen Kerlen ist es wohl zu kalt geworden, sie wollen sich etwas aufwärmen. Die Spezialisten lamentieren, daß die Russen an ihrer Stelle Kubaner hätten entsenden sollen. Dann hätte sich überhaupt niemand aufgeregt.

Der sowjetische Einfluß in Europa ist gewachsen? Na und? Finnland ist doch ein Vorbild für die Kooperation mit der UdSSR. Wenn man diesem Beispiel folgt, ist die Sicherheit garantiert. Es sei besser, unter einer fremden Fahne zu leben, als dem moralischen Druck Amerikas ausgesetzt zu sein, schrieb eine deutsche Zeitschrift, *DER STERN*. Andere Stimmen: »Besser Finnlandisierung als Atomisierung« (*Erstes Deutsches Fernsehen*); »Finnland – eine Politik der Vernunft« (*Le Monde*); »Im Falle der Besetzung wird die UdSSR uns immer noch Erdgas liefern« (ein österreichischer Abgeordneter); »Es ist besser, auf den Knien zu leben, als aufrecht zu sterben« (der Pariser Schriftsteller *Cavanna* im französischen Fernsehen). Man wird an das sowjetische Sprichwort erinnert:

»Je schneller der Krieg beginnt, desto schneller können wir in Gefangenschaft gehen.«

Die Furcht, die alle
mit einer einzigen Kette fesselt

Aber wie ist es soweit gekommen? Wir sind doch davon ausgegangen, daß beide Seiten gleichermaßen am Frieden interessiert waren, daß es neben der Entspannung für beide Seiten keine Alternative gab. Wieso haben die einen plötzlich eine Alternative und die anderen nicht? Es waren doch die Sowjets, die Hilfe benötigten, die als Bittsteller auftraten, nicht wir. Weshalb muß man sich in ein Spiel hineinziehen lassen, mit dem man später nicht mehr aufhören kann? Das bedeutet, daß man sich von Anfang an in Abhängigkeit begibt, von Anfang an weiß, daß man auf Knien leben muß.

Als Antwort werden zahlreiche Argumente und vollständige Theorien präsentiert. Mich überrascht nicht, daß sich stets solche Theoretiker finden, sondern, mit welcher Bereitschaft man ihnen Glauben schenkt. Die Leichtgläubigkeit der Welt jedem beschwichtigenden Unsinn gegenüber hat etwas Pathologisches. Man braucht kein Psychoanalytiker zu sein, um zu begreifen, daß sich hinter diesem Wortschwall nur ein Gefühl verbirgt: *Furcht*. Dieselbe Furcht, die uns alle – in Rußland und im Westen – über die Grenzen hinweg mit einer einzigen Kette fesselt. Eine lähmende, instinktive, irrationale Furcht, die man sich schämt einzugestehen. Solange wir sie nicht überwinden, können wir – hier wie dort – nichts unternehmen.

Dabei fällt mir ein trauriger Witz ein, mit dem manche bei uns sich über sich selbst lustig machen.

Ein zum Tode Verurteilter sagt zu einem anderen: »Wollen wir fliehen?«

»Und wenn das noch schlimmer ist?«

Man könnte mir entgegenhalten, daß die Entspannung vor allem auf verbesserte Lebensbedingungen für die Menschen in den kommunistischen Ländern abziele. Hatte sie nicht den Zweck, die Achtung der Menschenrechte zu sichern? Ist der erweiterte Austausch von Menschen und Ideen nicht im Interesse der Dissidenten selbst? All diese Versuche müßten doch auch irgend etwas Gutes gehabt haben.

Dies ist ein sehr typischer Einwand, der einmal mehr zeigt, wie schlecht die Menschen darüber informiert sind, wie eine scheinbar gute Idee in die Praxis umgesetzt wird – besonders wenn man die wahren Absichten der Beteiligten außer acht läßt. Die eine Seite verfügt über den ehrlichen Willen, die Idee zu realisieren, während die andere Seite auf ihrem eigenen Gebiet nicht dazu bereit ist.

Jeder von uns könnte die Erweiterung des Austausches von Menschen und Ideen begrüßen, wenn diese Erweiterung nicht nur auf dem Papier, sondern tatsächlich stattfände. Damit wäre ja der freie (oder wenigstens freiere) Zufluß unzensierter Information – insbesondere ausländischer Zeitungen, Bücher und Zeitschriften – in das Land verbunden. Man hätte das Recht, Informationen und Ideen auf beliebige Weise, unabhängig von den Staatsgrenzen (Artikel 19 der Allgemeinen Menschenrechtserklärung), zu beziehen und zu verbreiten.

Die Unterzeichnung der Vereinbarungen von Helsinki im Jahre 1975 änderte die in der UdSSR bestehende Situation nicht. Verhaftungen, langjährige Gefängnisstrafen und andere Verfolgungen für völlig legale Tätigkeit setzen sich fort und werden nicht wesentlich eingeschränkt. Die Machthaber dachten nicht einmal daran, ihre Praxis und Gesetzgebung mit dem neuen internationalen Abkommen in Einklang zu bringen. Der Besitz westlicher Zeitungen und Bücher galt auf dem Territorium der UdSSR weiterhin als illegal. Man beschlagnahmte (und beschlagnahmt) an den sowjetischen Grenzen bei Ausländern sogar die Bibel. Auf diese Weise demonstrierten die sowjetischen Behörden schon von dem Moment an, in dem die Schlußakte von Helsinki unterzeichnet wurde, daß sie nicht im geringsten gewillt waren, ihren Verpflichtungen nachzukommen.

Andererseits ließen die westlichen Regierungen, die die Schlußakte unterzeichnet hatten, nicht den hartnäckigen Wunsch erkennen, daß die Sowjetunion die Klausel über den freien Informationsaustausch respektieren möge. Man beschränkte sich auf förmliche Proteste, wenn dieser Punkt besonders flagrant verletzt wurde, aber die Mehrheit der Länder hielt sich an den Standpunkt, daß »nicht soviel verlangt werden darf«. Sie predigten beharrlich die Doktrin von »der Schädlichkeit offener Proteste für die Dissidenten selbst«, obwohl gerade die Dissidenten, sogar solche, die sich in Haft befanden, wiederholt erklärten, wie irrig dieses Konzept sei.

Sogar Präsident *Carter*, der seine Amtszeit mit einer Kampagne zum Schutz der Dissidenten begonnen hatte, wodurch er rund zwanzig Menschen vor der Verhaftung rettete, schloß sich bald der Meinung der »Experten« an, allen von uns übermittelten Informationen zum Trotz. Er stellte die offene Kampagne ein und nahm sie bis zum Ende seiner Präsidentschaft nicht wieder auf. Sogar als er begann, für den Boykott der Olympischen Spiele in Moskau einzutreten, nannte er die Verletzung der Menschenrechte nicht ein einziges Mal als einen der Boykottgründe. Im Jahre 1978, als wir diese Kampagne einleiteten, war die Reaktion der Öffentlichkeit günstiger als nach der Initiative *Carters* von 1980. Darin drückten sich sowohl Antiamerikanismus wie allgemeine Unlust aus, die Berufspolitiker bei ihren Spielchen zu unterstützen.

Aber meiner Überzeugung nach gab *Carters* unerklärliche extreme Vorsicht in den Fragen der Menschenrechte den Ausschlag. Die Diskussion zwischen den beiden Seiten geriet in eine neue ganz ungünstige Bahn, was den Befürwortern der Spiele gestattete, unsere wohldurchdachte, unwiderlegbare und ins Herz zielende Argumentation für die Menschenrechte vollkommen zu ignorieren. Gleichzeitig ist es der Sowjetunion gelungen, den westlichen Ländern ihre eigene Interpretation des Begriffes »Austausch von Ideen, Informationen und Menschen« aufzuzwingen. Zwar wurde dies formell nie eingestanden, aber »de facto« versteht man darunter stillschweigend nur einen Austausch mit offizieller sowjetischer Billigung, einen Austausch von Ideen und Informationen also, die von der Zensur genehmigt worden sind.

Ich kann mich an kein einziges Beispiel erinnern, bei dem die Regierung eines westlichen Landes aktiv und offen versucht hätte, den von der sowjetischen Legalität geschaffenen Rahmen für den Austausch von Ideen und Informationen zu erweitern. Dafür kenne ich das Beispiel eines amerikanischen Botschafters in der UdSSR, der den Botschaftsangehörigen kategorisch untersagte, von sowjetischen Bürgern irgendwelche Samisdat-Dokumente in Empfang zu nehmen oder den Bürgern der UdSSR irgendwelche Bücher auszuhändigen, die von der sowjetischen Zensur nicht zugelassen waren. Dadurch erkannte er gewissermaßen an, daß die Verfügung der Schlußakte über »die Erweiterung des Austausches von Informationen und Menschen« durch eine andere Verfügung derselben Schlußakte über »den Respekt vor der inneren Gesetzgebung eines Landes« begrenzt ist. Die Akte enthält aber keine so obligatorische Einschränkung. Im Gegenteil heißt es, daß die Unterzeichnerstaaten der Schlußakte sich verpflichten, ihre innere Gesetzgebung an die Aussagen des Abkommens von Helsinki anzupassen. Die UdSSR entzog sich dieser Auflage, und der Westen bestand nicht darauf. Da unsere Beschwerden an die amerikanische Regierung über das Verhalten des Botschafters zu nichts führten, darf man folgern, daß die USA seine Interpretation akzeptierten.

Die westlichen Regierungen und ihre »Experten« bevorzugten das Mittel der »Geheimdiplomatie«, die von außerhalb, wie man weiß, nur schwer zu kontrollieren und im Umgang mit der Sowjetunion nicht halb so wirksam ist wie ein öffentlicher Protest. Zudem gerieten die westlichen Länder dadurch in eine schwache, zweideutige Position: Denn weshalb baten sie heimlich um etwas, das als bindend in einem internationalen Abkommen fixiert war? So wurde die Legalität der Verträge von Helsinki gleichsam in Zweifel gezogen.

Der Gerechtigkeit halber muß eine einzige Konzession der UdSSR erwähnt werden. Sie hörte auf, die Mehrheit der westlichen Rundfunksender zu stören, die das sowjetische Gebiet bedienten. Dieser Vorteil wurde in vieler Hinsicht jedoch durch die plötzliche Milderung von Ton und Inhalt der Sendungen zunichte gemacht. Die von der Leitung der Sender angeordnete Zurückhaltung ließ vermuten, daß es zwischen der UdSSR und den betreffenden Ländern eine vorherige Absprache gegeben hatte. Später, im Jahre 1980, wurden die Störungen auf dem Höhepunkt der Ereignisse in Polen in voller Stärke wieder aufgenommen.

Die Entspannungspolitik erreichte also nur sehr wenig auf diesem Gebiet. Im Gegenteil, wie aus dem sanfteren Ton der Rundfunksender und aus den eindringlichen Empfehlungen, man möge die »Geheimdiplomatie« anstelle von öffentlichen Protesten einsetzen, zu schließen ist, akzeptierten viele westliche Länder »de facto« die sowjetische Interpretation, daß der internationale Schutz der Menschenrechte eine illegale »Einmischung in die inneren Angelegenheiten« der Länder des Sowjetblocks darstelle. Gleichzeitig wurden sowjetische Propaganda und subversive Tätigkeit in keiner Weise eingeschränkt, sondern unter dem Vorwand des »erweiterten Austausches von Ideen und Informationen« sogar noch erweitert. Es gelang der Sowjetunion, den westlichen Ländern ihre Auslegung des Beschlusses »Austausch von Ideen, Informationen und Menschen« aufzuzwingen. Obwohl dies nie förmlich zugegeben wurde, kam es »de facto« wiederum dazu, daß man stillschweigend auf einen Austausch einging, der offiziell von der UdSSR gebilligt wurde und nur Informationen und Ideen betraf, die die offizielle Zensur durchlaufen hatten.

Wenn überhaupt praktische Ergebnisse erzielt wurden, dann nicht dank, sondern trotz der Entspannungspolitik. Für diese Ergebnisse sind wir Menschen und Organisationen verpflichtet, die sich über die politische Amoralität der Entspannungspolitik empören und sich ihr bewußt widersetzen.

Ähnliches läßt sich auch über die anderen humanitären Klauseln der Schlußakte von Helsinki sagen, zum Beispiel über ein so wichtiges Gebiet wie die Erweiterung des wissenschaftlichen und kulturellen Austausches. Zwar wurde der allgemeine Umfang dieses Austausches vorübergehend erweitert, aber auch hier schafften es die Sowjets, dem Westen ihre Interpretation und für sie günstige, einseitige »Regeln« aufzudrängen. Auslandsreisen von Wissenschaftlern und Künstlern sind weiterhin der strengen und willkürlichen Kontrolle der sowjetischen Behörden unterworfen, was ihnen gestattet, nur regimetreue Kandidaten hinauszulassen. Die Mehrheit der herausragenden Wissenschaftler und Künstler ist offenbar in den Listen der »Unzuverlässigen« vertreten und erhält nie eine Reisegenehmigung, was ganz offensichtlich nicht mit den Verträgen von Helsinki zu vereinbaren ist.

Andererseits erhalten bestimmte Personen regelmäßig die Erlaubnis zu Auslandsreisen, was den sowjetischen Behörden ermöglicht, Druck auf diese Wissenschaftler oder Künstler auszuüben und sie zum Konformismus oder zur Zusammenarbeit zu zwingen, da die Gelegenheit ins Ausland zu reisen für jeden in der UdSSR lebenden Menschen, besonders aber für Wissenschaftler und Künstler, eines der größten Privilegien ist. Durch diese Diskriminierung können die sowjetischen Machthaber nach Wunsch einen Spezialisten erhöhen, ihm die Aura internationaler Anerkennung verleihen und so den Einfluß ihnen genehmer Personen auf deren professionellen Bereich verstärken.

Zwar versuchen die Kollegen im Ausland häufig, gegen eine solche Diskriminierung zu protestieren, aber ich kann mich an keinen einzigen Fall erinnern, in dem die Regierungen offen und energisch eingegriffen hätten. Die von den Regierungen offi-

ziell unterzeichneten Verträge über den wissenschaftlichen und kulturellen Austausch sehen im
Gegenteil nirgends im Westen (mit Ausnahme
Schwedens) das Recht der einen Seite vor, einen bestimmten Spezialisten einzuladen, und die Pflicht
der anderen Seite, dieser Einladung nachzukommen. Dieser Mangel läßt den Austausch oft sinnlos
werden und macht eine wissenschaftliche oder kulturelle Zusammenarbeit praktisch unmöglich, da
hierfür meist ein bestimmter, durch seine Arbeiten
bekannter, also kein beliebiger Spezialist benötigt
wird.

Der kulturelle und wissenschaftliche Austausch
ist zu einer leeren Formalität geworden, die die
schöpferische Freiheit im sowjetischen Leben nicht
vergrößert, die Beziehungen der Intellektuellen zu
ihren Kollegen im Ausland nicht verstärkt. Der
Austausch ist nur zu einem weiteren Instrument
der totalitären Obrigkeit geworden, um die Intelli-
genz zu knebeln und die Position der offiziellen
Parteikultur zu untermauern.

Die UdSSR hat sich unter den westlichen Intellektuellen eine Art Kreis »der Freunde der Sowjetunion« ausgewählt, was ihr bis zu einem gewissen
Grade gestattet, die intellektuelle Elite des Westens
zu korrumpieren. Für einen jungen Schriftsteller
sind die gewaltigen sowjetischen Auflagen (und
das mit ihnen verbundene Ansehen) nicht zu mißachten. Eine von den sowjetischen Behörden ent-
sandte persönliche Einladung wird von den westlichen Regierungen widerstandslos hingenommen
und kann auch auf gar keinen Widerstand stoßen.
Selbstverständlich zeigt man westlichen Wissenschaftlern und Künstlern nur das, was man ihnen
zeigen will, und organisiert für sie Kontakte haupt-

sächlich mit »verläßlichen« Gesprächspartnern. Eine solche Inszenierung zu durchschauen, ist gar nicht so einfach, wie viele denken, denn die Sowjets sind Meister der Regie.

Einer meiner Freunde, der in der Nähe eines kleinen Bahnhofs in der Moldau wohnte, erzählte mir zum Beispiel, daß jedesmal, wenn ausländische Delegationen auf dem Weg nach Moskau hier haltmachten, schon eine Gruppe örtlicher Künstler auf dem Bahnsteig wartete, die, in der Nationaltracht gekleidet, Lieder und Tänze vortrugen. Der Zug hielt nur fünfzehn bis zwanzig Minuten an. Vor seiner Ankunft wurden in den Verkaufsständen des Bahnhofs Schokolade, Obst und andere Mangelwaren ausgebreitet und mit fabelhaft niedrigen Preisen versehen.

Wie sich versteht, wußte die ganze Bevölkerung des Städtchens von diesen Schauspielen, aber man ließ keinen der Ortsbewohner auf den Bahnsteig, damit die Propagandawaren nicht in Sekundenschnelle aufgekauft wurden. Nur besonders gewandte Jungen schafften es manchmal, vor der Ankunft des Zuges durchzuschlüpfen und von der Ausstellung zu profitieren.

Welcher westliche Besucher hätte auch nur ahnen können, daß es sich um eine grandiose Operation handelte, die seiner bescheidenen Person wegen in einem kleinen Ort durchgeführt wurde, wo der Zug nur ein paar Minuten lang anhielt? So wird der ausländische Besucher mit seiner Reputation des »Augenzeugen«, wenn er nach Hause zurückgekehrt ist, zum Instrument der sowjetischen Propaganda, ohne den geringsten Verdacht zu schöpfen.

Sogar die einfachste Form des Austausches, der Tourismus, wird von den sowjetischen Behörden zu ihrem politischen Vorteil genutzt. Der sowjetische Tourist im Ausland ist ein privilegierter, zuverlässiger Mensch, der ausländische Tourist in der UdSSR ist ein potentieller Vermittler von Falschinformationen. Außerdem ist er eine Quelle ausländischer Währung, die in der Sowjetunion so dringend benötigt wird.

Überhaupt kann man den Tourismus, mit seinen streng fixierten Reiserouten und einem Programm, das mit Besuchen von Denkmälern vollgestopft ist, nur zum Scherz als Mittel betrachten, mit dem das gegenseitige Verständnis zwischen den Völkern verbessert werden könne. Er dient den sowjetischen Behörden im Gegenteil als Mittel, um die Wahrheit zu verschleiern.

99,999 Prozent des sowjetischen Territoriums sind für Touristen gesperrt – nicht aus militärischen Gründen, wie es offiziell heißt, sondern wegen der entsetzlichen Lebensbedingungen der Bevölkerung. Der ausländische Tourist hat nicht einmal das Recht, sich weiter als vierzig Kilometer von Moskau zu entfernen; er ist von strafrechtlicher Verfolgung bedroht, wenn seine Route nicht vorher organisiert wird, was mehrere Monate dauern kann.

Moskau, Leningrad, Kiew – die Städte, die ausländische Touristen am häufigsten besuchen – sind die Schaufenster des Landes. Hier sind die Versorgung und die allgemeinen Lebensverhältnisse weitaus besser als in allen anderen Teilen der Sowjetunion. Diese Städte entsprechen dem oben erwähnten Bahnhof. Wenn es in Moskau plötzlich kein Fleisch mehr zu kaufen gibt, so bedeutet das, daß es in der Provinz schon seit mehreren Monaten verschwunden ist. Ein Ausländer, der zwei Tage im Land verbringt, kann im Grund nichts durchschauen.

Die Gäste der Olympischen Spiele in Moskau waren zwar vielfach von der Presse gewarnt worden, daß ein grandioser Betrug für sie vorbereitet werde, aber die Mehrheit merkte trotzdem nichts davon. Manche erzählten hiesigen Journalisten nach ihrer Rückkehr, daß die Russen »höflich, hilfsbereit, liebenswürdig sind und ganz und gar nicht nach Krieg streben«. Es sei herrlich, »endlich an einen Ort zu kommen, wo niemand von Kriegen oder Atomwaffen spricht«. Einer schreibt, daß er im Laufe von neun Tagen in Moskau »keine Propaganda bemerkt hat«, ein anderer, daß »es reichlich Lebensmittel gab, vielleicht sogar zuviel«, ein dritter, daß ihm »überhaupt nur ein einziger Polizist begegnet ist«, einen vierten überraschten »die Freiheit und das normale Verhalten der einfachen Leute«. Komme, was da wolle, *diese Leute sind nicht mehr eines Besseren zu belehren.* Schließlich haben sie alles mit eigenen Augen gesehen!

Welchen Sinn hat es, »die Kontakte zwischen den Menschen zu erweitern«, wenn jeder Sowjetbürger verpflichtet ist, als Soldat im großen ideologischen Krieg zu kämpfen, während der westliche Mensch sich bestimmt nicht als Kämpfer für die Demokratie betrachtet? Welchen Sinn hat es, schöne Worte über die friedliche Zusammenarbeit von sich zu geben, wenn eine Seite einen Tag und Nacht andauernden Krieg führt?

Vielen mag es seltsam erscheinen, daß die Lage innerhalb der UdSSR sich vom Beginn der »Entspannungsära« an nur verschlechtert hat. Aber das ist durchaus nicht erstaunlich. Erstens muß man seinem Volk zeigen, und zwar auf möglichst überzeugende Weise, daß die Gespräche über den Frieden, das Nachlassen der Spannung und über irgendwelche Rechte, von denen die Zeitungen täglich voll sind, gar nicht für ihre Ohren bestimmt sind, sondern nur für die der Ausländer. Zweitens, wozu soll man noch seine Bereitschaft zur »Liberalisierung« demonstrieren, wenn man vom Westen schon alles Nötige erhalten hat?

Hier ist ein anschauliches und symbolisches Beispiel dessen, wozu die Entspannung in der Praxis geführt hat. Vor fast zwei Jahren* drangen sieben Menschen in die amerikanische Botschaft in Moskau vor. Es handelte sich um zwei Familien von Sektenangehörigen, die schon seit vielen Jahren um die Ausreisegenehmigung in ein Land gekämpft hatten, wo sie ihres Glaubens wegen nicht verfolgt werden. In der UdSSR hatten sie das Leben in Gefängnissen und psychiatrischen Anstalten kennengelernt, und man hatte ihnen ihre Kinder weggenommen, die sie im religiösen Geist erziehen wollten. Sechzehn Jahre lang hatten sie für ihren Glauben gelitten und immer davon geträumt, ausreisen zu dürfen. Zehn Jahre zuvor war es dem Vater der einen Familie gelungen, seine Geschichte in der amerikanischen Botschaft vorzutragen, und man hatte ihm Hilfe und Schutz versprochen. Aber als er die Botschaft verließ, wurde er verhaftet und ins Gefängnis gesperrt.

Nachdem so viele Jahre vergangen waren, hatten sie beschlossen, ihre Kontakte wiederaufzunehmen. Es ist unmöglich, die amerikanische Botschaft in Moskau (wie übrigens auch alle anderen Botschaften) ohne Umschweife zu betreten, denn sie wird von Milizionären in Uniform und KGB-Agenten in Zivil bewacht. Wenn jemand unbedingt hin-

* Im Juni 1978; die Familie Waschtschenko konnte im Juni 1983 in den Westen ausreisen.

ein will, gibt es also nur eine Möglichkeit: Er muß durchbrechen. Wenn man ihn fängt, wird er eingesperrt, wenn er es schafft durchzubrechen, wird er verhaftet, sobald er die Botschaft wieder verläßt.

Bei dem letzten Versuch der beiden Familien wurde der Sohn gefaßt, während die übrigen durchkamen. Der Sohn wurde brutal verprügelt und konnte erst nach einiger Zeit, mehr tot als lebendig, nach Hause zurückkehren. Daraufhin weigerte sich seine Familie, die Botschaft zu verlassen, und lebt immer noch dort. Sie hatten bei alledem enormes Glück, denn der Botschafter unternahm alles mögliche, um sich ihrer zu entledigen. Er teilte ihnen ein einziges Zimmer im Keller zu, ließ die Presse nicht zu ihnen, schickte ihnen ständig irgendwelche Botschaftsangehörige, die ihnen zuredeten, freiwillig hinauszugehen, und andeuteten, daß man sie auch mit Gewalt hinausbefördern könne. Dabei wußten der Botschafter und seine Untergebenen genau, daß die Bittsteller nach Verlassen des Gebäudes sofort in Gefängnissen und psychiatrischen Anstalten landen würden. Die amerikanische Bürokratie und das KGB fanden in dieser Angelegenheit mühelos eine gemeinsame Sprache. »Wenn man es einem gestattet, kommen morgen Tausende«, lautet ihr Programm.

Man erlaubt den Familien fast nie, über die Botschaftspost Briefe abzuschicken oder zu empfangen. Das KGB läßt ihre Briefe nicht von der sowjetischen Post befördern. Trotzdem gelingt es ihnen, mir auf geheimen Wegen regelmäßig Briefe zu schicken. Nach ihren Berechnungen werden täglich zehn bis fünfzehn Personen, häufig Familien, vor der Botschaft verhaftet. Hier ein Auszug aus einem der Briefe:

»Es ist schrecklich, aus dem Fenster zu beobachten, wie Menschen verhaftet werden. Die Amerikaner stehen nur da und lächeln. Wir werfen uns wie Tiere gegen das Fenstergitter, schreien, heulen, denn es ist unmöglich, schweigend zuzusehen. Für mehrere Stunden zittern wir und können uns nicht beruhigen.

Vor kurzem hat man einen Mann, seine Frau und ihre drei Töchter von neun, sieben und fünf Jahren verhaftet. Die Frau wurde als erste abgeführt, den Vater schleppten vier Milizionäre fort, und alle, sogar die kleinen Kinder, riefen: ›Hilfe! Helft uns, Amerikaner!‹ Die Kinder liefen hinter der Mutter her, kehrten dann zum Vater zurück, warfen sich auf ihn, umarmten ihn, während er zwischen den vier Milizionären hing und ebenfalls laut schrie.

Jetzt sorgt man meist dafür, daß wir nichts sehen, und führt die Menschen sogar um die Botschaft herum, damit sie nicht vor unserem Fenster abtransportiert werden. ›Sie‹ haben uns durch den Konsul übermitteln lassen, daß wir nicht schreien sollen, wenn Menschen verhaftet werden. Wir schämten uns ›ihretwegen‹ vor dem Konsul und sagten ihm, daß die Amerikaner nun wohl sehr gering geschätzt würden, da man die Frechheit gehabt habe, eine solche Mitteilung durch ihn weitergeben zu lassen. Man versucht nicht einmal zu verbergen, daß die Menschen in der Botschaft um Asyl ersuchen wollen, das heißt, die Botschaftsangehörigen selbst interessieren sich nicht dafür, daß Menschen ihre Hilfe erbitten. Sie wollen nur ein ruhiges Leben führen. Das arme russische Volk, dem ein solches Martyrium beschert wurde – kaum geringer als das der Juden!

Allein vor der Botschaft wurden so viele verhaftet; wir wurden Zeugen zahlreicher Verhaftungen, aber es blieb ein großer Teil, den wir nicht beobachten konnten. Vor den Olympischen Spielen hörten wir die ganze Nacht hindurch die Schreie von Menschen, die man gefangen hatte und in die Ecke schleppte, wo der Gefängniswagen stand. Es waren Nächte des Entsetzens. Die Milizionäre waren wie Löwen, die auf Beute lauern. Kinder, Frauen und Männer weinten. Wenn ihnen eine Frau gefiel, wurde sie mitgenommen, soviel sie auch schreien mochte. Danach kamen sie betrunken zurück und erzählten, welche am hübschesten war oder welche sich wütend gesträubt hatte. Sie glaubten, leise zu sprechen, weil sie betrunken waren. Die Haare standen uns zu Berge.«

Dabei gibt es ein sowjetisch-amerikanisches Konsularabkommen, dem zufolge jedem Bürger, der sich über das Ausreiseverfahren informieren will, freier Zugang gewährt wird. Wie kann die amerikanische Regierung zulassen, daß man ihre Botschaft in Moskau zu einer Falle gemacht hat? Wieso protestiert die Botschaft nicht jedesmal, wenn das Konsularabkommen verletzt wird?

Es ist so offensichtlich, daß die Menschen nicht versuchen würden einzudringen, sich nicht weigern würden, das Gebäude wieder zu verlassen, wenn der Zugang wirklich frei wäre und niemand für das Betreten der Botschaft bestraft würde. Wozu wurde dieses Abkommen überhaupt unterzeichnet, wenn man nicht vorhatte, es zu befolgen? Um eine Atmosphäre der »Zusammenarbeit« in der Botschaft zu schaffen?

Verträge mit der Sowjetunion zu schließen hat nur

dann Sinn, wenn man die Absicht und die Mittel hat, die UdSSR zur Einhaltung ihres Teils der Absprachen zu zwingen. Die Unterzeichnung eines Vertrages mit der UdSSR ist nicht das Ende, sondern der Beginn eines Kampfes. Der »Dialog« mit der Sowjetunion, von dem die westlichen Liberalen träumen, ist nur dann möglich, wenn man die Sowjets in die Ecke drängt und ihnen die Finger an die Gurgel legt. Eine andere Form des Dialogs begreifen sie nicht und versuchen sofort, den Gesprächspartner in die Ecke zu drängen. Je höflicher und kompromißbereiter man ist, desto schlimmer.

Im Lager begegnete ich einem alten Ukrainer, einem Literaturprofessor; er war sehr höflich und zuvorkommend, konnte keiner Fliege etwas zuleide tun. Wenn er zum Beispiel wüste Lagerflüche hörte, errötete er wie ein Mädchen und drückte sich unauffällig zur Seite. Aber der KGB-Vertreter im Lager bestrafte gerade ihn immer wieder, sperrte ihn in den Karzer, verbot ihm, Päckchen von zu Hause zu empfangen oder sich von seiner Frau besuchen zu lassen.

Ich erkundigte mich nach seinen Beziehungen zu dem KGB-Mann.

»Er redet mir dauernd zu, mit ihm zusammenzuarbeiten«, antwortete der Ukrainer bedrückt.

»Und Sie?«

»Was soll ich tun? Ich entschuldige mich und lehne ab, weil das einfach nicht meinem Charakter entspricht. Dazu bin ich nicht fähig. Wie soll ich denen in die Augen sehen, die ich denunziert habe?«

Mir tat der alte Mann leid, und ich brachte ihm eine ganze Woche lang ausgewählte Flüche bei. Zuerst hatte er Schwierigkeiten, war manchmal sogar den Tränen nahe, aber gegen Ende konnte er einige

Flüche mit fester Stimme aussprechen, ohne zu er-
röten. Ich machte mir trotzdem Sorgen, ob er sie
dem KGB-Mann gegenüber überzeugend genug
wiederholen könnte. Zum Glück überwand er sich.
Nachdem er fünfzehn Tage wegen »unflätiger Flüche« abgesessen hatte, was die Verwunderung des
ganzen Lagers hervorrief, rief der KGB-Mann ihn
nie wieder zu sich.

Das ist kein Scherz. Die Mentalität der Kreml-Füh-
rer ist genau die gleiche. Viele von ihnen haben
schließlich auch einen Teil ihrer Karriere beim KGB
verbracht. Nur schade, daß ich keinen Lehrgang
über die Kunst des Fluchens für westliche Diplomaten und Politiker organisieren kann.

Epilog

Vier Jahre sind vergangen, seit ich mich blinzelnd, wie von grellem Licht geblendet, zum erstenmal in der friedlichen Stadt Zürich umschaute. Vier Jahre sind eine kurze Zeit, und sie sind rasch verflossen. Aber wieviel geschehen ist, wieviel sich geändert hat! Inzwischen wache ich nicht mehr im Morgengrauen auf und glaube nicht mehr, den Wärter mit den Schlüsseln an der Tür rasseln zu hören. Die Vergangenheit wird verschwommen, scheint nicht mehr real, mein neues Leben wird mir so vertraut, als wäre ich immer hier gewesen. Ich kann kaum noch auseinanderhalten, ob ich »wir« oder »ihr«, »hier« oder »dort« sagen soll. Aber manchmal höre ich in den Nachrichten wieder von einer neuen Verhaftung, einem neuen Prozeß in Moskau, und mir zieht sich das Herz zusammen.

Ob gut oder schlecht, man vergißt alles erstaunlich schnell. Vor kurzem fragte mich ein Korrespondent einer großen amerikanischen Zeitung: »Sagen Sie, wie ist es Ihnen gelungen zu emigrieren? Hat man Ihnen ein Visum für Israel gegeben?«

Ein anderer verblüffte mich noch mehr, denn er redete mir zu, Amerika zu besuchen: »Es lohnt sich, wissen Sie, wenigstens einmal dorthin zu fahren, sich das Land, Washington, das Weiße Haus anzusehen.«

Man fragt mich immer häufiger und immer beharrlicher: »Was halten Sie vom Westen?«

Und ich versuche jedesmal, dieser Frage auszu-
weichen. Sie läßt sich nicht kurz beantworten, und
lange hört niemand zu.

So war es auch mit diesem Buch. Ich wollte es um
nichts in der Welt schreiben. Gott ist mein Zeuge,
daß ich es wirklich nie geschrieben hätte, wenn
mein französischer Verleger nicht so hartnäckig gewesen wäre.

Die Vergangenheit ist noch zu jung. Ich habe nur
Eindrücke, und Eindrücke spiegeln gewöhnlich
eher die Erfahrung und Mentalität des Beobachters
wider als den Gegenstand seiner Beobachtungen.
Eindrücke sind immer unausgewogen, es fehlt ihnen an Nuancen. Wenn man versucht, sie kurz darzulegen, sind Verallgemeinerungen unvermeidlich,
die oft nicht gerechtfertigt sein mögen. Letzten Endes sind Eindrücke immer widersprüchlich und unlogisch, zufällig und unzuverlässig. Außerdem muß
man die interessantesten auslassen, wenn sie mit
konkreten Personen zu tun haben, denn man darf
einen guten Menschen nicht einfach deshalb lächerlich machen, weil er einem zufällig in schlechtem
Licht erschien.

Mein Verleger gab nicht nach. »Also gut«, erwiderte ich erbittert, »Sie sollen Ihr Buch haben. Aber
beschweren Sie sich nicht, wenn man uns steinigt
und in Stücke reißt, wenn man uns auf kleiner
Flamme verbrennt wie Ketzer zur Zeit der Inquisi-
tion.«

Dieses Buch ist wirklich eine seltsame Sache. Es
läßt mich an einen ausländischen Reisenden denken, der mit der Transsibirischen Eisenbahn durch
ein gewaltiges Land fährt und auch in den Groß-
städten höchstens zwanzig Minuten anhält. Was
kann er aus dem Fenster seines Abteils sehen? Die

Einwohner des Landes werden empört sein, wenn sie später seinen Reisebericht lesen.

Alles hängt von der Betrachtungsweise ab. Auch ich mußte Tausende von Kilometern in russischen Zügen zurücklegen. Vor Langeweile zählte ich die Waggons der entgegenkommenden Güterzüge, hörte im Morgengrauen den Dampfpfeifen der Lokomotiven zu, die langgezogen gellten, trank morgens Tee aus Gläsern mit den unvermeidlichen Untersätzen. All diese einförmigen Bahnsteige, diese winzigen Bahnhöfe und gottvergessenen Dörfchen verschwanden danach spurlos aus meinem Gedächtnis.

Eindrücke sind geblieben. Dort, wo das Gleis an Dörfern vorbeiführt, kommen stets Kinder an den Bahndamm. Ob es regnet oder friert, zwei, drei unbewegliche Gestalten betrachten den Zug mit unwandelbarer Trauer, als flöge ihr ganzes Leben an ihnen vorbei.

Im Westen habe ich noch nie gesehen, daß Kinder einem Zug so hinterherblicken.